KB041003

헤겔의 『정신현상학』 입문

Hegel's 'Phenomenology of Spirit'

by

Stephen Houlgate

헤겔의 『정신현상학』 입문

스티븐 홀게이트 지음 | 이종철 옮김

서광사

이 책은 Stephen Houlgate의 *Hegel's Phenomenology of Spirit* (Bloomsbury Publishing Plc., 2013)를 완역한 것이다.

헤겔의 『정신현상학』 입문

스티븐 홀게이트 지음
이종철 옮김

펴낸이 | 이숙
펴낸곳 | 도서출판 서광사
출판등록일 | 1977. 6. 30.
출판등록번호 | 제406-2006-000010호

(10881) 경기도 파주시 회동길 77-12 (문발동)
Tel: (031) 955-4331 | Fax: (031) 955-4336
E-mail: phil6161@chol.com
http://www.seokwangsa.co.kr | http://www.seokwangsa.kr

제1판 제1쇄 펴낸날 · 2019년 10월 20일
제1판 제2쇄 펴낸날 · 2022년 9월 30일

ISBN 978-89-306-1052-0   93160

옮긴이의 말

이 책은 영국 헤겔학회 회장이자 헤겔 연구자로 국제적으로도 잘 알려진 스티븐 홀게이트의 『헤겔의 정신현상학 입문(Hegel's Phenomenology of Spirit)』을 옮긴 책이다. 이 책은 블룸스버리에서 서양의 고전을 소개하기 위해 리더스 가이드 시리즈로 발간한 책들 중의 하나이다.

헤겔의 『정신현상학』은 헤겔의 많은 저작들 가운데서도 가장 많이 알려져 있는 책이고, 그만큼 사상의 영향사적인 면에서도 의미가 깊은 책이다. 이와 관련해서는 이 책의 4장 '수용과 영향' 부분을 참조해보면 잘 알 수 있을 것이다. 옮긴이는 이미 30여 년 전에 이 텍스트에 관한 J. 이폴리트의 주석서를 『헤겔의 정신현상학』 1권(공역), 2권으로 역간한 바가 있다. 그 이후로 『정신현상학』에 관한 국내외 해설서들이 많이 나오기는 했지만 이폴리트의 수준을 넘어서기는 힘들어 보인다. 그럼에도 불구하고 이 책을 번역한 내력과 이 책의 가치와 관련해 간단히 몇 가지만 적겠다.

헤겔의 『정신현상학』은 서양의 철학사에서도 손꼽을 만큼 어렵다고 정평이 나 있다. 그래서 이 책에 관한 해설서나 안내서들은 아무리 많아도 부족하지 않다고 본다. 최근에 나온 책들로는 L. 집(Siep)과 T. 핀카드(Pinkard), S. 해리스(Harris)와 R. 스턴(Stern) 등이 쓴 주석서들이 주목할 만하다. 이 중에서도 홀게이트의 책은 간략하면서도 『정신현상학』 전체를 일목요연하게 파악할 수 있는 좋은 입문서라고 할 수 있다. 헤겔의 철학에 대한 저자의 깊은 이해가 바탕이 된 만큼 군더더기 없이 헤겔의 텍스트 전체를 조목조목 잘 설명해 내고 있다.

홀게이트는 1장에서 『정신현상학』의 배경사와 관련한 문제들을 다루고, 2장에서는 이 책을 읽을 때 가장 논란이 되는 핵심 주제들을 다룬다. 의식의 경험과 관련한 진리의 기준, 의식의 대상 등 방법론적 문제와 경험의 진행 과정에서 '우리'로 나타나는 철학자의 역할 등을 잘 해명해주고 있다. 이 책은 『정신현상학』 전체를 똑같은 비중으로 대하는 것이 현실적으로 어렵다는 전제에서 출발한다. 그리하여 이 텍스트의 핵심적인 방법론이 '의식' 장과 '자기의식' 장에 다 드러나기 때문에 이 부분에 대한 세밀한 분석을 한 다음, 그것을 바탕으로 나머지 '이성' 장과 '정신' 장 그리고 '종교' 장과 '절대지'에 적용하고 있다. 홀게이트의 이런 접근 방식은 경제적이고 현명하다. 헤겔의 텍스트들을 읽다 보면 방법론을 다룬 '의식' 장의 논리가 장을 달리해서 계속적으로 반복되고 있음을 알 수가 있기 때문이다. 홀게이트는 마지막 장에서 『정신현상학』의 수용과 영향사를 밝히면서 서구의 사상사에서 이 텍스트가 갖는 중요한 의미를 잘 보여주고 있다.

홀게이트 책의 장점은 꼼꼼하지만 어렵지 않은 문체로 헤겔의 텍스트들을 설명하는 데 있다. 하지만 이 책을 읽었다고 해서 헤겔의 원 텍스트를 다 이해했다고 생각하는 것은 무리이다. 이 책은 그야말로 『정신현상학』을 이해하기 위해 쓰여진 입문서이기 때문이다. 읽는 이들은 이 책의 말미에 붙여둔 더 읽어볼 책들을 적절히 골라 읽으면서 헤겔의 원 텍스트를 직접 읽어갈 수 있어야 할 것이다. 옮긴이는 홀게이트 교수를 2018년 11월 한국헤겔학회가 주관한 '국제 헤겔 컨퍼런스'에서 만날 기회가 있었다. 그는 자신의 책이 한국에서 번역되고 있다는 것에 깊은 관심을 보여주었다. 그 이후 몇 차례 이메일을 교환하면서 한국어판 저자 서문도 써서 보내주었다.

이 책은 2015년에 출간한 『헤겔의 『법철학』 입문』과 함께 몇 년 전에 의뢰받은 책이다. 앞의 책은 일찍 출판했지만, 이 책은 내가 몽골의 후레정보통신대학에서 1년 정도 봉직했고, 그 이후 개인적인 여러 사정 때문에 다소 늦춰졌다. 그래도 늦게나마 이렇게 마무리할 수 있어서 무거운 짐을 내려놓은 느낌이다. 이 책 출판을 위해 애써 주신 출판사 관계자들에게 고마움을 표하고자 한다.

파주의 우거에서
2019년 뜨거운 여름에
이종철

한국어판 저자 서문

저는 이종철 박사가 저의 책 『헤겔의 정신현상학 입문』(2013)을 한국어로 번역한 것을 대단히 기쁘게 생각합니다. 지금 한국은 헤겔 연구가 활발한 시기입니다. 헤겔의 저작들이 한국어로 번역이 되고, 좋은 헤겔 연구서들이 출간되고 있습니다. 사실상, 저 자신도 2018년 11월 한국 헤겔학회가 주최한 컨퍼런스에서 한국의 헤겔 연구가 얼마나 활기차게 이루어지고 있는지를 볼 수 있었습니다. 컨퍼런스에서의 논쟁은 일류 학자들을 열정적으로 연합하게 했고, 한국에서의 헤겔 연구의 인상적인 힘을 보여주었습니다. 저는 이제 저의 책이 이러한 한국의 헤겔 르네상스의 일부분이 되리라는 것에 대해 감사드리고 싶습니다.

『정신현상학』은 오늘날과 다른 세상인 1807년에 출간되었습니다. 그럼에도 인간의 자기-의식에 대한 헤겔 통찰의 미묘함과 심오함은 독일이나 영국뿐만 아니라 한국처럼 전혀 다른 역사를 지닌 나라들의 후속 연구자들에 의해서도 인정을 받아왔습니다. 오늘날 우리가 세계 어디에서 살든지, 주인과 노예, 혁명적 광신 그리고 자기기만적인 도덕적 의식에 대한 헤겔의 날카로운 분석들은 우리에게 의미 있는 연관성을 가지게 합니다. 우리는 여전히 자신의 법칙이 만인의 법칙이 되기를 원하는 '마음'에 대한 헤겔의 탁월한 고찰로부터 많은 것을 배울 수 있습니다. 개인이나 사회 집단이 서로 대립되는 그들의 가치를 설정해서 적

대자들의 정당화된 주장을 외면하고 있는 비극에 대한 강력한 설명 속에는 현대 세계 전체를 위한 냉철한 교훈들이 존재합니다. 그렇지만 헤겔의 『정신현상학』은 독자들에게 하나의 도전을 제시할 수 있습니다. 왜냐하면 그의 분석들이 때때로 대단히 모호하고 추상적이기 때문입니다. 제가 『정신현상학』에 관한 책을 쓰게 된 이유는 헤겔의 텍스트를 독자들에게 더욱더 쉽게 접근하도록 하고, 이로써 그 책에 담겨 있는 심오한 통찰들을 독자들이 더 잘 이해하도록 돕고 싶기 때문입니다. 이 박사의 번역 덕분으로 이 책이 한국의 독자들에게도 그러한 도움을 줄 수 있게 되어서 기쁘고 영광스럽게 생각합니다.

2019년 6월 영국 케닐워스에서

머리말

이 책의 목적은 헤겔의 『정신현상학』을 읽을 수 있는 하나의 입문서를 제공하는 데 있다. 헤겔의 텍스트의 역사적 배경과 철학적 연관성을 탐구하는 훌륭한 주석서들은 많이 있다. 하지만 이 입문서는 특별히 텍스트 자체의 뒤틀리고 꼬여 있는 것을 학생들이 따라가는 데 도움이 되고자 하는 것이다. 나의 원칙은 이렇다. 즉 『정신현상학』은 단일하고 연속적이며 **논리적인** 논증을 제시하지만, 그 세부적인 항목들은 어렵게 받아들여야 한다는 것이다. 이러한 논증은 때때로 끔찍할 정도로 착종(錯綜)되어 있다는 점을 인정해야만 한다. 하지만 나는 논증을 가능한 한 분명하게 제시하기 위해 노력했다. 학생들이 이 책의 도움으로 스스로 그것을 이해하고 평가할 수 있기를 바란다.

『정신현상학』의 양이 적지 않기 때문에, 헤겔의 논증의 각 단계마다 상세한 설명을 제공한다는 것은 이 입문서로는 불가능하다. 그래서 나는 의식과 자기-의식의 발전으로 시작한 이 책의 처음 네 장에 대해서만 상세한 설명을 제시하기로 결정했다. 이 장들은 대부분의 학생들이 처음 읽기 시작하는 장들인데, 그것들은 감각적 확실성, 주인-노예 관계 그리고 불행한 의식에 관한 유명한 분석을 담고 있기도 하다. 나머지 이성, 정신, 종교 및 절대지에 관한 장들 역시 중요하고 매력적이지만 지면이 한정되어 있다. 그러므로 나의 희망은 학생들이 처음 네 장에 대한 나의 설명을 충분히 익혀서 그들 스스로 헤겔의 텍스트를 읽어나가도록 하는 것인데, 그러면 학생들은 5장에서 8장까지 놓친 부분들에 진지한 주의를 기울이며 읽을 수 있게 될 것이다.

이 입문서를 일관해서 나의 목적은 『정신현상학』의 논증이 어떻게 진행이 되고 있으며, 함축적으로는 왜 그것이 성공할 수밖에 없는가를 해명하는 데 있다. 그러므로 나는 헤겔의 사상에 대한 비판을 특별히 고려하지는 않았으며, 드물게 예외는 있지만, 헤겔에 관한 다른 책들의 해석에 대해 주석하지도 않았다. 이 점을 감안한다면, 머리말에서 나는 다른 많은 책들에 대해 감사를 표현하고 싶다. 여러 해에 걸쳐 헤겔의 『정신현상학』을 보다 잘 이해하고자 했을 때 나는 이 책들의 도움을 받았다. 그 책들 중 몇 가지의 목록은 이 책 말미에 '더 읽어볼 책들' 에서 제시했다.

텍스트에 대한 일러두기

이 책에 사용한 번역본은 A.V. 밀러(Miller)가 번역한 G.W.F. 헤겔 (Hegel)의 『정신현상학』(*Phenomenology of Spirit*, Oxford : Oxford University Press, 1977)이다. 이 번역본은 808절(節)로 나뉘어져 있다. 이 절들을 참조하는 데 사용한 이 책은 『정신현상학』에 관한 영어권 2차 문헌으로 널리 알려져 있다. 나는 이 입문서에서 이 번역본의 형태를 따랐다. 또한 나는 다음 독일어판도 참조했다. G.W.F. Hegel, *Phänome-nologie des Geistes*, ed. H.-F. Wessels and H. Clairmont (Hamburg : Felix Meiner Verlag, 1988). 이 입문서의 본문에 나오는 『정신현상학』 영어판과 독일어판에 대한 참고 표시는 다음과 같은 형태로 제시되었 다(영어 텍스트는 앞에, 독일어 텍스트는 뒤에 표기했다: §90/69). 독 일어를 읽는 학생들은 원어로 헤겔을 읽고 이해하는 것이 보다 쉬울 것 이다. 가능하면 독일어판을 참조하라고 강력하게 권한다.

헤겔의 문체가 인상적이고 밀러의 번역 역시 특기할 만한 여러 가지 구절들을 제공하고 있다. 하지만 밀러 판을 교정할 필요가 있을 때마다 내가 그의 번역을 보완하기도 했다. 그러한 변경이 번역본에서 상응하 는 구절들을 학생들이 찾기가 힘들 정도가 아닌 한 변경이 있었다는 것 을 밝히지는 않았다. 이 경우, 밀러의 번역을 제시하면서 각주를 첨가 했다. 헤겔의 다른 작품들에 대한 번역은 필요한 곳에서 보완이 이루어 졌다.

차례

1 장
맥락

헤겔(G.W.F. Hegel)은 1770년 슈투트가르트에서 태어나 1831년 베를린에서 죽었다. 그의 『정신현상학』(*Phenomenology of Spirit*)[1]은 1807년 봄에 출간이 되었는데, 이 해는 칸트(Kant)의 『순수이성비판』 초판이 나온 지 26년이 지났고, 프랑스혁명이 발발한 지 거의 18년이 지났으며, 나폴레옹 전쟁이 한창 벌어지던 시기였다. 전쟁은 특히 『정신현상학』이 탄생하는 마지막 단계에 극적인 충격을 주면서 그 책이 햇볕을 볼 기회를 방해할 뻔했다. 당시 헤겔은 예나대학의 무급 강사였다. 그가 나중에 친구인 철학자 셸링(F.W. Schelling)에게 말했던 것처럼, "예나 전투가 시작되기 전 한밤중에 최종 초안을 실제로 완성했네"(이 전투는 1806년 10월 14일에 발생했으며, 나폴레옹의 군대가 프러시아 군대에게 압도적으로 승리했다.)[2] 더욱이 헤겔은 그의 수고(手稿)의 마지막 원고들을 심부름꾼에게 맡겼는데, 그는 말을 타고 프랑스 군대의 전선을 달려 그 원고를 밤베르크에 있는 출판업자에게 전달했다.[3] 원고가 무사히 당도하지 않을까 노심초사하면서 헤겔이 적고 있는 바로는, "사실상 나의 손실은 막대할 것이야."[4]

---

1 옮긴이 주 - 앞으로 이탤릭체 *Phenomenology*는 『정신현상학』으로, Phenomenology는 현상학으로 번역을 통일한다.
2 Hegel(1984), 80. 번역은 수정을 했다.
3 서문(Preface)은 나중에 써서 따로 보냈다. Hegel(1984), 119.
4 Hegel(1984), 114.

하지만 헤겔의 수고는 무사히 당도했으며, 『정신현상학』은 헤겔의
가장 잘 알려진 책이 되었다. 이 책은 칼 마르크스(Karl Marx), 알렉상
드르 코제브(Alexandre Kojève) 및 주디스 버틀러(Judith Butler), 로
버트 브랜덤(Robert B. Brandom) 같은 현대 철학자들을 포함해 광범
위한 사상가들에게 막대한 영향을 행사하고 있다.

『정신현상학』이 처음 출간되었을 때, 이 책은 헤겔에 의해 철학적
'학문'(Wissenschaft) 체계의 '첫 부분'[5]으로 묘사되었다. 하지만 이
제목은 1831년의 재판에 대한 헤겔의 계획에서는 누락되었는데, 이러
한 변화가 처음부터 이 책을 특징지었던 애매성을 조명해준다.[6] 한편으
로, 『정신현상학』은 체계적인 '학문'에 관한 저작이다(§88/68)[7]; 다른
한편으로, 이 책은 ─ 논리학, 자연철학 그리고 정신 철학을 포괄하는
─ 고유한 의미의 헤겔 철학의 일부를 형성하지는 못하고, 그런 철학의
입문의 역할만 한다. 그렇다면 왜 그런 입문이 필요한가? 이 물음에 답
변하기 위해서 우리는 고유한 의미의 헤겔의 철학을, 보다 구체적으로
는 그의 논리학과 그것이 칸트의 '비판철학'과 맺고 있는 관계를 살펴
볼 필요가 있다. 아울러 이것은 왜 헤겔이 『정신현상학』을 집필했는지
를 설명해주는 맥락을 제공한다.

1) 사변 논리와 칸트 비판

헤겔의 논리는 『논리학』(1812-16년, 재판은 1832년)에서 그 가장 발달

---

5   Hegel(1988), 1, 21.
6   Hegel(1999), 29.
7   옮긴이 주 ─ 원문 인용 번호 앞부분은 『정신현상학』 밀러 영역본의 단락 번호이고
뒷부분은 독일어판 단락 번호이다.

된 형태로 제시되었다. 스피노자의 『윤리학』과 마찬가지로, 『논리학』
은 형이상학 혹은 존재론에 관한 책이다. 즉 이 책은 순수한 개념적 사
유를 통해 존재의 본성을 밝히고 있다. 헤겔이 말하듯, 그런 '사변적'
논리는 존재가 다양한 형태나 방식의 존재, 이를테면 사유의 범주들에
대응하고 그것들에 의해 표현되는 유한한 존재와 양화 가능한 존재 같
은 것을 수반함을 보여주고 있다. 따라서 논리는 사유의 내부로부터 존
재의 본성을 밝혀주며, 사유의 범주들을─혹은 사유의 객관적 상관자
들을─존재 내부에서 발견한다.[8]

　『논리학』에서, 헤겔은 사유와 존재의 이러한 '통일'이 논리의 '요소'
혹은 '원리'를 구성한다고 진술하고 있다.[9] 따라서 논리는 존재가 순수
사유에 의해 순수사유에게 이해 가능한 것으로 인식된다는 생각에서
출발한다. 이러한 의미에서, 헤겔의 논리는 전-칸트적 형이상학의 전
통을 계승하고 있다. 하지만 헤겔의 견해로 볼 때, 그러한 형이상학은
존재들을 파악하는 범주들을 당연시하고 있다. 예를 들어 스피노자와
라이프니츠는 단순하게 '실체'에 관한 그들의 정의를 전제하고 있다.
그들은 그들이 사용하고 있는 범주들과 개념들의 '특수한 내용과 타당
성'에 대해 탐구하지 않았다. 따라서 헤겔의 견해에서 그들은 "이러한
형식들을 무비판적으로(비판 없이) 사용했다."[10] 이와는 대조적으로 칸
트의 '비판철학'은 "형이상학에서 사용된 **지성 개념들**의 타당성에 대
한 탐구를 따르고 있다." 헤겔은 그 같은 일이 "의심할 여지없이 매우
중요한 조치였다"[11]고 인정한다. 그러므로 헤겔은 포스트 칸트적 의미

8　예를 들어 Hegel(1999), 49, 51.『정신현상학』서문에서, '학문의 토대와 토양'은
'절대적 타재(他在) 안에서의 순수한 자기-인식'으로 묘사된다(§26/19)
9　Hegel(1999), 60
10　Hegel(1991), 66(§28), Hegel(1999), 64와 Hegel(1969), 1:61.
11　Hegel(1991), 81(§41과 추가 사항)

의 형이상학자이다. 왜냐하면 그는 철학이 존재의 본성을 밝히는 사유의 범주들에 대해 철저히 **비판적인** 태도를 채택하지 않으면 안 된다는 점에서 칸트와 일치하고 있기 때문이다.

　헤겔의 견해로 볼 때, 칸트는 우리 모두가 속해 있는 철학에서 비판의 시대를 연 아버지이다. 하지만 헤겔은 칸트 자신이 범주들에 대한 충분히 심오한 비판을 수행하지 않았다는 점을 강조한다. 칸트가 했던 것은 헤겔의 견해로는 그것들의 타당성의 범위를 — 잘못 — 제한한 것이다. 칸트의 논거에 따르면, 범주들은 단지 가능한 경험의 대상들만을 이해하는 데 사용되어야지 '사물 자체'에 사용되어서는 안 된다. 하지만 칸트는 그런 범주들의 **내용**에 대한 비판적 검토를 떠맡지는 못했으며, 그런 내용과 관련해서는 전통적이고 대개는 아리스토텔레스적인 이해에 머물렀다. 그러므로 범주들에 대한 칸트 자신의 비판은 충분히 **비판적이지 못했다**.[12]

　헤겔의 견해로는 범주들에 대한 무비판적이거나 부적절한 접근은 그것들을 어떤 권위—그것이 과거 철학자들, 전통, 상식 혹은 형식 논리의 권위이건—에 입각해서 이해하는 것이다. 이와는 대조적으로 고유한 의미의 비판적 태도는 결코 권위에 입각하지 않는다. 그것은 사유(그리고 존재)에 관한 모든 전승된 가정들을 제쳐놓고, **어떤 것도** 당연시하지 않는다. 그러므로 헤겔에게, 칸트를 본뜬 참으로 비판적인 모든 철학은 다음과 같은 명령의 지배를 받는다. 즉 모든 전제들이나 가정들은 우리가 학(學)에로 진입하는 순간 똑같이 포기되지 않으면 안 된다. 따라서 학이란—다시 말해 철학—**보편적인 회의**, 즉 완전한 **무전제**가 선행되어야만 한다.[13]

12　Hegel(1991), 81(§41)과 Houlgate(2006), 12-28.
13　Hegel(1991), 124(§78과 주석)

그리하여 논리학을 시작하면서 헤겔은 사유와 존재에 관한 이전의 모든 가정들을 유보하고, 근본적인 자유의 행위를 통해 그것들을 내쳐 버린다. 헤겔에게 근대는 비판의 시대일 뿐만 아니라 **자유**의 — 루소와 피히테와 프랑스혁명의 — 시대이기도 하다. 게다가 비판과 자유의 쌍둥이 명령은 인간이 단순히 권위에 따라야 한다는 사상을 반대한다는 점에서 일치한다. 철학에서의 완전한 무전제라는 비판적 요구는 그러므로 '모든 것을 추상해서 그 자체의 순수한 추상, 사유의 단순성 — **순수하게 사유하고자 하는 의지의 결단**(Entschluss) — 속에서 파악하는 자유에 의해 충족' 된다.[14] 따라서 이러한 추상 활동으로부터 귀결되는 사변 논리의 출발점은 어떤 명확한 전제들을 가지고 있지 않다. 스피노자가 실체와 속성과 양태에 관한 논쟁의 여지가 있는 정의들로부터 시작하는 데 반해, 헤겔은 완전히 **무규정적인** 순수 '존재'의 사유로부터 시작한다.[15] 이 최초의 범주로부터 다른 모든 범주들이 도출되며, 그 과정에서 사변 논리는 어떤 특정한 것을 당연시하지 않고도 사유와 존재의 참다운 본성을 **발견할** 것이다.

그럼에도 순수사유가 존재의 본성을 드러낼 수 있다는 생각은 단순한 가정(예를 들어 칸트가 거부했을 법한 가정)에 불과한 것은 아닌가? 이는 헤겔이 문제를 이해하는 바가 아니다. 헤겔의 견해로는, 사유와 인식에 관해 보증되지 않은 전제의 책임은 칸트의 반성적 지성에 있다. 『정신현상학』의 서문을 시작하면서, 헤겔은 이른바 철학에서의 '자연적 표상'(natürliche Vorstellung)에 주목한다. 이는 다음과 같다.

우리가 철학의 고유한 주제를, 즉 참다운 것에 대한 현실적 인식을 다루기

---

14 Hegel(1991), 124(§78 주석), Hegel(1970a), 168과 Hegel(1999), 70.
15 Hegel(1999), 82.

전에, 우리는 무엇보다 먼저 인식에 대해서 이해해야만 한다. 이러한 이해
는 절대자를 포착하기 위한 도구이거나 혹은 그것을 통해 절대자를 발견
하는 바의 수단으로 간주된다(§73/57).

헤겔은 이러한 생각을 품고 있는 자의 이름을 거론하지는 않고 있지
만, 그의 어투를 미루어본다면 『순수이성비판』(1781, 2판 1787)의 칸
트를 연상하게 한다.

우리가 경험의 지반을 떠나는 순간, 우리가 어디서 유래하는지를 모르는
상태로 소유한 지식을 갖고, 또 그 기원을 알지 못하는 원칙을 믿고 곧바
로 건물을 지으려 하지는 않을 것은 당연해 보인다.[16]

그런데 이 생각은 칸트의 (또한 로크의) 인식론에 깔린 생각, 말하자
면 우리가 거기에 무엇이 있는가를 발견하려는 철학적 과업을 담당하
기 전에, 우리는 우리의 인식 능력이 그 일에 적합하다고 확신해야만
한다는 것이다. 이러한 생각을 담는 일은 현명한 경고 혹은 납득할 만
은 하지만 '오류에 빠질지 모를 두려움'(§74/58)에 대한 증거일 것이
다. 어쨌든 누가 사용도 하기 전에 자신의 도구를 검사받겠다고 하겠는
가? 하지만 헤겔의 지적에 따르면, 사전에 검사가 필요한 것에 대한 망
설임과 추론을 지지하면서 그처럼 '두려움이 어떤 것을—사실상 상당
부분—진리로 간주한다는 것이다'(§74/58). 따라서 칸트의 철학적 조
심은 실제로는 그것이 주장하는 것처럼 조심스럽지 않다. 왜냐하면 그
것은 그것이 당연시하고 있는 **가정들**에 기초해 있기 때문이다. 특별히

---

16 Kant(1929), 46(B 7).

말해서, 그것은 인식이 하나의 '도구' 혹은 '매체' 라는 것, **우리 자신과
이러한 인식 간에 하나의 차이가 있다는 것**, 결과적으로 우리 스스로 그
러한 인식을 검토할 수 있고 한계를 정할 수 있다는 것을 당연시한다.

　여기서 헤겔은 자신의 대안을 기초로 칸트적인 인식 개념에 대해 비
판하는 것이 아님에 주목하자. 다만 그는 '사전 검사' 없이, 말하자면
무비판적으로 인식이 가정되어 있다는 점을 지적하고 있다. 이러한 이
유로, 그는 우리가 더는 인식이 하나의 도구라는 생각으로 곤란에 빠질
필요는 없으며, 오히려 그것을 '우발적이고 자의적인 것' (§76/59)으로
거부해야 한다고 제안한다. 만일 칸트의 순수이성비판이 사유는 독립
적으로 사물 자체의 참다운 본성을 알 수 없다는 결론에 이른다는 점을
염두에 둔다면, 칸트의 인식론적 가정들에 대한 헤겔의 반대 역시 **그러
한** 칸트의 결론에 대한 반대를 포함한다. 그러므로 헤겔이 인식에 관한
칸트의 가정들을 보증되지 않은 것으로 치부하는 자유로운 행위는 우
리에게 사유가 독립적으로 존재의 본성을 드러낼 **수 있다는** 생각을 갖
게 한다(설령 그것이 사유나 존재에 관한 어떤 확정된 개념을 갖게 하
지는 않는다 할지라도). 그러므로 헤겔에게 사유가 존재하는 것을 발
견할 수 있다는 생각은 그 자체가 하나의 가정이기보다는, 칸트적인 반
성의 가정들을 자유롭고 비판적으로 **유보한** 불가피한 결과이다. 따라
서 헤겔은 그 자신의 사변적이고 존재론적인 논리가 칸트의 반성보다
(가정들을-옮긴이) 덜 당연시하고 보다 비판적으로 대하고 있다고 이
해한다.[17]

17　헤겔은 『엔치클로페디』(*Encyclopaedia*)에서 궁극적으로 칸트의 '비판은 자기 자
신 안에서 사유는 다만 **무규정적 통일**(따라서 존재로부터 단절됨)' 이라고 주장한다.
Hegel(1991), 100(§52). 이에 반해, 참으로 비판적인 사유는 이런 모든 주장들과 가
정들을 유보함으로써 시작한다.

2) 현상학의 역할

사변 논리로 들어가는 지름길은 사유와 존재에 관해 전승된 모든 가정
들을 자유롭게 유보하거나, 혹은 헤겔이 말하는 '사유 그 자체를 고려'
하려는 단순한 '결단'을 통하는 것이다.[18] 이는 칸트의 사유의 전제가
참으로 비판적임을 충족시켜준다. 하지만 헤겔은 일상적이고 자연적인
의식의 눈에서 볼 때 자유롭고 비판적이라는 것이 사변 논리에 신뢰를
부여하지는 않는다는 것을 인정한다. 헤겔에게, 일상적이고 비-철학적
인 개인은 비판적 정신의 정반대이다. 그런 개인은 오히려 '자신에 대
한 직접적 확신'(§26/20)으로 특징지어진다. 일상적 개인은 자신을 둘
러싼 세계가 있는 그대로 나타나고, 그 세계에 대한 그들의 지각과 이
해는 믿을 만하다는 확신 속에 살아간다. 그러므로 그들은 자신과 세계
에 관한 그들의 가장 기본적인 가정들을 비판하거나 의문시해야 할 명
령 아래 그들이 서 있다고 간주하지 않는다.

   자연적 의식 역시 사변 논리의 출발점을 이루는 생각, 말하자면 사유
와 존재 사이에 직접적 동일성이 있다는 생각을 거부한다. 그러한 의식
은 세계가 인식 가능하다는 견해를 공유하고 있다. 하지만 또한 그 의
식은 존재하는 것과 그것에 대한 우리의 앎 사이에 명백한 구별 혹은
'대립'(Gegensatz)이 있다고 주장한다. 헤겔이 적고 있는 것처럼, 의식
의 관점은 "대상들을 자신과의 대립 속에서 인식하고, 자신을 대상들
과의 대립 속에서 인식"(§26/20)하는 것이다. 그러므로 의식에게는,
철학이 하듯, 존재의 본성이 순수사유의 테두리 안에서 발견될 수 있다
고 생각하는 것은 잘못이다. 왜냐하면 비록 인식이 가능하다 하더라도

---

18   Hegel(1999), 70.

세계는 단순히 '이곳이' 아니라 '저곳에' 있다는 점이 분명하기 때문이다. 사실상, 자연적 의식은 이러한 측면에서 사변 논리의 관점을 자신들의 것과 정 '반대'로 간주한다. 그들이 철학에 들어올 것을 요청받을 때 그들은 **위반된다고** 느끼는 것이다.

사변 논리는 자연적 의식이 인식된 대상과 그것을 인식하는 행위가 명백히 구별된다는 근거 없는 가정에 기초해 있다고 생각한다. 마찬가지로, 자연적 의식도 그러한 (사변-옮긴이) 논리가 사유와 존재 사이에 하나의 '동일성'이 있다는 단순한 가정에 기초해 있다고 생각한다. 그러므로 각각은 상대방으로 하여금 **자신**이 옳다고 확신시킨다. 하지만 헤겔은 "**한 쪽**의 단순한 확신은 다른 쪽만큼이나 가치 있다"(§ 76/60)고 지적한다. 따라서 그는 자신의 관점에서 각 입장이 **똑같이** 타당함을 인정한다. 이는 한 사상가의 주목할 만한 인정인데, 많은 사람들이 판단하기에 그는 의심할 여지없이 철학이 다른 모든 인간적 관심보다 우월하다고 가정한 인물이었다. 그렇지만 헤겔은 철학 혹은 '학문'은 일상적인 개인이 쉽사리 철학에 굴복할 것으로 기대하지는 않는다고 말한다. 오히려 '학문'이 개인에게 자신의 수준으로 올라올 것을 기대한다면, "개인은 학문에게 적어도 이러한 관점에 오를 수 있도록 그에게 사다리를 제공해주고, 그 자신 안에 이러한 관점이 있음을 보여주도록 요구할 권리가 있다는 것이다"(§26/20). 헤겔의 『정신현상학』이 그러한 사다리가 될 것이다. 『정신현상학』의 역할은 그러므로 헤겔 자신의 철학을 제출하는 것이 아니라 자연적 의식을 그 자신의 확신으로부터 철학의 시각으로 인도하고, 그리하여 그러한 철학을 (자연적-옮긴이) 의식의 눈으로 **정당화하는** 데 있다.[19]

---

19 Hegel(1999), 48을 보라.

그러므로 『국가』의 플라톤과 마찬가지로, 헤겔은 세계에 대한 그 자신의 이해를 제출하는 일만이 아니라, 비철학자를 철학의 길로 교육시키는 일에도 관심이 있다. 헤겔은 이러한 교육의 과제를 떠맡고 있으면서도, 그렇게 할 때 그는 철학적 시각의 타당성을 전제할지도 모른다는 점을 분명하게 자각하고 있다. 만일 그가 그렇게 전제한다면, 그는 **자신의** 관점에서 시작하여 왜 철학적 시각이 정당화되는지가 보여져야 한다는 자연적 의식의 권리를 존중하는 데 실패할지 모르기 때문이다. 이는 현상학의 성격을 규정하게 될 철학에 특별한 제한을 둔다. 왜냐하면 그것은 현상학이 의식의 확신들에 대한 **전적으로** 내재적인 검토가 될 것이기 때문인데, 여기서 철학자는 의식에 반대되는 물음을 구걸하는 것을 피하고 있다.

3) 현상학, 내재성과 회의주의

『정신현상학』의 서문에서, 헤겔은 철학자가 비철학적 의식을 비판하고, 그 의식에게 철학의 장점들을 설득할 수 있는 두 가지 방식을 간략하게 고찰하고 있다. 첫 번째는 직접적인 접근이다. 철학자는 단순히 세계에 대한 일상적 견해는 잘못되었으며, 철학만이 진리를 이해하고 있다고 주장한다. 이것은 철학자들이 그들의 반대자들을 논파할 때 사용하는 평균적인 방식이다. 철학자들은 그들이 옳고, 반대자들은 틀렸다고 논의한다(혹은 단언한다). 두 번째 접근은 보다 간접적이다. 철학자는 세계에 대한 **일상적**(gemein) 견해를 곧바로 거부하지 않고, 오히려 "일상적 의식이 제시하는 견해가 좀 더 낫다고 호소한다"(§76/60). 다시 말해, 철학자는 일상적 견해 속에 담겨 있지만 그 의식에게 알려지지 않은 것이 **철학**이 개진하고자 하는 바로 그 이해임을 천명하는 것이다.

하지만『정신현상학』에서, 헤겔은 일상적이며 자연적인 의식에 대한 직접적인 접근이나 간접적인 접근 모두가 부적합하다고 말한다. 이는 각각의 경우에서 철학은 궁극적으로 **자기 자신과** 그 자신의 통찰에 호소하고, 또 자연적 의식에게 철학적 시각이 옳다고 **확인시키기** 때문이다. 그러므로 만일 철학자가 자연적 의식에게 철학의 장점을 설득하려고 한다면, 자연적 의식은 이러한 접근 중 어느 것도 받아들일 수 없을 것이다. 헤겔에게는 오직 하나의 대안만이, 즉 **내재적인** 접근만이 남는다. 철학은 자연적 의식의 확신들이 순전히 그들 자신에 의해 철학의 관점에 이른다는 것을 보여주어야 한다. 오직 이러한 방식에서만 철학은 의식에게 철학적 관점을 전제하지 않고서도 그것이 정당하다는 것을 입증할 수 있다. 의식에 대한 내재적 검토를 수행하는 과제는『정신현상학』의 몫으로 떨어진다.

그러므로 현상학은 의식 자체의 확신들로부터, 즉 **내가 지금 여기의 이** 대상을 의식한다고 확신하는 바의 가장 직접적인 것으로부터 출발해야만 한다. 현상학은 이러한 확신들 스스로 그것들 자신의 일치를 사변철학을 지배하는 통찰로 바꾼다는 것, 다시 말해 존재는 순수사유의 **내부**로부터 이해 가능하다는 것을 보여주어야만 한다. 헤겔은 (『논리학』에서) "순수 학문은 의식의 대립으로부터의 해방을 전제한다."[20]고 적고 있다. 이러한 해방을 유효하게 하기 위해서, 현상학은 "이른바 자연적 관념들과 사상들 및 의견들 모두에 대한 절망 상태"(§76/60)를 초래해야만 한다. 더 나아가서, 현상학은 의식이 그 자신의 확신들을 고수하고 그렇게 하는 것의 파괴적 결과를 경험함으로써 실제로 이러

---

20 Hegel(1999), 49.

한 절망 상태를 **자기 스스로** 초래하고 있다는 것을 보여주어야 한다. 이렇게 해서 의식은 그 자신의 관점으로부터 철학의 관점으로 인도되게 될 것이며, **철학의 강제에 의해** 이러한 변형의 길을 따라 걷지는 않을 것이다. 따라서 의식은 철학으로부터 어떤 '폭력' (Gewalt)도 받지 않는다. 오히려 철학은 "그 자신이 가한 폭력"에 고통을 겪으며, "그 자신의 제한된 만족을 포기한다"(§80/63). 단지 그 자신의 관점을 고수함으로써, 의식은 소중하다고 생각해온 확신들을 **상실**하는 것이다.

따라서 현상학은 **회의주의**의 한 실행으로 간주될 수 있다. 그것은 일상의 자연적 의식이 지금까지 소중하게 품어왔던 모든 확신들을 회의하고 그것들로부터 우리를 해방시키는 것이다. 헤겔의 『정신현상학』은 아마도 그에 버금가는 데카르트의 제1 『성찰』로서, 자연적 의식의 억견(臆見)들의 전반적 소멸로서 간주될 수도 있었을 것이다. 이 경우, 헤겔은 순수하게 사유하고자 하는 의지의 '결단'이라는 비슷한 목적에 기여하고 있는데, 이는 사변철학으로 입문하는 직행 통로이다. 양자 모두 "철학에의 입문을 방해하는" 전제들을 흔들고 있다.[21] 하지만 그 방법은 다르다. 결단은 단순히 모든 전제들을 파기하는 자유로운 행위인데 반해, 현상학은 자연적 의식의 확신들이 어떻게 흔들리게 되는가를 힘들고도 꼼꼼하게 보여주고 있다. 따라서 현상학적 회의주의는 자유로운 사유의 (혹은 데카르트적 자아의) 작업이 아니다. 오히려 그것은 자연적 의식 자신에 의해 전향적으로 수행되고 있다. 그러한 이유에서 헤겔은 현상학을 전면적 혹은 '자기 수행적 회의주의'(*sich vollbringender Skeptizismus*)(§78/61)라고 부르고 있다.

---

21   Hegel(1999), 45.

4) 현상학의 논리

의식에 대한 헤겔의 내재적 검토는 또한 대화 상대방에 대한 소크라테스의 접근(혹은 적어도 이상적인 '소크라테스적' 접근)을 상기시킨다. 두 경우 모두에서, 목표는 상대방이 자신의 입장을 포기하게 하는 데 있다. 하지만 소크라테스와 달리, 헤겔은 상대방과의 대화에 관여하기 보다는 상대방 입장에 대한 체계적이고 **논리적인** 분석을 떠맡고 있다. 그러므로 헤겔은 구체적인 상황에서 사람의 실제적인 경험을 검토하는 것이 아니다. 오히려 그는 의식이 자기 자신의 특수한 확신들이 주어졌을 때 논리적으로 의식이 만들지 모를─혹은 만들어야 할─경험을 분석하고 있다. 따라서 헤겔이『정신현상학』에서 기술하고 있는 의식의 전개는 필연적인 것이다. 사실상 이러한 필연성은 '학문에로의 길'이 이 책에서 헤겔의 독특한 의미로, 즉 **'의식의 경험의 학'**(§88/ 68)에서 그 자체 '학문적'으로 추적되게 하는 것이다. 헤겔의 주장에 따르면, 그것은 또한 '저 현상학적 학문의 완전성'(§79/62)을 보증해주는 것이기도 하다.

　하지만 몇몇 주석가들의 눈에, 이러한 논리적 필연성은 헤겔의 현상학이 악마적 순환성에 빠져 있다는 것을 의미한다. 그것은 의식을 철학의─혹은 사변 논리의─관점의 합법성을 전제하지 않은 상태에서 그런 관점으로 인도하려는 시도이다. 하지만 이러한 시도는 그것 자체가 **논리적인** 기획이고, 따라서 결국에는 순전히 철학적인 관점을 전제하는 것이다. 스탠리 로젠(Stanley Rosen)은 그 문제를 깔끔하게 해결하고 있다. 그는 말한다. 한편으로 우리는 "철학적 경험을 논리학을 위한 준비"로 이해해야 하지만, 다른 한편으로『정신현상학』은『논리학』에 대한 인식이 없이는 참으로 이해할 수가 없다.[22] 만일 이러한 이야기가 충분히 의미가 있다고 한다면, 『정신현상학』은 명백히 그것이 하려는 수고에서 실패할 것이다. 왜냐하면 『정신현상학』은 그 것이 정당화하려고 하는 바를 전제하고 있기 때문이다. 하지만, 나의 견해로 볼 때, 그것이 전부는 아니다.

헤겔의 현상학은 확실히 의식에 대한 체계적이고 '학문적인' 검토이다. 그것은 의식의 확신들이 주어질 경우 논리적으로 의식이 행해야 할 경험을 **사유 속에서** 전개한다. 이는 『정신현상학』에서 분석된 의식의 많은 형태들이 역사 속에 출현했다는 것을 부정하는 것이 아니다. 하지만 현상학에 의해 검토된 것은 역사적인 형태들 자체는 아니다. 오히려 이러한 형태들이 "생략되고 단순한 사유의 규정들로"(§29/24) 환원된 것이다. 예를 들어, '절대 자유'에 관한 부분에서, 헤겔은 프랑스혁명에서 작동하는 논리를 기술하는데, 이러한 논리는 절대 자유를 죽음과 공포로 이끌고 있다. 하지만 그는 그러한 논리에 의해 직접적으로 산출되지 않은 것(혁명전쟁들)은 생략해버린다.

헤겔은 『정신현상학』 서설에서 '학문의 연구'는 '개념(Begriff)'과 '즉자존재, 대자존재, 자기 동일성 등'(§58/43)과 같은 논리적 규정들에 대한 주의를 요구하고 있다고 적는다.[23] 따라서 의식에 대한 헤겔의 '학문적인' 현상학적 검토는 『논리학』에서 유래되고 분석된 범주들을 채택하게 될 것이다. 그는 이 점을 『논리학』 자체 속에서도 분명히 하고 있는데, 그가 『정신현상학』에서 제시된 발전은 오로지 논리의 내용을 이루는 순수한 본질성(Wesenheiten)들의 성격에 기초해 있다고 진술할 때 그렇다.[24]

---

22 Rosen(1974), 127, 129.
23 밀러는 Begriff를 'Notion'으로 번역한다.
24 Hegel(1999), 28 과 Hegel(1969), 1:17.

　하지만 의식의 경험이 특정한 범주들에 의해 인도된다고 헤겔이 전제하지 않았다는 점을 주목하는 것이 중요하다. 범주들은 논리 속에 전제되어 있는 것이 아니라, 논리 자체의 진행 속에서 내재적으로 도출된다. 내가 보기에 이 점은 현상학도 마찬가지다. 현상학은 범주들이 의식의 경험 속에서 작동하고 있다는 것을 **발견한다**. 자연적 의식에 관한 헤겔의 설명은 확실히 그런 의식이 스스로 사용할 법하지 않은 범주들을 채용하고 있다. 예를 들어 감각적 확신은 자신의 대상을 **이것, 여기, 지금**으로 생각한다. 하지만 감각적 확신은 대상을 명시적으로 이 '개별자'라고 생각하지 않는데, 이러한 개별자가 경험 속에서 '보편자'로 드러나는 것이다. 마찬가지로, 지각은 대상을 좌우하는 '단순한 본질들'을 자각하고 있지 않다(§131/91). 그럼에도 불구하고, 현상학은 그러한 범주들이 의식의 경험 속에 내재하고 있다는 것을 보여준다. 즉 '보편자'는 헤겔이 형상에 부여한 이름인데, 이 형상은 대상이 감각적 확신 **자신**의 경험을 통해 이 확신 **자체에서** 갖게 되는 것이다(§96/71).[25]

　의식에 관한 헤겔의 고찰은 명백히 논리적인 것이다. 하지만 그는 그러한 검토 역시 내재적인 것이어야 한다고 주장한다. 그러므로 이러한 검토는 의식이 논리적 범주들에 의해 특정한 방향으로 발전하도록 강제될 것이라고 전제하지는 않을 것이다. 물론 헤겔은 의식의 확신들이 철학의 관점으로 이어진다는 것을 보여주려고 하지만, 미리 앞서서 논리가 이것이 일어날 것을 보장한다고 가정하지는 않을 것이다. 그는 단

25　이와는 대조적으로, 헤겔의 『엔치클로페디』 정신철학(*Encyclopaedia Philosophy of Spirit*)의 장(「정신현상학 Phenomenology of Spirit」으로 명명되어 있다) 속에 제시된 의식의 분석은 『논리학』의 범주들을 전제하고 있으며, 의식의 경험보다는 명백히 그것들에 의해 안내를 받고 있다. Hegel(2007), 142-64(§§413-39)을 보라.

순히 열린 마음을 가지고 의식이 겪는 경험을 숙고하고, 그것이 만일 있다고 한다면 어디로 이어질지를 발견할 것을 기대해야만 한다.

『정신현상학』의 서문에서, 헤겔은 (철학과 현상학을 포함한) '학문적 인식'을 이른바 '형식적 이해'와 대비시키고 있다. 형식적 이해는 "끊임없이 전체를 탐색하고 그것이 말하고 있는 특정한 현존을 넘어서 있다. 다시 말해 그러한 이해는 전체를 전혀 알지 못하고 있다"(§53/ 40)라고 헤겔은 적고 있다. 범주들이 의식을 사전에 지정된 방향으로 움직인다고 전제하면서 의식에 접근하는 것은 의식 자체의 개별적 형태를 만나기도 전에 **전체**의 개념을 형성할 것이고, 그리하여 이것이 '전체를 탐색'하는 것과 맞먹는다고 할 것이다. 하지만 학문적 인식은 '일반적 탐색에 대해 잊고 있으며' 전체에 관한 고정된 개념을 전제하지 않는다. 오히려 그러한 인식은 "대상의 생명에 따를 것을 요구하는 바, 혹은 같은 말에 해당하지만, 대상의 내적 필연성과 부딪히고 그것을 표현할 것을 요구한다"(§53/40). 현상학적 사유는 따라서 내용 속으로, 말하자면 의식 속으로 침잠해 들어가, 그것이 자신의 본성에 따라 자발적으로 움직이도록 만들면서, 이러한 운동을 다만 관조해야만 한다(§58/44).

따라서 현상학은 철학과 마찬가지로 이 점에서는 수동적이다. 즉 현상학의 역할은 사유 속에서 그 사유의 대상의 내재적 발전을 따라가는 것이다. 하지만 그러한 수동성은 그 자체가 고도의 능동성과 노력을 포함하고 있다. 왜냐하면 그것은 우리가 대상에 속한 '개념의 내재적 리듬 속으로 개입'하지 않도록 제한할 것을 요구하기 때문이다(§58/44). 현상학에서 우리는 대상에 집중하여 각각의 의식의 유형에 머물러 그것의 '고유한 특성'(Eigentümlichkeit)에 초점을 맞추어야 한다(§29/ 23).[26] 사실상 현상학은 사유에 의해 수행된 하나의 기획이다. 하지만 이 기획은 내재성에 대한 요구와 충돌하지 않는다. 감정이나 상상력과 달라서, 사유는 자신의 선입견을 추상해서 그 대상의 '내적 필연성'에 집중할 수 있기 때문이다(§53/40). 다만 그렇게 함으로써 현상학은 그 자신의 확신만으로 자연적 의식을 철학으로 이끌 수 있다고 그 의식을 설득할 수 있을 것이다.

현상학에서, 철학적 사유는 자신의 범주들을 의식에 강요하지 않을 뿐만 아니라 순수사유가 존재의 참다운 본성을 드러낸다는 자신의 철학적 신념도 유보한다. 따라서 현상학은 그 자체가 바로 의식(혹은 정신)의 철학이나 존재론은 아니다. 현상학은 의식이 겪는 경험을 통해 사유하지만, 그것에 의해 의식이 무엇인가를 드러낼 수 있다고 주장하지 않는다. 사실상, 현상학은 결코 무엇이 있는가를 직접적으로 드러내려고 하지는 않는다. 따라서 그것은 20세기 '현상학적 존재론'과 구별될 뿐만 아니라 칸트 이전과 헤겔 자신, 그리고 칸트 이후의 존재론 모두와도 구별되어야 한다. (따라서 현상학은 인식과 그 조건을 **철학적으로** 이해하고자 하는 인식론과 **선험철학** 모두와도 구별되어야 한다.)

현상학은 거기 무엇이 있는가를 밝히는 것이 아니라, 의식이 **거기에 있다고 간주하는 바에 대해** 의식이 겪는 경험을 검토한다. 이것은 현상학이 의식을 고립무원의 상태로 그 자신의 정신세계에 한정된 양 다룬다고 의미하는 것은 아니다. 현상학은 의식을 이렇게 제한된 것으로 생각할 수는 없다. 왜냐하면 현상학은 그로부터 의식이 '단절될' 수 있는 바의 어떤 독립된 '존재'를 전제하지 않기 때문이다. 현상학은 의식의 시각에 머물러 있다. 그러므로 현상학은 아무런 언급 없이 거기 무엇이 있는가를 자각한다는 의식의 주장을 선택의 여지 없이 받아들여야 한

26　밀러는 'in der Eigentümlichkeit dieser Bestimmung' (이러한 규정의 특이성에서)을 'uniquely qualified by that determination'으로 번역했다.

다. 현상학은 이러한 주장을 함으로써 의식이 갖게 되는 경험을 검토하는 일에 자신을 한정시켜야만 한다.

현상학의 말미에서, 의식은 자신의 경험에 의해 '절대지' 혹은 철학의 관점으로 인도된다. 하지만 철학은 의식에 의해 알려진 것과 구별되는 세계를 드러내지는 않는다.[27] 현상학은 의식이 스스로 인식한다고 생각하는 바로 그 세계를 인식한다. 하지만 현상학은 그 세계를 참다운 진리 속에서 인식하는 것이다. 현상학은 세계를 **올바로** 인식하는 것이다. 다시 말해, 현상학은 이제 존재가 사유의 형식을 갖고 있다고 인식하며, 그리하여 사유 자체 **안에서** 인식 가능하다고 인식하는 것이다.

이 지점에서, 철학의 관점은 의식의 눈 속에서 정당화된다. 왜냐하면 의식 자체의 확신들이 곧 그러한 관점을 당연하게 만들었기 때문이다. 철학은 모든 전제들을 유보하는 자유로운 행위로 시작할 수 있으며, 곧바로 존재를 사유할 수 있다. 이것이 바로 헤겔의 『논리학』에서 일어나는 일이다. 하지만 순수사유가 자신 안에서 무엇이 있는가를 인식할 수 있다는 확신 자체는 자연적 의식에 의해 거부된다. 헤겔의 견해로는, 자연적 의식은 이런 식으로 철학을 거부할 수 있는 권리를 자기 안에 지니고 있다. 그러므로 만일 철학이 의식에게 그 장점을 설득하고자 한다면, 철학은 자신의 존재론적 요구를 유보하고, 의식 자체에 대한 현상학적 검토를 떠맡는 수밖에 없을 것이다. 따라서 철학은 스스로 의식 앞에서 자신을 상실해야만 한다. 하지만 현상학을 진행하는 과정에서, 의식은 자신의 확신들을 상실하고 철학의 관점으로 인도된다. 그 지점에서, 철학은 그 의식으로부터 자신의 정당성을 받아들이고, 또 그 의식으로부터 자기 자신을 회복하는 것이다.

---

27 예를 들어 §802/525를 보라.

　우리가 이 책의 후반부에서 보게 되겠지만, 현상학의 말미에서 얻어진 '절대지'는 실제로 '실체'와 '주체'의 통일이다(§797/522). 예를 들어, 절대지는 단순한 무규정적인 존재, 즉 『논리학』의 출발점인 존재의 사유와 정확하게 일치하지는 않는다. 따라서 『정신현상학』의 말미에서 사유는 여전히 『논리학』이 진행할 수 있기 전에 계속적으로 추상 활동을 수행해야만 한다.[28] 그럼에도 불구하고, 철학의 **요소**는—사유와 존재의 동일성—그 정당성을 현상학을 통해 받아들여야 한다. 따라서 사변 논리는 사실상 자연적 의식에 대한 축복으로 시작할 수 있는 것이다.

---

28 Hegel(1999), 69.

2장
주제 둘러보기

헤겔의 『정신현상학』에서 다루어진 주제들은 이 책의 진행 과정에서 의식의 형태들만큼이나 많고 다양하다. 여기에는 욕망과 승인, 관찰하는 이성의 한계, 정신의 필연적 자기소외, 추상적 자유와 죽음 간의 긴밀한 관계, 종교에서 희생의 중요성 등이 포함되어 있다. 따라서 『정신현상학』의 주제들에 대한 적절한 개괄은 그 책 전체를 요약해야 하는데, 이 책의 다음 장의 상당 부분과 겹치게 될 것이다. 하지만 헤겔의 이 텍스트를 일관해서 관통하고 있는 하나의 주제, 즉 의식의 **도야**(Bildung)라는 주제가 있다. 『정신현상학』이 궁극적으로 관심 갖고 있는 것은 자연적 의식이 그 자신의 경험에 의해 도야되고, 그럼으로써 '절대지'로 변형되는 바의 방법이다. 의식의 다른 형태들도 물론 다른 방식으로 도야된다. 하지만 서문에서, 헤겔은 자기 도야의 일반적 형태에 대한 설명을 제공하고 있다. 그러므로 이 장은 『정신현상학』의 모든 주제에 대한 개괄을 제시하려는 것이 아니라, 핵심 주제에 대한 헤겔 자신의 '개괄'에 집중하게 될 것이다. 즉 의식은 어떻게 자신의 경험에 의해 도야되는가.

1) 의식과 그 내재적 비판 기준

우리가 알기에, 의식은 '현실적 지'(§78/60)에 대한 자신의 주장을 우리가 현상학적으로 검토하는 과정에서 도야된다. 철학의 시각에서 볼 때, 자연적 의식은 기껏해야 '나타나는' '현상지'(§77/60)이다. 대조적으로 의식 자신의 시각에서 볼 때, 의식의 지는 실제적이고 건전하다. 현상학자는 의식이 이러한 주장에서 잘못을 범했다고 미리 가정하지는 않을 것이다. 그러므로 현상학자는 의식의 관점을 진지하게 받아들이고, 열린 마음으로 의식의 인식의 '실재성'을 검토해야 한다(§81/63).

하지만 그러한 검토는 판단의 '척도'(Maßstab)를 필요로 하는 것 같다고 헤겔은 적고 있다. 의식이 독립적인 기준이 없이 진리를 인식하는지를 우리는 어떻게 결정하는가?(§81/63) 이 기준에 의해 의식이 무엇을 알고 있는지를 평가한다. 하지만 현상학에서 그러한 독립적인 기준이 유효한 것은 아니다. 우리는 자연적 의식의 지(知) 외에 사물에 대한 어떤 이해도 승인할 자격이 없기 때문이다. 헤겔의 지적에 따르면, 의식이 자기 안에 자신이 무엇을 알고 있는가를 평가할 수 있는 기준 혹은 척도를 갖고 있다는 점을 인정할 때 어려움이 제거된다. 이는 의식 자신이 어떤 것에 대한 자신의 지와 그것이 인식한 대상의 차이를 구별하고, 그리하여 일방을 타방과 비교할 수 있기 때문이다.

서문에서 헤겔은 다음과 같이 적고 있다.

> 의식 속에서 하나는 다른 것에 **대해** 존재한다. 즉 의식은 규칙적으로 지(知)의 계기의 규정성을 담고 있다. 동시에, 의식에게 이 타자는 단순히 **의식에 대해서** 있지 않다. 타자는 이러한 관계 바깥에 있거나, 혹은 **그 자체로** 존재하는 것, 이 즉자가 진리의 계기이다(§84/64-5).

이 구절이 헤겔의 철학적 의식 이론을 제시하는 것은 아니다. 즉 이 구절은 의식이 무엇**인가**에 대한 헤겔의 생각을 말하는 것이 아니다. 그것은 헤겔이 보기에 의식이 **자신을** 어떻게 이해하고 있는가를 말해주고 있다. 여기서 헤겔의 언어가 다소 추상적인 것은 사실이다. 그럼에도 그 언어는 추상적이고 형식적인 용어들 속에서 의식이 스스로 지니고 있는 구조를 포착하려 하고 있다.

헤겔이 기술한 바에 따르면, 의식에게는 세 가지 주요한 측면들이 있다. 첫째, 의식은 자신과 구별되는 어떤 것을 의식하고 있다는 것을 스스로 이해하고 있다. 둘째, 의식은 저 어떤 것이 의식에 '**대해**' 있다고, 다시 말해 의식에 의해 인식된다고 본다. 셋째, 의식은 자신이 의식하고 있는 사물이 그 자체의 특성—**즉자**—을 지니고 있다고 보며, 이러한 의미에서 의식 '바깥에' 있다고 본다. 이것은 칸트의 '물자체'와 같이 사물이 사실상 의식에게 은폐되어 있다는 의미가 아니다. 다만 사물이 독립적으로 존재한다고 보는 것이다. 따라서 의식은 사물이 당연히 **인식된 대로** 존재한다고 이해하지는 않는 것이다. 하지만 의식 역시 그 독립된 상태의 사물들을 **인식**할 수 있다고 본다. 그런 의미에서, 사물들은 완전히 의식 '바깥'으로 떨어지지 않는다. 헤겔이 적고 있듯, "의식은 한편으로 대상에 대한 의식이고, 다른 한편으로는 자기 자신에 대한 의식이다." 하지만 "양자 모두가 동일한 의식에 **대해** 있다"(§85/ 65).

대상에 대한 의식의 앎(인식)과 인식된 대상 혹은 '진리'의 차이를 구별함에 있어, 의식은 자신의 검사 기준을 제시한다는 점에 주목하자. 대상에 대한 의식의 앎은 의식이 자신 속에서 대상을 받아들이는지 여부에 비추어 측정될 수 있기 때문이다. "따라서 자신 내부에서 어떤 의식이 **즉자존재** 혹은 **참된 것**으로 인정하느냐에서 우리는 의식 스스로가 설정한 기준을 갖는 바, 이 기준에 의해 의식이 인식하는 바를 측정

한다"(§84/65). 현상학은 의식 자체 속에 내재한 이러한 기준만을 참
조할 것이다. 그러므로 그것이 고려해야 할 물음은 **철학**이 대상을 인식
하는 바대로 의식이 대상을 인식하는지가 아니라, 오히려 의식이 생각
하는 바대로 의식은 **스스로** 자각하고 있다고 하는 바로 그 대상을 인식
하는지에 있다.

헤겔은 우리가 대상에 대한 우리의 인식을 대상에 대한 우리의 '개
념'(Begriff)이라 부를 수 있다고 주장한다. 우리는 대상을 그 자체로
받아들이는 바, 그 대상을 '대상'(Gegenstand)으로 부를 수 있다. 혹
은 우리는 우리가 인식하는 바의 대상을 '대상'으로 부를 수 있다. 또
한 우리가 그 자체로 받아들이는 바의 대상을 '개념'(즉 바로 그 개념
속에 있는 바로서의 대상)이라 부를 수 있다. 어떤 방식이든, '개념'과
'대상'이 함께 움직이는지 여부를 고려하고, 그리하여 의식에 대해 전
적으로 **내재적인** 검사를 취하는 것이다(§84/65).

혹은 오히려 현상학자는 **의식**이 검토하고 있는 순간을 관찰한다. 의
식은 자신이 그 대상을 **그 자체로** 받아들이는 것과 의식이 그 대상을
인식하는 바 모두를 자각하고 있다. "양자가 동일한 의식에 **대해** 있기
때문에, 이 의식은 그 자신과 그것들의 비교이다. 대상에 대한 의식의
앎이 대상과 일치하는지 여부가 인식하는 이 동일한 의식에게 있
다"(§85/65). 의식은 자신의 앎을 검사하기 때문에, 사실상 현상학자
는 적극적으로 아무런 역할도 하지 않는다. 그러므로 현상학자로서 "우
리가 할 일이란 단지 지켜보는 일(das reine Zusehen)이다"(§85/65).
사실상 우리는 수동적이면서 능동적이다. 왜냐하면 우리는 의식 자신
이 사용하지 않을 범주들 속에 의식의 경험을 제시하기 때문이다(앞으
로 보게 되겠지만 이는 다른 방식에서 능동적이다). 그럼에도 불구하
고, 우리의 역할이 단지 '지켜보는 것'이라는 주장은 현상학에서 의식

이 **자신**을 검사한다는 생각을 선명하게 표현하는 것이다.

　헤겔이 서론에서 의식의 형성을 개괄적으로 설명하는 과정에서, 의식은 자신의 지(知)를 검사에 **적용하려** 하지 않는다는 것이 분명해진다. 의식은 단지 자신의 대상이 그렇고 그렇다고 받아들이는 것에서 시작한다. 하지만 의식은 자신의 지를 의식의 '기준'에, 의식이 대상 자체를 받아들이는 바의 기준과 비교함으로써 검사할 수 있는 지점에 이르게 된다. 의식을 그 지점으로 데려가는 것은 곧 의식 자신의 **경험**이다.

2) 의식의 경험

서문의 어떤 기술들은 의식이 처음부터 자신의 지(知)를 그 대상과 비교할 수 있는 것처럼 보이게 한다. 따라서 의식은 그것이 최초에 자신의 대상으로 간주한 바를 그것이 대상으로 알게 된 바와 비교한다. 의식이 자신의 지를 검사해서 깨닫게 되는 과정은 서론의 §85에 기술되어 있다. 하지만 이 구절에는 설명이 필요한 어려움이 있다.

　헤겔은 현상학에서 대상에 대한 지가 관련 대상과 일치하지 않을 때, 의식이 자신의 지를 변경하고 교정하며, 그래서 의식은 마침내 대상과 일치하리라고 기대할 수 있다고 적고 있다. "만일 (지와 대상의) 비교를 통해 이 두 계기가 서로 대응하지 않는다는 것이 드러난다면, 의식은 자신의 지를 변경(andern)해서 지와 대상이 일치하도록 해야 할 것이다"(§85/66). 적어도 이것은 일상적 경험에서 종종 일어나는 일이다. 나는 잔디밭에서 작은 고양이를 본다. 고양이의 행동은 실제로는 그것이 다람쥐라는 생각이 들게 한다. 나는 다시 면밀하게 그것을 보고 그것이 결국은 고양이라는 것을 깨닫는다. 따라서 나는 내가 대상으로 알게 된 것(다람쥐-옮긴이)을 변경해서, 나의 인식을 다시금 최초의 대상(고양이-옮긴이)에 **맞추어 되돌린다.**

그래서 헤겔은 다음과 같은 주장을 한다.

> 하지만 사실상 지를 변경하는 과정에서(Veranderung des Wissens), 대상 자체도 지에 대해 변경된다. 왜냐하면 앞서 존재했던 지는 본질적으로 대상에 대한 지였기 때문이다. 지가 변하면서, 대상도 변한다. 왜냐하면 대상은 본질적으로 이 지에 속했기 때문이다(§85/66).

이 구절은 헤겔의 논거에서 중요하다. 하지만, 그 구절은 주석가들이 인정하는 것보다 훨씬 문제가 많다. 문제는 이렇다. 이 구절에서 '변경'이란, 만일 우리의 지와 대상이 일치하지 않을 경우, 우리가 변경해야 할 것 같다고 말했던 변경을 헤겔이 환기시켜주는 것 같다.[1] 하지만 사정이 그럴 경우, 헤겔의 주장이 완전히 의미가 있는 것은 아니다. 헤겔의 논증은 다음과 같이 진행될 것이다. 1) 나는 대상을 X로 받아들인다. 2) 나는 대상이 Y임을 알게 된다. 3) 따라서 나의 지는 대상과 일치하지 않는다. 4) 그러므로 나는 나의 지가 대상과 일치하도록, 나는 그것이 X라는 앎에로 돌아가도록, 나의 지를 변경해야 한다. 5) 하지만 이런 방식으로 나의 지를 변경하면, 대상도 나에게 역시 변경되고, 그래서 어떤 다른 것이 된다. 이 마지막 지점은 의미가 없는 것이다. 내가 나의 지를 저 대상에 맞추어 되돌릴 때 왜 대상이 나에게 변경되어야 하는가?

하지만 앞의 구절에서 '변경'이란 단어가 다른 지시체를 갖는 것으

---

1 밀러는 이러한 인상을 다음과 같이 보강하고 있다. '하지만, 사실상, 그 지(知)의 변화에서'.

로 이해할 경우 이 문제는 피할 수 있다. 그 말은 의식이 그 대상과 동렬에 있도록 자신의 지를 되돌려야 할 것 같다는 의미의 변경이 아니라, 이를 통해 지가 먼저 대상에 관한 최초의 개념과 달라지게 되는 바의 변경을 가리킨다. '변경'이란 말을 이렇게 읽는 것이 헤겔의 논증을 훨씬 의미 있게 하며, 사실상 서문의 §86의 구절에 의해 지지를 받는다. 여기서 헤겔은 이렇게 말한다. '앞서 보여준 것처럼, 첫 번째 대상은 **인식이 될 때** 의식에게 변경된다.'[2] 이는 대상이 변경될 때는 내가 대상을 처음 보았던 대로 보는 것으로 돌아갈 때가 아니라, **처음 알려지는 바로 그 과정에서**임을 시사한다. 헤겔의 말 역시 이것이 §85에서 '앞서'라고 했던 지점임을 가리킨다.

그러므로 §85에서의 헤겔의 논증은 다음과 같은 것으로 이해되어야 할 것이다. 1) 나는 대상을 X로 간주한다. 2) 나는 대상이 Y임을 알게 된다. 3) 따라서 나의 지는 대상과 일치하지 않는다. 4) 그러므로 나는 나의 지가 대상과 일치하도록 나의 지를 변경해야 하는 것처럼, 나는 그 대상을 X로 인식한 것으로 되돌아가야 하는 것처럼 보인다. 5) 하지만 나는 대상에 관한 그와 같은 최초의 견해로 되돌아갈 수 없다. 왜냐하면 **이미 자리 잡은** 나의 지를 변경하는 과정에서 대상 자체가 나의 눈에서 변경되었기 때문이다. 대상은 단순히 X가 아닌 Y로 입증되었다. 6) 대상에 대한 이러한 변경은 돌이킬 수 없다. 왜냐하면 우리가 저 대상에 대해 갖게 된 지(知)는 대상에 대한 틀린 지가 아니라 참다운 지이기 때문이다. 헤겔은 그것을 앞서 인용된 구절에서 다음과 같이 적고 있다. '지(知)를 변경하면, 대상 자체도 의식에게 변경된다. 왜냐하면 현재 존재하는 인식은 본질적으로 **저 대상에 관한** 지였기 때문이

---

2   '앞서 지적했듯, 이와 관련해 첫 번째 대상도 변화한다'(66). 여기서 '이와 관련해'는 대상의 지로 소급하며, 밀러에 의해 '인식된'으로 올바로 해석되고 있다.

다'(§85/66).

의식이 자신의 경험을 통해 갖게 되는 인식은 대상에 대한 참다운 인식이다. 왜냐하면 그것은 최초에 받아들여진 대상에 의해 야기된 것이기 때문이다. 이 점에서 『정신현상학』에서 기술된 학습 과정은 우리가 일상생활에서 겪는 학습이나 자기 교정과는 다르다. 일상에서 우리가 생각한 것이 다람쥐라고 알고 있지만, 사실상 그것은 작은 고양이임을 발견한다. 그 경우, 우리의 이해는 변경되는데, 우리는 **하나의** 대상을 다른 대상으로 교체하기 때문이다. 대상이 고양이라는 우리의 자각은 그것이 다람쥐라는 최초의 생각에 의해 야기된 것이 아니다. 반면 『정신현상학』에서 기술된 과정은 다르다. 하나의 대상이 다른 대상을 대체하는 것이 아니라, 우리가 최초에 받아들인 대상이 **저 홀로** 최초에 받아들인 것과 다른 것으로 인식되게 된 것이다. 대상은 최초에 X로 간주된다. 엄밀히 말해 X로 인식된다고 할 때, 그것은 X(혹은 단순히 X)가 아니라, Y로 입증된 것이다. 이것이 헤겔이 기술한 과정에서 드러나는 **변증법적인** 요소이다. 대상은 단순히 그것이**라는 것에서** 그것이 되는 것이 **아니라** 전혀 다른 것으로 드러난다.

최초로 받아들여진 바의 대상이 의식 자신에 의해 설정된 **기준**, 그것에 비추어 의식의 지가 측정되는 기준을 구성한다는 점을 상기해보자. 하지만 지와 그 대상이 일치하지 않을 때, 이러한 불일치는 지가 결함이 있기 때문이 아니라 대상에 대한 최초의 견해가 대상 인식 앞에서 견지되지 못하기 때문이라는 점에 주목하자. 이는 이러한 관점에서 지를 측정하는 기준 그 자체가 변경된다는 것을 의미한다. 따라서 헤겔이 생각하고 있는 것처럼, 현상학은 의식이 자신의 인식을 의식에 내재하는 기준과 비교하지만, 첫 번째 대상—최초라고 생각된 대상—이 대상을 인식하는 과정에서 변경됨에 따라 새로운 기준을 획득하게 되는 바의 과정이다. 현상학에서 '대상'은 개별적인 의식의 형태가 대상으로 **받아들이거나 생각하는** 것이다. 그러므로 새로운 지와 대상에 대한 새로운 이해를 얻는 과정에서, 의식은 새로운 대상을 획득한다. 따라서 현상학의 도정에서 의식은 새로운 기준, 대상에 대한 새로운 이해를 얻는 동시에 새로운 대상을 획득한다. 사실상 이것들은 모두가 동일한 것이기 때문이다.

의식이 그 최초의 대상을 적절히 인식하게 됨에 따라, 새로운 대상이 의식에 떠오르는 과정이 헤겔이 말하는 **경험**(Erfahrung)(§86/66)이다. 그러한 경험은 의식의 대상의 참다운 성격이 점진적으로 드러나는 과정이다. 의식의 경험 속에 나타나는 것이 **진리**로 간주되는 까닭은 그것이 철학이 판단하는 바의 진리이기 때문이 아니라, 그 대상이 의식에 의해 인식되면서 **필연적으로** 증명되는 바의 것이기 때문이다. 『정신현상학』에서 기술된 경험은 따라서 역사적 개인이나 공동체의 경험적인 경험이 아니다. 그것은 의식의 대상에 의해 **논리적으로** 필연성을 얻게 된 경험—의식이 자신의 대상을 파악하는 방식이 주어질 경우, 의식이 겪어야 **하거나** 겪게 **될** 경험—이다. 이러한 경험은 의식의 대상의 참다운 본성을 지속적으로 드러내기 때문에(우리가 알고 있듯 이 과정은 불가역적이다), 그것은 불가피하게 **발전적**이다. 그러므로 『정신현상학』은 절대지를 향한 의식의 발전을 추적하는데, 이는 헤겔이 대책 없는 낙관주의자이기 때문이 아니다. 오히려 그가 기술한 경험은 의식의 대상이 필연적으로 자기 자신에 대해 보다 새롭고 보다 풍부한 형식이 되는 경험이기 때문이다.

이러한 것들이 『정신현상학』의 전반적인 주제이다. 의식은 자신의 경험에 의해 그 대상이 이러저러하다고 인식하게 된다. 의식은 자신의 새로운 지를 검사하면서, 그것이 대상에 대한 최초의 이해와 다르다는 것을 안다. 하지만 의식은 또한 이 새로운 지가 대상의 참다운 성격을 드러낸다는 것, 따라서 되돌릴 수 없다는 것을 알고 있다. 이런 식으로, 의식은 자신의 경험에 의해 도야되는 것이다. 이러한 도야는 의식의 대상이 단순히 의식의 대상 혹은 대-상이 아니라 존재와 사유의 동일성임이 입증되는 절대지에서 완결된다.

3) 경험의 대상

헤겔이 의식의 '대상'으로 이해하고 있는 것은 특정한 경험적 대상이 아니라 대상의 특정한 **형식**이라는 것에 주목하자. 그가 기술하는 변경은 대상 경험에서의 저 형식의 변경이다. 예를 들어 감각적 확신은 그 대상이 단순하고 직접적인 **이것, 지금**이라고 받아들인다. 하지만 의식이 행하는 경험에서 이 단순한 대상은 그 형식을 변화시켜 복잡한 것, 즉 '절대 다수의 지금들'(§107/75)이 되게 한다. 그리하여 이 새로운 형식은 지각에 의해 의식의 참다운 대상으로 인정된다. 더 구체적으로 말하면, 복합적 대상이 지각에 의해 많은 **속성들**을 지닌 **사물**의 형식을 갖는 것이다. 그리하여 지각의 경험에서, 사물은 계기들의 역동적 유희 속으로 변화하며, 지성은 이것들을 하나의 **힘**으로 파악한다. 감각적 확신과 지각, 그리고 지성은 동일한 종류의 감각적 질료—색깔, 형태 등—를 접하겠지만, 감각적 확신은 각각의 색깔을 단순히 **이것**으로 생각하는 반면, 지각은 그것을 사물의 속성으로, 그리고 지성은 그것을 어떤 힘의 표현으로 받아들일 것이다. 의식의 각 형태는 감각적 질료를 다른 방식으로 파악하며, 그리하여 스스로 대상의 다른 **종류**와 만나는 것으로 생각한다. (의식의―옮긴이) 나중의 형태들은 다른 자기들, 노예와 국가, 부와 의무 등을 포함하여 근본적으로 전혀 다른 종류의 대상과 만난다.

대상의 형식의 변경—그리하여 의식이 스스로 알고 있다고 보는 대상의—은 의식이 행하는 경험 속에서, 대상에 대한 앎 속에서 발생한다. 인식이 되면서, 대상은 그것이 최초에 알려진 것과는 다르다는 것이 입증된다. 더 나아가서, 대상은 그것이 최초에 받아들여지던 것 **때문에** 다른 것으로 입증된다. 그리하여 경험에서 등장하는 새로운 대상은 첫 번째 대상과 분리된 것이 아니다. 그것은 다만 의식이 **첫 번째** 대상이라고 알게 된 것일 뿐이다. 첫 번째 대상은 의식이 **즉자적**(an sich) 대상이라고 간주한 것이다. 새롭게 등장한 대상은 따라서 "첫 번째 대상에 대한 의식의 지, 혹은 첫 번째 즉자가 의식에 대해 있는 것(대 의식적 존재)"(§87/67)이다.

새로운 대상이 출현하는 과정에서, 본래의 대상—최초의 것으로 간주된 대상—은 결국 의식의 참다운 대상이 아니라는 것이 밝혀진다. 최초에 파악된 대상은 진리 혹은 즉자존재하는 바의 대상이 아닌 것으로 드러난다. 그것은 의식이 처음에 즉자적인 대상으로 이해했던 것일 뿐이다. 따라서 헤겔은 이렇게 적고 있다. "의식이 앞서 **즉자**로 받아들였던 것이 **즉자**가 아니라는 것, 혹은 그것은 **의식에 대한** 즉자일 뿐이었다는 것이 의식에게 일깨워진다"(§85/66).

이 구절과 바로 앞선 구절의 끝에서 인용된 부분에서의 헤겔의 말은 독자의 입장에서는 혼동의 여지가 있다. 왜냐하면 새로운 대상**과** 의식의 최초의 대상 모두 '의식에 **대한**' 대상으로 기술되고 있기 때문이다. 하지만 헤겔이 주장하고 있는 바에 분명히 초점을 맞춘다면, 혼동을 피할 수 있을 것이다. 즉 새로운 대상은 첫 번째 대상이 의식에 **대해서** 존재하게 된 것이며, 새로운 대상이 출현함에 따라 첫 번째 대상은 다만 대상이 의식에 **대해 존재했던** 것으로 드러난다. 이런 식으로 의식의 경험은 그 자신의 최초의 확신이 갖는 한계를 노정한다. 하지만 우리가 보게 되겠지만, 어떤 의식의 형태가 그 자신의 확신의 한계를 실제로 인정하는 정도에는 한계가 있다.

4) '우리'의 역할

헤겔은 이제 그가 그려왔던 그림을 미묘하게 수정하기 시작한다. 첫 번째 대상을 인식하는 과정에서 새로운 대상이 출현하는 경우가 남아 있다. 하지만 헤겔은 다음과 같이 중요한 제한을 덧붙인다. "새로운 대상은 **의식 자체의 전도**(Umkehrung)를 통해 생성된 것으로 드러난다"(§ 87/67). 그러므로 새로운 대상은, 한 가지 의식의 형태가 새롭고 다른 형태로 바뀜에 따라 출현한다. 헤겔의 주장에 따르면, 이렇게 해서 필연적인 연쇄적 형태가 의식의 경험에 의해 발생하는 것이다.

하지만 헤겔은 더 나아가 다음과 같은 주장으로 이 그림을 복잡하게 만들고 있다. 즉 새로운 대상이 의식의 '전도' 속에서 그리고 그 '전도'를 통해 출현한다는 생각은 '우리가 기여한 것'(unsere Zutat)이다. 하지만 우리가 관찰하고 있다는 것이 의식에게는 알려져 있지 않다. 달리 말해 "새로운 대상의 **발생**(Entstehung)"은 "사실상 의식의 배후에서 우리에 대해 이루어지고 있다"(§87/67-8). 의식의 새로운 **형태**도 똑같이 이루어진다. 주어진 (의식의-옮긴이) 형태는, 새로운 대상이 의식의 경험 속에 출현함에 따라 새로운 형태가 되고 있다는 것을 스스로 의식하지 못하고 있다. 현상학자로서 우리의 역할은 의식이 대상에 대한 그 자신의 이해에 의해 만들게 되는 경험을 통찰하는 것이다. 하지만 우리 역시 의식의 형태의 필연적 **계열**을 생성하는 과정에 적극적으로 연루되어 있다는 것이 드러난다. 이것은 다음의 세 가지 물음을 제기한다. 1) '우리'는 누구인가? 2) '우리'는 무엇을 알고 행하는가? 3) 정확히 의식이 경험하는 바가 무엇인가?

헤겔은 첫 번째 물음에 답변하는 데 거의 도움이 되지 못하고 있다. 하지만 '우리'는 (현상학자로 활동하는) 철학자와 『정신현상학』의 독자들을 포함한다는 것이 답변으로 들린다. 현상학은 철학의 관점을 자연적 의식에게 정당화하기 위해 취해지기 때문에, 헤겔의 책을 의도적으로 읽는 독자들이 어느 정도는 그런 의식에 해당할 것으로 기대될 수 있다. 하지만 『정신현상학』은 단지 읽어야 할 **책**만이 아니라, 우리가 더불어 생각해야만 하는 **학문**을 개진하고 있다. 그러므로 철학자들과 마찬가지로, 헤겔 책의 독자들 역시 현상학자들이 되어야 할 것이다. 하지만 헤겔의 독자들은 헤겔 자신의 시각과는 다른 시각에서 의식을 현상학적으로 연구하게 된다. 헤겔은 현상학을 하기 앞서 사유가 존재를 사유할 수 있다는 자신의 **철학적** 신념을 먼저 유보해야만 한다.[3] 반대로 그의 독자들은 현상학이 그들의 "**자연적인** 생각과 사유, 그리고 의견"(§78/61)을 제거하는지를 현상학에서 발견하게 될 것이다.

만일 헤겔의 현상학이 성공적이라고 한다면, 그의 독자들은 그 작품에 의해 도야(陶冶)될 것이고, 철학적인 인식의 도정의 필연성을 보게 될 것이다. 하지만 이들 독자들은 현상학의 주체인 자연적 의식의 형태들이 어떻게 스스로 그들의 경험에 의해 도야되고 또 새로운 형태로 (마침내 절대지로) 바뀌는지를 교육받게 될 것이다. 헤겔의 독자들은 가족과 사회, 국가와 역사 안에서 형성된 정체성을 지닌 구체적인 개인

---

3 나중에 텍스트에서, 헤겔은 '개념의 **의식**으로의 이행'은 자기-인식적 정신, 혹은 학문, '자신의 자기로부터 스스로를 해방하는 것'(§806/529)이라고 서술하고 있다. 그렇지만 이것이 직접적으로 여기서 연관이 있는지는 말하기가 어렵다. 왜냐하면 헤겔은 거기서 이러한 **의식**의 **현상학적 연구**보다는 오히려 '감각적 **의식**-우리가 처음 시작했던 출발점'이 되는 자기-인식적 정신에 관해 말하고 있기 때문이다.

들이다. 현상학에 의해 검사된 (의식의-옮긴이) 형태들은 (지각과 같은) 개별적인 의식의 측면들이거나 혹은 헤겔의 독자들의 성장 맥락을 이루는 역사적 (문예적) 형태들의 생략된 버전을 구성한다. 따라서 헤겔이 염두에 두었던 독자들은 어느 정도는 그러한 형태들 속에 구현된 확신들로 가득 차 있다. (그들 역시 현상학이 드러내려고 하는 것에 열린 태도를 유지해야만 한다. 그렇지 않을 경우 그들이 현상학을 연구할 의미가 전혀 없다.) 의식의 형태들의 경험을 검사함으로써, 헤겔의 독자들은 그들 **자신의** 자연적 확신들이 점차적으로 무너지게 될 것임을 알 것이다.

그렇다면 '우리'는 무엇을 알고 행하는가? 정확히 말해서, 검사 중의 의식은 무엇을 경험하는가? 우리는 이러한 물음들을 주어진 한 의식의 형태 안에서의 '마이크로-이행'과 하나의 형태에서 다른 형태로 이끄는 '매크로-이행'(감각적 확신에서 지각으로의 이행 같은)의 차이를 준별함으로써 답변할 수 있다. 앞으로 계속 설명이 있게 되겠지만, 서문으로 미루어 볼 때 모든 매크로-이행들은 **우리의** 기여를 요구한다는 것이 분명하다. 이와 반대로 많은 마이크로-이행들은 우리의 기여를 요구하는 것과 다르게, 해당 의식의 형태들에 의해 경험되고 있다. 예를 들어 감각적 확신과 절대 자유에 의해 경험된 의식의 대상들에서의 변화는 이러한 (매크로-옮긴이) 범주들에 속한다(§§103, 592/73, 391).[4] 하지만 의식 자신에 의해 경험되지 않은 몇몇 마이크로-이행들이 있다. 예를 들어 불행한 의식의 첫 번째 유형에서 두 번째 유형으로의 이행은 헤겔에 의해 오직 '우리'에게만 일어나는 것으로 기술되고 있다(§218/150).[5] 이러한 마이크로-이행들 간의 차이를 만

---

4 또한 §§262, 364-5, 375/179, 243, 248을 보라.
5 밀러는 '우리에 대해 … 생성된'을 단순히 '여기서 드러난'으로 번역함으로써 이

드는 것은 몇몇 경우 의식의 한 형태 **안에서의** 변화가 실제로는 새로운 형태**로의** 변화에 해당한다는 사실이다.[6] 『정신현상학』의 독자들이 유념해야 할 것 중의 하나는 주어진 의식의 형태가 그 의식의 마이크로-이행들인지 여부이다. 분명한 것은 어떤 형태도 현상학자들에 의해 채용된 명백히 **논리적인** 용어들로 그런 변화를 경험하지 않는다는 것이다.[7] 하지만 어떤 경우에 의식은 그러한 논리가 명시하는 변화들을 경험하고, 다른 경우에서는 그렇지 못하다는 것을 경험한다.

  마이크로-이행들과 매크로-이행들 간의 차이를 분명히 하기 위해서, 간단하게나마 감각적 확신에서 지각으로의 이행에 주목해보자. 감각적 확신은 대상에 관한 세 가지 미묘하게 다른 견해들을 통과한다. 헤겔은 그것이 대상의 한 가지 견해로부터 다른 견해로 이어지는 감각적 확신 자신의 경험에 의해 이루어진다는 점을 분명히 하고 있다. "따라서 감각적 확신은 그 본질이 대상에 있지도 '나'에 있지도 않다는 것을 **경험만으로도**(erfahrt also) 알게 된다"(§103/73). 사실상, 헤겔은 "감각적 확신의 전 변증법이 그 자신의 운동 혹은 그 자신의 경험이라는 단순한 역사에 지나지 않는다"(§109/76)라고 진술한다. 따라서 감각적 확신 장 안에서 일어나는 마이크로-이행들은 감각적 확신 자신이 알고 있는 이행들이다. 감각적 확신은 그 자신의 경험이 대상을 대상에 대한 자신의 최초의 견해 너머에 있는 것으로 받아들인다는 것을 알고 있다.

  하지만 자기 경험의 끝에 도달하기 전에는, 이러한 변화들이 감각적

것을 놓치고 있다.

6 예를 들어 §253/173을 보라. '우리는 이제 … 그 관찰하는 행동의 새로운 형태(neue Gestalt)가 가정하는 바를 알아야 한다.'

7 그런 의미에서, 논리는 '의식 배후에' 존재하는 것으로 말할 수 있다. Hegel (1988), 552를 보라.

확신을 전혀 새로운 대상으로 나가게 하지는 못한다. 이러한 변화들은 대상을 최초의 대상(단순히 **이것, 여기, 지금**)의 바뀐 버전으로 받아들인다. 그 경험의 끝에서, 보다 극적인 변화가 대상에서 일어난다. 대상은 단순히 '**이것**'이 아니라, 다른 계기들의 통합적 **복합체**이거나 다수성, 혹은 구체적 '보편자'로 드러난다. 그러므로 감각적 확신의 경험은 그것이 최초에 자신의 대상으로 간주한 것을 근본적으로 넘어서는 **새로운** 대상이 등장할 때 마감한다. 하지만 헤겔이 지적한 바에 따르면, 감각적 확신은 이 새로운 대상을 긍정하거나 받아들이지 않고, 오히려 그 자신의 대상을 (설령 바뀐 형태에서일지라도) 고수하려고 한다. "직접적 확신은 진리를 받아들이지 않는다. 왜냐하면 그것의 진리는 보편자인 데 반해, 확신은 (특수한—옮긴이) **이것**을 파악하려고 하기 때문이다"(§111/79). 따라서 감각적 확신은 그 최초의 대상을 상실한다. 새로운 진리가 감각적 확신의 경험 속에서 등장함에 따라 감각적 확신은 자신의 확신을 상실하는 것이다. 하지만 감각적 확신은 그것이 익숙한 대상을 선호해 이러한 상실을 받아들이기를 거부하고 새로운 진리를 부인하고 있다.

  자신의 경험 속에 등장했던 새로운 대상을 받아들이기를 이처럼 거부하는 행위는 감각적 확신이 실제로 확신 자신과 다른 어떤 것이 되지 못한다는 것을 의미한다. 감각적 확신은 그 자신으로 남아 있으며, 어떤 새로운 형태의 의식으로 바뀌지 않는다. 오히려 현상학자인 **우리**가 감각적 확신에게 등장했던 진리를 받아들이는 새로운 형태로 움직인다. 이 새로운 형태가 **지각**인데, 독일어로는 *Wahrnehmung* 혹은 '참다운 것을 받아들임'이다. 감각적 확신과 달리, 지각은 '자신에게 현재하는 것을 보편자로 받아들인다'고 적고 있다(§111/79). 감각적 확신에서 지각으로의 매크로—이행은 **얼마간은** 『정신현상학』에서의 모든 움직임을 선취하고 있다. 모든 새로운 대상은 분명하건 그렇지 못하건 특정 의식의 형태의 경험 속에서 등장하며, 그래서 그러한 형태가 얼마간 의식하고 있는 어떤 것이다. 하지만, 그러한 형태가 이 새로운 대상과 새로운 진리를 **스스로** 받아들이고 긍정하는 것은 아니다. 오히려 현상학자인 우리가 그것을 받아들이고 긍정하는 행태로 움직이는 것이다. 그러므로 하나의 형태에서 다른 형태로의 매크로-이행 — '**의식의 반전**'(§87/67) — 은 **우리가 떠맡은** 운동이자, 그 다음으로 이어지는 운동 형태에 대해서는 여전히 알지 못한 채로 남아 있다.

넓게 보아, 우리는『정신현상학』의 의식이란 스스로를 변형시켜 자기 자신에 관한 새로운 형태로 바뀌어가는 것이라고 말할 수 있다. 하지만 엄밀히 말해서,『정신현상학』의 어떤 의식의 형태도 곧바로 그 다음의 형태로 전환하지는 않는다. 감각적 확신은 지각이 되지 않고, 노예는 금욕주의자가 되지 않으며, 회의주의는 불행한 의식이 되지 않는다. 각각의 경우에서, 우리는 하나의 형태에서 다른 형태로의 이행에 영향을 주는 자이다. 그러므로 어떤 형태도 자신과 다른 어떤 것이 되는 것을 의식하지 못하고 있다. 어떤 형태도 이전의 형태로부터 출현했다는 것을 자각하지 못하고 있다. 지각은 자신을 감각적 확신의 결과로 간주하지 않는다. 오히려 자신이 그대로이고, 다른 모든 형태들에서 똑같이 참이라고 받아들인다. 어떤 형태도 그 대상이 선행자의 경험을 통해 출현했다는 것을 자각하지 못하고 있으며, 각각의 형태는 대상을 단순히 자신의 대상으로만 인식하는 것이다.

따라서 의식의 운동에서는 경험 속에 몰입된 의식에게 나타나지 않는 **즉자존재** 혹은 **대자존재**의 계기가 발생한다. 하지만 우리에게 나타나는 **내용**은 **의식에게도** 존재한다. 우리는 그러한 내용의 형식적 측면만을, 혹은 그것의 순수한 기원만을 파악한다. **의식에게**, 이렇게 발생한 것은 하나의 대상으로서만 존재한다. **우리에게**, 그것은 동시에 하나의 운동이자 생성의 과정으로 나타난다(§87/68).

따라서 각기 다른 형태들의 의식의 경험이 의식의 단일하고 연속적인 발전을 형성하는 것은 오직 **현상학적 사유**에서만이다. 사유는 하나의 형태로부터 다음의 형태로 이동함으로써 이 연속적인 발전이 등장하게끔 해주는데, 이 속에서 첫 번째의 경험에서 모호했던 것이 두 번째의 경험에서는 분명해진다.

우리 현상학자들은 하나의 형태에서 다른 형태로의 이행에만 영향을 미치는 것이 아니다. 많은 경우에서, 반드시 전부는 아니더라도, 우리 역시 새로운 대상이 새로운 형태의 의식에게 어떤 것이 되어야 하는가를 이해하는 과정에서 역할을 한다. 예를 들어 지각 장은 §111에서 시작한다. 하지만 지각의 **경험**에 대한 설명은 §117에 이르기까지 시작하지 않는다. 그 설명을 시작하기 전에, 헤겔에 따르면 "대상은 이제 보다 분명하게 정의되어야 하며, 정의는 지금까지 도달된 결과로부터 간략하게 발전되어야 한다"(§112/79)는 것이다. 감각적 확신의 경험에서 출현하는 새로운 대상은 단순한 **이것**이라기보다는 복잡한 다수의 계기들이다. 하지만 §§113-15에서, 헤겔은 그처럼 복잡한 수다성은 지각에 의해 많은 **속성들**을 지닌 하나의 **사물**(Ding)로 간주되어야만 할 것임을 보여준다. 그러므로 헤겔이 §117에서 추적하기 시작한 것은 이 사물의 경험이다. 이러한 경험을 추적하기에 앞서, 헤겔은 지각 대상에 대한 그 자신의 철학적 이해를 제시하는 것이 아니라, 대상이 **지각 자신에게** 어떤 것이어야 하는 것을 설정한다. 그럼에도 불구하고, 현상학자로서의 능력을 지닌 헤겔은 지각이 받아들인 대상이 무엇인지

를 보다 정확하게 이해하는 자이다.[8]

하지만 현상학자의 이러한 활동 때문에 현상학이 엄격히 말해 의식의 경험에 대한 **내재적** 설명이라는 점이 훼손되는 것은 아니다. 결코 그렇지 않다. 하나의 형태로부터 다른 형태로의 매크로-이행은 현상학자에 의해 추진되기 때문이 아니라, 그러한 형태에 대한 **경험** 속에 출현함으로써 필연성을 갖기 때문이다. 새로운 대상은 이어지는 형태에서 충분하게 존재한다. 하지만 이어지는 형태에서 그것은 먼저—얼마간은 명시적으로—새로운 대상으로 등장한다. 더 나아가, 다음의 의식의 형태에서 저 새로운 대상이 무엇이어야 하는가를 '보다 정확하게' 이해함에 있어서, 현상학자가 하는 모든 일은 그 대상 속에 함축적으로 있는 것을 명시적인 것으로 만드는 것이다. 그는 저 대상에 대해 그 자신의 철학적 설명을 제시하고 있는 것이 아니다.[9] 따라서 의식에 대한 현상학적 설명의 내재성이 보존된다. 비록 이러한 설명을 제시함에 있어 우리가 하는 일이란 다만 '지켜보는 것'이라는 헤겔의 주장에서 암시된 것 이상으로 현상학자가 보다 적극적인 역할을 한다 할지라도 그렇다.

그러므로 『정신현상학』에서 제시된 의식의 발전은 역사적이 아니라 논리적이라는 것이 분명하다. 의식이 자신의 대상을 파악하는 방법이 주어질 경우, 현상학은 그 의식이 담당해야만 하는 경험을 시작한다. 그러한 경험의 논리는 늘 역사적 개인들과 공동체들이 따라왔던 것이거나 따르게 될 것이 아니다. 그것은 자기 자신에게 진실하고자 한 자

---

8 또한 §§185, 405/129, 266을 보라.
9 사실상, 자기-의식의 경우에서, 이러한 운동은 주로 자기-의식 자체에 의해 이루어진다. §175/126을 보라. '경험은 그것을 자각하고 있다'. 그렇지만 욕망의 대상이 '우리에 대해' 생명이 된다. §168/122를 보라.

들이 따라왔을 논리이다. 예를 들어 생사의 투쟁은 논리적으로는 주인
과 노예의 관계로 이어지지만, 역사에서 그러한 투쟁은 종종 여러 세대
동안 해결되지 않은 상태로 이어지거나 혹은 주창자(主唱者)가 죽으면
서 종결되기도 한다.

　헤겔이 고찰한 의식의 형태들 가운데 많은 것은 '계몽주의'와 '절대
자유'와 같이 명백히 역사적으로 대응하는 것들이 있다. 감각적 확신
과 지각과 같은 것은 역사에 등장한 개인들의 의식의 측면들이다. 그러
므로 『정신현상학』에서 말해진 이야기는 '세계사의 거대한 노동'이 사
유 속에서 재구성된 것으로 이해될 수 있는데, 여기서 의식의 형태들이
탄생하고 정도의 차이에 따라 지양되는 것이다(§29/23; §§295,
808/199, 530도 보라). 하지만 『정신현상학』에서 제시된 형태들의 계
열이 역사의 계열과 직접 대응하는 것은 아니다. 헤겔은 지성이 뉴턴
물리학에서 구현된 **다음** 중세 가톨릭에서 표현된 불행한 의식을 논의
하고, 프랑스혁명 **다음** 고대 이집트와 그리스 종교를 고찰하기 때문이
다. 보다 중요한 것은, 헤겔이 하나의 형태에서 다른 형태 사이에 어떤
역사적 연관이 있건 상관없이 그것들 간의 논리적이고 필연적인 이행
에 관심을 갖고 있다는 점이다. 사실상 철학의 관점을 정당화하고, 그
리하여 현상학의 목표를 완수하는 것은 오로지 그러한 논리적이고 필
연적인 이행일 뿐이다.

　이 모든 것을 말했기 때문에 서문에서 드러난 것보다 실제로 이행과
각각의 형태들이 전개되는 방식에서 훨씬 **다양한 모습들**이 있다는 것
이 드러난다. 그러므로 헤겔이 서문에서 개진한 것은 현상학에서 의식
이 스스로의 경험에 의해 도야되는 방식에 대한 일반적 설명이나 개괄
일 뿐이라는 점을 유념할 필요가 있다. 그것은 각각의 의식의 형태가
엄격하게 따라야 할 확고하고 신속한 방법을 제시하지 않는다. 형태들

이 전개하는 방식에서의 차이는 해당 형태들의 성격에 기인한다. 관찰하는 이성과 자기소외된 정신과 같이 어떤 형태들에서, 그것들이 겪는 경험은 시간도 오래 걸리고 복잡하기도 하다. 반대로 자연종교의 첫 번째 형식에서, 그 대상에서 발생하는 변화는 사소하다. 즉 발생한 것 전부는 '빛-존재'가 '빛의 여울'을 발산하고, 그리하여 그것들 위에 신이나 권세가 군림하고, 그것들을 다시금 자기 안으로 해소시키는 것이다 (§§686-8/452-3). 어떤 형태들은 본래적인 대상이나 자기 이해를 상실했다는 심각한 의미를 띠고 있다. 예를 들어 쾌락을 추구하는 이성은 자신이 죽음을 사로잡았다고 느낀다. 여기서 삶을 찾고, 신앙은 노골적으로 "자신의 영적 세계의 상실을 비탄한다"(§§364, 573/243, 378). 다른 경우, 상실감은 훨씬 부드럽다. 우리가 듣기에 금욕주의는 진리와 선에 대한 자신의 생각 속에서 어떤 고유한 내용을 지적하지 못함으로써 느끼는 단순한 '당혹감'이다(§200/139). 사실상 노예는 최초의 자기 이해의 상실을 하나의 소득으로 경험한다. 단지 '소외된 실존'만을 경험하는 것 같은 자신의 노동에서, 노예는 '그 자신의 정신을 획득한다'(§196/136). 회의주의에서, 의식이 경험하는 끊임없는 변화와 모순은 그 자신에 의해 사려 깊게 야기되었으며, 그리하여 결코 그 자신의 자유의 상실로 느껴지지 않는다. 하지만 『정신현상학』을 일관해서 변함없이 남는 것은 의식의 각 형태는 그 대상 속에서나 그 자신 속에서 (혹은 양자 모두에서) 모종의 변화를 경험한다는 것, 그리하여 현상학자는 이 형태에서 다른 형태로 이행하면서 첫 번째에 관한 경험에서 암시적이었던 것을 명시적인 것으로 만든다는 사실이다. 이 점이 우리가 일관해서 행하고 있는 바가 사변철학이 아니라 현상학이라는 것을 보증해준다. (그런데 독자들은 이성과 정신에 관한 장들이 생각보다는 훨씬 더 헤겔의 거침없는 생각들(*obiter dicta*)을 담고 있다는 것에 주목할 것이다.)

5) 현상학의 끝과 처음

헤겔에게 현상학의 목표는 의식이 처음 자신의 대상에 대해 가진 생각을 넘어서지 않고 그것과 일치하는 지점이다(§80/62을 보라). 이 지점에서, 인식과 인식된 대상이 서로 일치한다. 그것들 모두가 **동일한 형식**을 가지고 있다고 이해되기 때문이다. 헤겔의 주장은 의식이 이제 철학에 의해 오랫동안 참이라고 전제된 특별한 통찰을 포착했다는 것이 아님을 주목하자. 그의 주장에 따르면, 의식은 이제 철학을 특징짓는 독특한 **인식 방식**에 진입하는 것이다. 이러한 인식 방식은 인식자와 피인식자 (확신과 진리) 사이의 명백한 **구별**이 소멸되거나 '지양' 되는 것이다(§37/29). 엄밀히 말해 그러한 방식의 인식이 세계를 철학에 의해 발견된 바대로 드러낼 것이다. 하지만 현상학은 철학의 요소—사유와 존재의 **동일성**—가 어떻게 의식 자체의 경험에 의해 필연적이 되는가를 보여줌으로써 철학적인 인식 방식을 자연적 의식에게 정당화했던 것이다.

그러므로 현상학의 끝에서, 그 속에 주제화된 의식은 철학적 의식 혹은 사유가 **된다**. (비록 종교로부터 현상학자에 의해 수행된 절대지로의 이행을 통해서이기는 해도) 동시에, 현상학자로서의 철학자와 독자는 철학의 관점이 자연적 의식 자신의 확신들에 의해 정당화된다는 것을 알게 된다. 따라서 이 셋—현상학자, 독자 그리고 주제화된 의식—의 시각들이 수렴이 되고 철학이 시작될 수 있다.

비로소 현상학이 종결된다. 하지만 현상학은 어떻게 시작하는가? 헤겔의 주장에 따르면, 현상학은 가장 단순하고 가장 직접적인 자연적 의식의 형식으로부터 시작해야만 한다. 그런 의식은 역사적으로 가장 오래된 것이 아니라 구조적으로나 논리적으로 가장 단순한 것이다. 그것은 직접적으로 우리에게 주어진 것, 우리 눈앞에 그리고 우리의 다른 감각들에 대해 **저기**에 직접적으로 있는 것에 대한 직접적인 자각일 것이다. 그런 **감각적 확신**은 자연적 의식에게 가능한 최소치이기 때문에 현상학에서 출발점을 이룬다. 보다 발전된 의식의 형태들은, 정확히 말해 그것들이 **발전되었기** 때문에서 현상학의 출발점을 이룰 수 없다. 다른 한편, 감각적 확신에 미치지 못하는 것 — 적어도 **나는 이것을 여기**와 **지금** 인식하고 있다는 것을 포함하지 못하는 어떤 형태의 정신도 — 은 그 자신의 눈에서건 철학자의 눈에서건 결코 자연적 의식의 형태로 간주될 수 없을 것이다.

그러므로 후설(Edmunt Husserl)이나 하이데거(Martin Heidegger)와 같은 20세기의 현상학자들과 달리, 헤겔은 발전되고 구체적인 인간 경험으로부터가 아니라 생각할 수 있는 가장 단순한 의식의 형태들에서 시작한다. 그리하여 그의 과제는 참으로 열린 마음의 자세로 이러한 확신의 경험을 철저히 사유하고, **만일 어딘가에 있다고 한다면** 그러한 경험이 이끄는 곳을 발견하는 것이다.

3 장

텍스트 읽기

『정신현상학』은 의식이 어떻게 감각적 확신의 관점에서 절대지의 관점에 이르는 경험을 받아들이는가를 보여주고자 한다. 헤겔은 이러한 발전이 의식의 경험 속에 내재하는 논리에 의해 추진되는 것으로 이해한다. 다음에 이어지는 내용에서, 나는 이 논리를 가능한 한 분명하게 하고자 집중했다. 따라서 나는 등장하는 의식의 다양한 형태들에 대응하는 역사적 현상과 관련해서는 아주 짧게, 사실상 거의 아무것도 언급하지 않았다. 하지만 나의 접근이 『정신현상학』의 독자들로 하여금 왜 헤겔은 그가 묘사한 발전이 **필연적**이라고 생각했는가를 이해하는 데 도움이 되었으면 한다. 그러므로 그들은 헤겔이 개진한 특수한 과제를 완수함에 있어 『정신현상학』이 성공하는지를 스스로 평가할 수 있는 입장에 서게 될 것이다.

1) 의식

감각적 확신

헤겔의 견해에 따르면 감각적 확신은 가장 단순하고 가장 직접적인 형태의 자연적 의식이다. 감각적 확신은 그 대상이 그 앞 저기에 직접적으로 있는 것으로 받아들이고, 대상의 어떤 것도 시야로부터 은폐되어

있지 않다고 생각한다. 감각적 확신은 자기 앞에 사물의 단순한 **존재**
혹은 순수한 **직접성**을 두고 있다고 생각한다. 그러므로 감각적 확신은
스스로가 이러한 직접성을 직접적으로 인식하는 것으로 받아들인다.
감각적 확신은 그 대상들을 개념에 의해서 아는 것이 아니라 스스로 그
대상을 직접적으로 숙지하고 있다고 본다. 헤겔의 말에 따르면, 감각적
확신은 "직접 지(知) 자체, 직적접인 것 혹은 단순히 있는 것에 대한 지
이다"(§90/69).

그러한 확신은 감각적 확신이다. 왜냐하면 그것은 그 대상이 시간과
공간 속의 감각에 직접적으로 주어진다고 보기 때문이다. 감각적 확신
은 여러 가지 다른 사물들을 보고 듣는데, 사실상 그것은 "어떤 제약도
발견될 수 없는 무한한 부(富)"(§91/69)에 직면해 있기 때문이다. 하지
만 감각적 확신은 각 사물이 **지금 여기**의 자신에게 그 직접성 속에서
주어진다고 본다. 따라서 감각적 확신은 언제나 상당히 **특별한** 것을 염
두에 두고 있다. 감각적 확신은 이 밤, 이 낮, 이 집 혹은 이 나무를 보
는 것이다.

하지만 감각적 확신은 그 대상을 명백히 '나무'가 아니라 '집'으로
확인하지 못한다. 그렇게 하기 위해서는 그것을 어떤 다른 것과 대조**함
으로써** 이해하려는 것이기 때문이다. 대상은 따라서 **직접적으로** 인식
되는 것이 아니다. 감각적 확신은 이 집을 보고 그것이 이 나무가 아니
라는 것을 알아챈다. 하지만 그것은 두 대상의 차이에 초점을 맞추지는
않는다. 그것은 그 앞의 사물의 직접성에 곧바로 주목한다. 따라서 감
각적 확신은 "이것은 나무가 아닌 집이다"라고 말하지 않으며, 심지어
는 다만 "이것은 집이다"라고만 말할 뿐이다. 감각적 확신이 스스로 알
고 있는 바에 대해 말한 것의 전부는 다만 그것이 **있다는** 것이다. 그것
의 진리는 사물의 단순한 **존재**만을 담고 있다(§91/69). 사실상, 감각

적 확신은 이것 이상을 **말하지** 않을뿐더러, 이것 이상을 **염두에 두지도** 않는다.

특수자에 대한 이런 직접적 의식은 일상 경험에서 우리가 익숙해 있는 어떤 것이다. 우리가 이것을 의식하고 있다고 말하거나 생각할 때마다 우리는 그 속에 참여하고 있다. 일상 용법에서, '이것' 이라는 말이나 생각은 "**이것을 보라**"고 할 때처럼 정신을 특별한 개별자에 집중시키는 것을 의미한다. 하지만 그것은 매개하는 개념들이나 묘사들의 개입 없이 직접적으로 그렇게 하는 것을 의미한다. 따라서 특수자에 대한 직접적 의식임을 자처하는 감각적 확신은 필연적으로 그 대상을 단지 **이것**으로 생각한다. 보다 정확하게 말한다면, 감각적 확신은 그 대상을 시간과 공간 속에 주어진 것으로 받아들이기 때문에, 확신은 그것을 **이것, 여기** 혹은 **이것 지금**으로 생각한다. 더 나아가서, 그러한 확신은 **스스로가** 이 직접적인 의식 혹은 **이** 자아에 지나지 않는다고 생각한다. 확신은 스스로를 특별한 개별자 — 수많은 자아들 가운데 하나의 자아 — 로 받아들이지만, 확신은 스스로에게 이름을 부여함으로써 다른 자아들로부터 자신을 분명하게 차별 짓지는 않는다. 확신은 다만 스스로를 **이** 대상을 직접적으로 인지하고 있는 이 자아로 생각할 뿐이다. 헤겔 자신의 말로는 "의식이란 자아, 순수한 이것 이상이 아니다. 개별적 의식은 순수한 이것, 혹은 **개별자**를 인식한다"(§91/70).

『정신현상학』서문에서 헤겔은 다음과 같이 적고 있다. "의식이 자기 내부에서 **즉자**존재 혹은 **참된 것**으로 제시하는 것 안에서 우리는 자신의 앎(지)을 측정하기 위해 의식 자신이 만들어낸 척도를 가지게 된다"(§84/65). 우리는 이제 감각적 확신이 '참된 것' 으로 제시한 것이 무엇인가를, 그것이 처음에 그 대상으로 간주한 것이 무엇인가를 분명하게 알 수가 있다. 대상은 힘의 유희나 정신의 세계가 아니라 다만 그 직접성과 특수성 그리고 특이성 속에서 **이것, 여기**와 **지금**일 뿐이다. 현상학의 과제는 이 대상에 의해 발생된 경험을 추적하고, 이 대상이 그것의 경험 속에서 보존되어 있는지 여부를 규명하는 것이다.

감각적 확신의 첫 번째 경험: 지금

『논리학』에서, 헤겔은 "직접성과 매개를 똑같이 담고 있지 않은 것은 하늘에서나 자연에서나 정신에서 혹은 그 어디서도 없다."고 주장한다.[1] 하지만—예를 들어 아도르노와 달리—헤겔은 목전(目前)에 있는 것의 **직접성**을 **직접적으로** 인지할 수 있다는 생각에 도전하기 위해 그의 철학적 통찰을 끌어온 것은 아니다.[2] 헤겔의 견해에서, 현상학은 모든 철학적 신념들을 한편으로 제쳐두고, 감각적 확신이 떠맡은 경험에 대한 내재적 검사를 시도해야만 한다. 그러므로 감각적 확신은 자신이 **이** 특별한 사물의 직접성을 보고 있다는 그 **자신의** 신념에 의해 이끌리는 지점이 어디인가를 밝히려 해야만 한다.

감각적 확신에 대한 검사를 시작하면서 헤겔은 간단한 경험을 제시한다. 그는 감각적 확신에게 **무엇**을 인지하냐고 묻는다. "이것이 무엇인가?" 혹은 좀 더 정확하게는 "지금이 무엇인가?" 이 질문에 대해 헤겔은 예를 들어 이렇게 말한다. "지금은 밤이다." **우리**는 감각적 확신을 대신해서 이러한 답변을 제시해야 한다. 왜냐하면 감각적 확신은 그 대상을 밤이라고 확인하는 것이 아니라 그것을 단순히 **이것, 지금**으로 받아들이기 때문이다. 그리하여 우리가 이 '진리'를 글로 적고서 낮이 될 때까지 가지고 있다. 그리고 나서 우리가 그것을 다시 본다면 우리

---

1   Hegel(1999), 68.

2   O'Connor(2000), 127을 보라. '주체가 매개로서의 자신에 대해 필사적으로 기만하는 바의 직접성의 가정'.

는 그것이 더 이상 참이 아니라는 것을 안다. 왜냐하면 지금은 더는 밤이 아니라 낮이기 때문이다. 그러므로 우리는 이 '진리'가 "진부(schal)해졌다"고 결론을 내리지 않을 수 없다(§95/71).

이러한 실험은 기묘해 보인다. 왜냐하면 그것은 처음에는 감각적 확신이 문제가 있어 보인다고 한 어떤 것을 입증하려 한 것 같지 않기 때문이다. 결국, 감각적 확신은 **낮** 동안에 밤이라고 말하는 것이 참일 것이라고는 결코 주장하지 않았다! 하지만 §96으로 미루어볼 때 헤겔의 실제 목적은 글로 적은 것이 시간이 지남에 따라 진부해졌다는 것을 보여주려는 것이 아니라, 밤이 낮이 됨에 따라 감각적 확신은 실제로 그 똑같은 사물을 의식하고 있다는 것을 보여주려는 것임이 분명해진다.

감각적 확신은 더 이상의 제한 없이 **이것, 지금**을 의식하고 있다. 확신은 밤을 보고, 그것이 그 모든 특수성 속에서 **이것**을 염두에 두고 있다고 생각한다. 하지만 확신은 더는 그 대상을 밤으로서—자신에게나 혹은 다른 사람에게—확인하지 않는다. 확신이 분명하게 염두에 둔 전체는 "**이것**이 지금 내 앞에 있다"는 생각이다. 그러므로 이는 확신이 그 대상은 **밤**이라는 것(낮과 대립된 것으로서)이 아니라 단지 그 대상이 **지금** 그 앞에 **있다**는 것을 분명하게 의식하고 있음을 의미한다. 하지만 이 의식은 밤이 낮이 되어도 그대로 남아 있다. 밤과 마찬가지로 낮에도, 감각적 확신은 그 대상이 지금 그 앞에 있다는 것을 의식한다. 사실상 이러한 사정은 감각적 확신이 무엇을 만나든 그대로다. 그러므로 감각적 확신이 분명하게 의식하고 있는 것은 온전히 보편적인 것임이 드러난다. 물론 그것이 보편적인 것을 의미한 것은 아니다. 왜냐하면 **이것, 지금**을 의식함에 있어, 감각적 확신은 그것이 사물의 특이한 특수성을 사념한다고 생각하기 때문이다. 하지만 단순히 시간이 경과함으로써, 감각적 확신은 자신이 결국은 어떤 특별한 것이 아니라 대단히 무규정적이고 보편적인 것을 염두에 두었다는 것을 배운다. 즉 **내 앞에 지금 있다**는 것은 어떤 것에도 속할 수 있다는 것을.

그런데 헤겔의 분석 결과는 우리가 결코 특별한 사물을 의식할 수 없다는 것은 아니다. 로버트 스턴(Robert Stern)의 말을 따르면, 헤겔의 주장은 '만일 우리가 감각적 확신만 고수할 경우, 대상에 대해 알 수 있는 것은 결코 특이한 것이 아니' 라는 것이다.[3] 감각적 확신이 그것들을 분명하게 확인하는 것을 거부하고 오히려 각각의 사물을 순전히 **이것, 여기, 지금**으로만 생각하기 때문에, 사물의 특수성은 감각적 확신을 비껴간다. 감각적 확신은 그렇게 함에 있어 오염되지 않는 사물의 직접성을 염두에 두게 될 것이기 때문에 그렇게 한다. 따라서 **직접성**에 대한 감각적 확신의 관심은 그것이 **무규정성**을 진술하게끔 하는 것이다.

언어 혹은 시간?

1839년에—헤겔이 죽은 지 8년이 지나서—청년 헤겔주의자인 루트비히 포이어바흐(Ludwig Feuerbach)는 감각적 확신을 분석하면서 헤겔이 '말장난' 을 하고 있다고 비난했다. 포이어바흐의 주장에 따르면, 헤겔이 보여준 것은 '여기' 와 '지금' 이라는 말들이 그것들이 지시하는 대상들을 특정하는 것이 아니라는 것이다. 포이어바흐의 견해에 따르면, 이는 **감각적 확신**이 아닌 언어의 한계를 보여주는 것이다. 즉 말들이 실패한다 해도, 감각적 확신은 감각적 확신으로서 사물들의 특수한 성격을 완벽하게 의식하고 있다.[4] 포이어바흐의 비난은 감각적 확신에서 "우리는 보편자 이것 혹은 존재 일반을 표상하는(vorstellen) 것이 아니라 보편자를 **언표하는** 것이다"(§97/71)라는 헤겔의 주장으로부터

---

3   Stern(2002), 48.
4   Feuerbach(1983), 113-16을 보라.

지지를 받는 것처럼 보인다. 하지만 나의 견해로는, 이 그럴듯함은 오독이다. 언어 자체가 감각적 확신을 괴롭히게 되는 무규정성과 보편성에 책임이 있는 것이 아니다. 오히려 언어는 무규정성과 보편성을 이것, 지금 여기에 대한 바로 그 의식 속에서 드러내고 있다. 헤겔은 "보편자는 감각적 확신의 진리(das Wahre)이고 언어는 이 진리만을 표현한다"(§97/72)라고 주장한다. 말하자면 언어가 감각적 확신을 괴롭히는 문제를 야기하는 것이 아니라 언어는 언어의 수준 아래에서 등장하는 진리를 감각적 확신 자체 속에서 **표현한다는** 것이다.

나의 견해로는, 감각적 확신의 대상은 보편자임이 드러난다. 왜냐하면 그런 확신은 직접적이고 **감각적인** 확신이고, 그리하여 그 대상을 시-공간적인 것으로 받아들이기 때문이다. 이것만으로, 대상은 **다른** 계기들이나 순간들과 연관된 **지금** 혹은 **여기**로 이해된다. **불가능하겠지만**, 감각적 확신에게 오직 하나의 계기만이 있다고 한다면, 이것, 지금에 대한 의식은 그 순간만을 분명하게 볼 것이다. 감각적 확신에게 시간상의 한 순간(그리고 공간상의 한 지점)은 다른 순간으로 이어진다. 하지만 감각적 확신은 언제나 자신이 **이것**, 지금을 의식하는 것으로, 그 대상이 **지금 자신 앞에 있음**을 의식하는 것으로 받아들인다. 따라서 한 순간이 다음 순간으로 이어짐에 따라, '이것, 지금'은 끊임없이 의식의 대상이 된다. 헤겔이 적고 있듯, **지금**은 "자신을 보존하는 것이다"(§96/71). 지금이 **보편적인** 것이 되는 것은 끊임없이 의식의 대상이 되는 데―**보존**된다는 데―있다. 지금은 먼저 언어 속에서 진술된다는 데서가 아니라 하나의 지금이 다른 지금으로 시간이 경과하는 데서 보편적인 것이 된다.

지금은 처음 의식에 의해 보편적인 것이 아니라 매우 특별한 어떤 것, **내 앞에 있는 이것**, **지금**으로 받아들여진다. 하지만 하나의 지금이 다른 지금에 길을 내주듯, 지금은 의식의 대상으로 보존이 되고, 따라서 보편적인 어떤 것 — 바로 이 **지금**으로 만날 뿐만 아니라 계속 이어지는 지금으로도 만나는 어떤 것 — 이 **된다**. 따라서 지금에 의해 드러나는 보편성은 분명한 특성을 갖고 있다. 그것은 하나의 계기가 다른 계기로 사라짐 속에 그리고 그 사라짐을 통해 나타나기 때문에 — 밤의 낮으로의 사라짐, 낮의 밤으로의 사라짐 — 지금은 '직접적인 것이 아니라 매개된 것'이다. 이는 "그것은 어떤 것, 즉 낮과 밤이 **있지 않다**는 사실을 통해 지속적이고 자기 보존하는 지금으로 규정되었기" 때문이다(§96/71). 동시에, 그것은 **단순하고** 무규정적인 의식의 대상으로 남는다: 더 이상의 복잡한 규정이 없는 **이것, 지금**. 때문에 그것은 어떤 '예'가 주어지든 의식의 대상으로 남는다. 헤겔이 적고 있듯, 지금은 "거기서 무엇이 일어나든 무관심하며(was noch bei ihm herspielt)", 그것이 밤인지 혹은 낮인지에 무관심하다(§96/71). 이 단순한 지금은 사라지고 나타나는 개별적인 '지금들'을 초월하는 것이 아니라 그것들 속에서 그것들을 통해 지속한다. 따라서 헤겔의 말로는 지금은 부정을 통해 '있는' '단순한 것', 이것도 아니고 저것도 아닌 것, 이것-아닌 것, 동등한 무차별(무관심)을 지닌 저것이자 이것인 것이다. 이러한 구조가 그것을 하나의 **보편자**로 특징짓는다(§96/71). 게다가 그것은 명백히 무규정적이기 때문에 추상적인 보편자이다.

감각적 확신의 두 번째 경험에 대한 고찰로 넘어가기에 앞서, 두 가지 점을 짚어보자. 첫째, §95는 **우리**가 어떤 것을 (글로) 써서 그것을 감각적 확신에게 나중에 대낮에 보여주기 때문에만 그 감각적 확신은 그 첫 번째 경험을 겪는다는 것을 시사할지라도, 이 쓰는 행위가 저 경험의 핵심은 아니다. 감각적 확신이 알고 있는 바를 (글로) 쓴다고 해서 감각적 확신의 대상이 현실적 보편자로 바뀌는 변증법적 변화를 **우**

리가 야기하는 것은 아니다. §96에서 분명해지는 것처럼, 쓰는 작업은 현상학자 측의 어떤 행위 없이 **시간** 자체에 의해 이루어진다. 그러므로 글로 쓰는 행위가 얻는 것은 스스로 주체라고 알고 있는 감각적 확신에게 시간성의 결과를 보여주는 것이다. 따라서 감각적 확신의 첫 번째 경험은 상당히 내재적인 것으로 남는다. 사실 나의 견해로는, 글로 적는 실험 전체는 헤겔의 설명을 손상하지 않고서 뺄 수 있다. 적는 행위에 관한 구절은 삭제될 수 있는데, 우리가 이야기하고 싶은 점은 이렇다. 즉 감각적 확신은 **이것, 지금**을 인지하고 있지만, 시간은 감각적 확신 자신에게도 지나간다. 그럼에도 지금은 감각적 확신의 대상으로 보존되고 있으며, 따라서 의식 자체의 경험 속에서 보편자임이 증명된다.

두 번째, 감각적 확신에게 나타난 대상을 '보편자'라고 부르는 것은 우리 현상학자이다. 보편자라는 기술적 용어는 감각적 확신에 의해 채용된 것이 아니다. 그럼에도, 대상은 감각적 확신 자신**에게** 보편자**의** 구조를 갖게 된다. "감각적 확신은 그 자신 속에서(an ihr selbst) 그 대상의 진리가 보편자라는 것을 입증했다"(§99/72). 그러므로 감각적 확신 자신은 그것이 처음에 받아들인 바의 그 대상의 변화와 대상의 상실을 경험한다. 이런 식으로 감각적 확신과 독자는 의식이 겪는 이 최초의 경험에 의해 도야된다. 양자 모두 최초에 파악된 바의 대상이 처음에 생각된 바의 것으로 입증되지 않는 경험을 낳는다는 것을 알고 있다. 하지만 최초의 대상은 단순히 새로운 대상으로 대체되지 않는다. 즉 대상은 **이것, 지금으로 남아 있다**. 하지만 바로 그 대상―**이것, 지금**―은 그것에 대한 경험 속에서 특정한 것이기보다는 무규정적이고 보편적인 것으로 드러나고, 그래서 그것이 처음 생각된 것과는 다른 것으로 드러난다. 적어도 시작할 때 감각적 확신에 대한 분석은 서론에서 설정된 현상학의 방법과 일치한다. 의식이 그 대상에 대해 갖는 최초의 견해가 무너지고, 그 자신의 경험에 의해 내재적 비판을 당하는 것이다.

그런데, 내가 지금에 집중했을지라도, **이것, 여기**에 대한 의식도 비슷한 변증법을 겪는다. 헤겔은 이 경험을 다음의 인용 속에서 기술하고 있으므로 더 언급하지 않겠다.

> '여기'는 이를테면 나무이다. 내가 돌아서면, 이 진리는 사라지고 정반대로 바뀔 것이다. "여기는 어떤 나무도 없고, 대신 집이 있다." '여기' 자체는 사라지지 않는다. 다만, 그것은 집, 나무 등의 사라짐 속에 지속적으로 남는다. 그것은 집이나 나무에 무관심하다. 그러므로 다시금, '이것'은 **매개된 단순성**, 혹은 **보편성**으로 드러난다(§98/72).

감각적 확신의 두 번째 경험: 자아의 변증법

우리가 살펴보았듯, 감각적 확신의 경험에서, 이러한 확신의 대상—**이것, 여기, 지금**—은 그것이 처음 생각된 것과는 달라진다. 이 지점에서, 헤겔이 주목하듯, 우리는 전자를 후자와 비교할 수 있다. 이러한 비교는 처음부터 행해질 수는 없었지만, 감각적 확신의 경험을 통해 가능해진다. 그러므로 우리는 이제 "대상의 변화로 생긴 보편자는 앞서 감각적 확신에게 본질적으로 생각되었던 그 대상이 더는 아니다"라는 것을 알고 있다(§100/72). 감각적 확신 역시 이것을 알고 있다. 이러한 차이에 대한 감각적 확신의 인지는 대상을 다시금 자기 안으로 끌고 간다. 감각적 확신은 그 대상이 무규정적이고 보편적이기보다는 전적으로 특수한 어떤 것임을 알고 있다. 이제 감각적 확신은 스스로를 지켜보면서 자신의 경험 속에 특수한 것에 대한 의식을 보존한다.

따라서 감각적 확신은 이제 그 **대상**이 단순하고 직접적이기 때문이 아니라 그 자신의 확신이 직접적이기 때문에 어떤 특수한 것을 의식한 다고 주장한다. 감각적 확신에게, 내 앞의 대상의 특수성과 직접성은 "나의 **봄, 들음**"의 직접성에 의해(§101/73), **나(자아)**의 직접적 확신 에 의해 견지된다. 이 말은 내가 스스로 확신하고 있는 대상이 그 자체 가 미묘하게 바뀌었음을 의미한다. 그것은 더 이상 한낱 이것, **여기, 지 금**이 아니라 **내**가 이것으로 의미하는 것, **내**가 내 앞에 직접적으로 현 존한다고 알고 있는 것이다. 하지만 헤겔은 "이러한 관계 속에서 감각 적 확신은 앞서와 마찬가지로 동일한 변증법이 실행되고 있음"을 경험 한다고 지적한다(§101/73).

간단히 말해서 문제는 이렇다. 즉 내가 인지하고 있는 것 전부는 "내 가 이것으로 의미하는 바"라고 한다면, 나는 실제로 어떤 **특별한** 것을 염두에 두고 있는 것이 아닐 것이다. 왜냐하면 또 다른 자아가 똑같이 "내가 이것으로 의미하는 바"를 의식하고 있기 때문이다. 따라서 "내가 이것으로 의미하는 바"는 '이것, 여기, 지금'처럼 애매하고 무규정적이 다. 그것은 나를 넘어서 다른 자아들이 확신하고 있는 바, 사실상 나 자 신이 다른 시간과 다른 장소에서 확신하는 바로 **남아 있다**. (따라서 나 자신이 지금의 나와는 다른 나일 때) 내가 직접적으로 확신하고 있는 바를 생각함으로써, 나는 **나에게** 지극히 특수한 어떤 것을 염두에 둔다 고 생각한다. 하지만 진리는 내가 '나'를, 이 단독적 '나'를 말할 때, 나는 일반적으로 모든 '나'를 말한다는 데 있다. 모두가 내가 말하는 바이고, 모두가 '나', 이 단독적 '나'이다(§102/73). 그러므로 **이것, 여기와 지금**처럼, 특정화되지 않은 나는 추상적이고 무규정적인 보편 자임이 드러난다.

따라서 감각적 확신의 두 번째 경험은 다음과 같은 사실을 보여준다.

즉 감각적 확신이 그 대상을 **내**가 이것으로 의미하는 바로 받아들일 때 보다는 그 대상이 단순히 이것임을 받아들일 때 특수한 어떤 것을 확신하고 있는 것이다. "따라서 감각적 확신은 경험을 통해 그것의 본질이 대상이나 '자아' 안에 있지 않다는 것을 알게 된다"(§103/73).

감각적 확신의 세 번째 경험: 가리키기

이 두 번째 경험의 결과, 감각적 확신은 **이** 특정한 사물에 대한 직접적 의식을 스스로 확보하기 위해 새로운 전략을 채용한다. 첫 번째와 두 번째 경험에서 '지금'과 '여기' 그리고 '자아'를 보편자로 전환했던 것은 그것들이 **이** 지금, **이** 여기 그리고 **이** 자아를 넘어서 스스로를 **다른** '지금들', '여기들' 그리고 '자아들' 속에서 보존했다는 사실이었다. 그러므로 자신의 대상이 보편자가 되는 것을 방지하기 위해, 감각적 확신은 다른 모든 '지금들', '여기들' 그리고 '자아들'에 등을 돌리고 오로지 여기와 지금 **내** 앞에 있는 **이** 특정한 사물(대상)에 초점을 맞춘다. 이로써 감각적 확신은 이것, 여기, 지금을 그 모든 직접성 속에서 염두에 두게 된다. 하지만 감각적 확신이 직접성에 대한 그러한 직접적 의식을 확보한 것은 명백히 다른 모든 것을 시야로부터 **배제**함으로써 이다. 따라서 이러한 직접적 의식은 더 이상 대상 혹은 나의 확신의 직접성에 근거한 것이 아니라 양자의 통일에, 다시 말해 내가 **이것**, 여기, 지금에**만** 초점을 맞추고 있는 **이것**에 기초해 있다. 헤겔이 적고 있듯, "오직 **전체**로서의 감각적 확신만이 자기 자신 안에서 **직접성**으로 확고히 서 있고, 그렇게 함으로써 지금까지 획득한 모든 대립을 자기로부터 배제한다"(§103/74). 헤겔은 이러한 배제의 행위를 연관된 일련의 표현들 속에서 다음과 같이 강조하고 있다. 나는 "(생각을—옮긴이) 바꾸지 않는다.", "나는 주목하지 않는다." 또 "내 입장에서 나는 사실에 주목하고 있다"(§104/74).

이제 감각적 확신은 다른 '여기들', '지금들', 그리고 '자아들'에 주목하지 않기 때문에, 확신은 그것 앞에 있는 이것, 여기와 지금 너머로 우리에 의해―혹은 공간과 시간에 의해―이끌리는 것을 허용하지 않는다. 그러므로 현상학자인 우리는 감각적 확신을 향해 새로운 전략을 채택한다. '지금'의 경우를 먼저 보면, 우리는 단순히 그러한 확신에 다가가서 "지금이 우리를 가리키도록 하면" 된다(§105/74). 밀러는 헤겔의 독일어를 다음과 같이 해석하고 있다. 우리는 "스스로 주장된 지금을 가리키게" 할 것이다. 하지만 헤겔은 어떤 것을 하게 함을 의미하는 동사 lassen(하게 하다)을 가지고 독일어를 구성하고 있다. 예를 들어 "ein Haus bauen lassen"은 "집을 짓(게 하)다"를 의미한다. 그러므로 우리는 우리 자신이 지금을 가리키게 하는 것이 아니라, 오히려 "우리는 감각적 확신에 의해 지금이 우리에게 가리켜지도록 해야 한다." 우리는 그렇게 해야 하는데, 감각적 확신은 많은 '지금들' 중의 어떤 것을 그것이 직접적으로 확신하는지를 보여주어야 하기 때문이다. 사실상―비록 헤겔은 이 점을 명백히 적고 있지 않을지라도―감각적 확신은 자신을 위해서도 스스로 인지하고 있는 지금을 가리켜야만 한다. 감각적 확신은 많은 지금들 가운데 하나의 지금에 한정시키고, 그리하여 자신의 주목을 끄는 하나를 **독립적으로** 끄집어내야만 한다. 따라서 자신이 인지하고 있는 것을 우리에게 가리키면서, 감각적 확신은 이것을 그 자신에게 가리킨다.[5] 하지만 헤겔은 가리켜진 것은 가리켜지는

---

5 이는 우리에게 지시된 지금을 우리가 가져야 한다는 생각뿐 아니라 또한 감가적 확신으로서 '시간 혹은 공간의 동일한 지점에 진입해야 한다'는 생각 속에 함축되어 있다(§105/74). 여기에 담긴 함축은 감각적-확신이 그것의 지금을 자신에게도 가리킬 것이라는 점이다.

과정 자체 속에서 감각적 확신에게 그 특성이 변화되고, 감각적 확신이 염두에 두고자 한 단순하고 직접적인 지금이 되기를 **중단한다**는 점을 지적한다.

감각적 확신에게 문제는 이렇다. 감각적 확신은 지금으로 의식한 것을 가리키지만, 그것이 이 지금을 가리킴에 따라 이 지금은 과거로 흘러가고 그 이상이 아니라는 것이다. 가리켜진 것은 따라서 더 이상 **있지** 않고 (이미) **있었던** 지금이다. 헤겔은 지금이 사라지는 과정을 드라마의 정도에 따라 다음의 구절들 속에 제시한다. "지금이 가리켜졌다. 이 지금. '지금'. 가리켜지는 행위 속에서 지금은 이미 사라졌다. **존재하는** 지금은 가리켜졌던 지금과는 다른 지금이다"(§106/75).

처음부터 감각적 확신은 그 순수한 직접성과 존재 속에서 이 특정한 대상을 인식한 것으로 받아들인다. 그러한 확신에서, "오로지 대상이 존재하기 때문에 대상이 존재하고, 그것이 있다"(§91/69). 하지만 그 대상—**이것, 지금**—이 공허한 보편자로 바뀌는 것을 방지하기 위해, 감각적 확신은 그것을 둘러싸고 있는 많은 '지금들' 가운데에서 하나에 스스로를 한정시켜야 한다. 반대로 이는 감각적 확신이 그 많은 지금들로부터 그것이 직접적으로 인지한 것을 짚어 내거나 **가리킨다**는 것을 의미한다. 하지만 우리는 가리켜짐 속에서 그 지금이 사라지는 것을 보았다. 그러므로 '(과거에) 있었고' 그래서 지금은 더 이상 **있지** 않은 지금으로서 의식에게 가리켜지고 염두에 두게 된다. 헤겔이 적고 있듯, 가리켜졌던 지금은 더 이상 '**존재의 진리**'를 가지고 있지 않다. '우리가 관심을 갖고 있는'(§106/75) 것은 '존재'—지금 우리 앞에 있는—이다. 다른 어떤 것이 아닌 **이** 지금에 한정하고 가리킴에 있어, 감각적 확신은 그것이 염두에 두고 싶어 하는 바로 그 지금을 상실한다. 즉 감각적 확신은 정확히 그것을 가리킴으로써 저 지금을 스스로 박탈하는 것이다. 하지만 감각적 확신이 추상적이고 무규정적인 보편성에 대한 의식 속으로 미끄러지지 않고 싶다면 저 지금을 가리키고 고립시켜야만 할 것이다. 따라서 감각적 확신은 이중적으로 보지 못한다. 어떤 식으로든 감각적 확신은 그 확신의 대상을 상실하는 것이다.

그럼에도 이것은 다만 절반의 이야기일 뿐이다. 왜냐하면 그 확신의 대상을 상실하면서, 감각적 확신 역시 근본적으로 전혀 새로운 대상을 획득하기 때문이다. 헤겔이 기술하고 있듯, 가리키는 행위는 시간을 요한다. 그것은 우리가 시간상 나중의 지점에 있는 **지금**, 말하자면⋯ **지금**을 제시한다. 따라서 **지금**이라고 가리켜진 것은 실제로는 더 이상 있지 않은 지금이고, 과거에 있는 지금이다. 그럼에도 지금 가리켜진 것은 단순히 지나간 것일 수는 없다. 결국 그것은 가리켜**졌던 것**이고, 따라서 **지금** 의식에게 제시된 것이다. 헤겔이 기술한 과정에서, 감각적 확신이 사념한 지금은 사실상 지적이 되었고, 그러므로 정신 앞에 있는 **지금이다.** 하지만 정신 앞에 있는 **지금**이라는 것은 순수하고 단순한 **지금**이 아니다. 엄밀히 말해 그것은 가리켜졌던 지금이고, 이 점에서 **더 이상** 존재하지 않기 때문이다.

가리키는 행위에서 마음(mind)에 들어온 것이 지금 우리에게 다가온다. 즉 그것이 마음에게 제시된 것이다. 동시에, 그것은 마음에게 **하나의 과거를 지닌 것**으로 제시된다. 그러므로 가리킴을 통해 현시된 것은 사소하거나 직접적인 현시가 아니라 그것의 과거, 그것이 있었던 것을 통합한 현시이다. 이 때문에 그것은 **가리켜졌던** 하나의 지금으로 현시되는 것이다. 현재와 '과거', 지금–임과 그것이 있었던 것의 이러한 융합 — 말하자면 존재와 **비**존재의 — 은 가리킴의 경험을 통해 감각적 확신의 새로운 대상 혹은 '진리'로서 등장하는 것이다. 그것은 저 경험의 긍정적 결과이다. (마찬가지로, 여기는 바로 여기가 **아니라 저기**와 구별되고, 저기와 연관된 것 말하자면 '앞과 뒤, 위와 아래, 오른쪽과 왼쪽'(§108/75)으로서의 여기이다.)

그러므로 감각적 확신의 경험에서 등장하는 대상 혹은 '진리'는 그러한 확신이 처음 자신의 대상으로 간주한 순수 존재나 직접성이 아니라 오히려 존재와 **비-존재 혹은 부정**의 복합적인 융합이다. 이러한 부정의 계기가 현상학에서 계속 이어지는 의식의 형태들의 핵심적 측면일 것이다. 존재와 부정 —현재와 과거— 이 이렇게 융합됨으로써, 새롭게 출현한 의식의 대상은 필연적으로 다른 계기들의 통일이다. 헤겔 자신의 말을 빌리면, 그것은 '지금들의 절대적 수다성으로서의 지금'(§107/75)이거나 혹은 '많은 여기들의 단순한 복합체'(§108/76)이다. 이런 의미에서, 감각적 확신의 대상은 단순히 **이것**으로 드러나는 것이 아니라 이것과 이것-**아님**, 지금과 다음, 혹은 여기와 저기의 통일이다.

그럼에도 의식에게 떠오르는 대상은 모두 **이것**이 되기를 멈추지 않는다. 왜냐하면 그 대상은 여기와 지금의 정신에 다가온 것으로 남아 있기 때문이다. 그러므로 헤겔이 적고 있듯, 그것은 '단순태'(Einfaches)로 남아 있다. 따라서 감각적 확신의 세 번째 경험의 이율배반적 결과는 헤겔의 견해에 따르면 의식의 대상이 **그 절대적 단순성 속에서도** 복합적이고, 그 복합성 속에서도 단순하다는 것이 드러난다. 이러한 이유로 헤겔은 의식의 공간적 대상은 많은 여기들의 '단순한 복합체'(einfache Komplexion)라고 말하는 것이다. 헤겔이 말장난이 아니라 중요한 요점을 지적하고 있는 것이다. 가리키는 행위를 통해 등장하는 진리는 감각적 확신이 처음에 진리로 받아들였던 것을 완벽하게 대체하지는 못한다. (새롭게-옮긴이) 떠오르는 진리는 단순한 이것 자체가 감각적 확신에 의해 지적이 될 때, 이로써 다른 '이것들'로부터 끄집어내질 때 드러나는 바의 것이다. 가리키는 행위를 통해, 감각적 확신은 이것, 지금을 지금의 마음에게 단순하고 직접적인 어떤 것으로 가져오는 데 성공한다. 하지만 그것은 그 단순성 속의 복합체로 마음에게 드러난다. 왜냐하면 그것은 그것 자신과—그것의 현재—그것의 부정—그것의 과거—양자를 통합하기 때문이다. 따라서 헤겔의 말에 따르면 의식의 대상은 '그 타자성 속에서 자기 자신으로 남아 있는' 단순태이다(§107/75).

감각적 확신의 세 번째 경험의 끝에서 그 확신의 대상을 보편자로 특징짓는 것은 모름지기 이처럼 **자신의 부정 속에서 자기로 남는** 구조이다. 하지만 이러한 보편자는 처음의 두 경험 속에서 등장하는 보편자들과는 다르다. 처음의 두 보편자는 전적으로 추상적이다. 즉 그것들은 어떤 **예**를 제시하건 감각적 확신의 대상으로 남는 연속적이고 **무규정적인** 지금, 여기 혹은 나일 뿐이다. 이와는 대조적으로, 세 번째 경험의 끝에 등장하는 보편자는 추상적이고 무규정적이기보다는 내적으로 복잡하고 차별적이다. 그것은 이것과 그 이것의 부정, 즉 '이것-아닌 것'의 통일 속에 있기 때문이다. 사실상 우리는 그것을 '구체적 보편자'라고 부를 수 있을 것이다. 그것의 구체성은 아직은 상당히 작지만, 그럼에도 불구하고 그것은 감각적 확신의 경험에서 초기에 등장한 추상적 보편자보다 진일보한 모습을 보여준다.

이 새롭고 복합적인 보편자 역시 감각적 확신에게 (적어도 논리적으로) 갈 곳이 어디에도 없고 매달릴 곳이 아무것도 없다는 것을 남겨줌으로써 앞의 두 가지 추상적 보편자와 다르다. **이것, 지금, 여기**가 그 최초의 경험 속에서 추상적 보편자임이 드러난 후에, 감각적 확신은 '내가 의미하는 바의 이것' 속으로 도피한다. 내가 그 두 번째 경험 속에서 추상적 보편자임이 드러난 후에, 감각적 확신은 '다른 모든 것을

배제한 상태의 내가 의미하는 이것' 속으로 도피한다. 다른 모든 대상
들과 관점들을 배제하고 전적으로 자기 안으로 후퇴함으로써, 감각적
확신은 마침내 단순한 직접성과 처음부터 초점이던 이것이라는 단순한
존재를 마음에 떠올리는 것이다. 하지만 자기 속으로의 이러한 후퇴와
그것이 의식하는 바를 가리키는 수반 행위는 엄격히 말한다면 의식의
대상을 복합적인 보편자로 바꾸는 것이다. 그러므로 순전히 자기 자신
을 모색하는 과정에서, 감각적 확신은 그것이 의도하는 바와 정반대를
야기하고, 그것에 매달리면서 그것이 찾는 대상을 스스로 박탈하는 것
이다. "감각적 확신은 제한된 자신의 욕망을 상실한다"(§80/63). 달리
말하자면, 자신에게 집착함으로써, 감각적 확신은 자신을 **상실**하고 그
자신 속에 내재하는 **변증법**에 의해 고통을 당한다. 더 나아가 이 지점
에서, 감각적 확신이 취할 수 있는 선택이 바닥나는데, 그것이 후퇴할
곳이 어디에도 없기 때문이다. 따라서 감각적 확신은 그 자신의 경험의
결과를 받아들이는 것 외에 대안이 없거나, 혹은 바퀴 속에 갇힌 햄스
터처럼 끊임없이 그런 경험을 반복하는 수밖에 없는 것이다.

지각으로의 이행

감각적 확신은 단순한 직접성의 의식으로서 시작한다. 처음의 두 경험
각각을 마무리한 다음, 감각적 확신은 이 단순한 직접성을 다소 변경함
으로써 그것을 고수하려고 한다. 즉 그 대상은 '이것, 지금, 여기'임으
로부터 '내가 의미하는 바의 이것'으로 바뀌고, 다음으로는 '이것'(저
것이 아닌 것, 혹은 저것, 또는 저것)으로 바뀐다. 하지만 세 번째 경험
은 전혀 새로운 의식의 대상을, 즉 더 이상 단순하거나 직접적이지 않
고, 오히려 다양한 계기들의 '단순한 **복합체**'를 낳는다. 이 새로운 대
상이 곧 감각적 확신의 경험 속에서 출현하는 **진리**이다. 그것이 진리로

간주되는 까닭은 철학이 세계에 대해 말하는 바와 그것이 일치하는 데 있는 것이 아니라, 의식의 경험에 의해 그것이 필연적이 되는 데 있다. 사실상 진리는 최초의 대상이 그것에 대한 경험 속에서 드러난 바, 그 최초의 대상이 의식 자체에 대해 생성된 바이다. 그러므로 서문의 표현을 빌리자면, 새로운 대상은 '첫 번째 즉자의 의식에 대한 존재'(§ 87/67)일 뿐이다.

이 새로운 대상이 출현함에 따라, 감각적 확신은 대상에 대한 그 최초의 견해가 더는 지지될 수 없다는 것을 배운다. 감각적 확신의 입장을 고수하는 독자들 역시 이러한 교훈을 배우고, 그리하여 의식의 경험에 의해 **교육**을 받는다. 이러한 독자들은 아마도 감각적 확신의 시각이 너무 초보적이기 때문에 그것의 시각을 포기하는 일이 어렵지 않다고 볼 지도 모른다. 이와 대조적으로 감각적 확신은 그렇게 쉽게 스스로 갈 수는 없다. 『정신현상학』 속에서 검사된 다른 모든 형태의 의식들과 마찬가지로, 감각적 확신은 무엇보다 자신에 대한 '직접적 확신'(§ 26/20)으로 특징지어진다. 그러므로 감각적 확신은 자신의 확신을 단순히 포기하거나 그것 자신이기를 중단할 수는 없다. 그런 의미에서 감각적 확신은 독자가 할 수 있는 심오한 방식에서처럼 자신의 경험을 통해 배울 수는 없다. 다시 말해 감각적 확신은 새로운 의식의 형태가 될 수 없다.

감각적 확신에게, 대상은 순수 존재 — 순수한 지금과 순수한 여기 — 를 의미한다. 감각적 확신은 단순히 **비-존재**, 차이와 복잡성을 그 대상 속으로 끌어들이는 것을 용납할 수가 없다. 감각적 확신은 자신의 경험 속에 출현하는 진리를 부정하면서 그것을 받아들이기를 거부하는 것이다. 더 나아가 헤겔이 적고 있듯, 감각적 확신은 그 진리가 무엇인가를 경험으로부터 배우고 있지만, "그러나 마찬가지로 그것은 언제나 경험을 망각하고 늘 다시 운동을 시작하고 있다"(§109/76). 이러한 진리를 받아들이는 의식의 형태가 곧 **지각**(Wahrnehmung) 혹은 '참된 것을 받아들임'이다. 헤겔이 적고 있듯, "직접적 확신은 진리를 받아들이지 않는다. 왜냐하면 그것의 진리는 보편자이기 때문이다. 반면 확신은 이것(보편자)을 파악하고자 한다. 다른 한편으로 지각은 그에게 보편자로 나타나는 것을 취한다"(§111/79). 하지만 지각은 이 보편자를 이전의 경험의 결과로 보지 못하고, 다만 그것을 의식에게 주어진 대상으로 받아들일 뿐이다.

그러므로 감각적 확신은 스스로가 지각으로 변화하는 것이 아니다. 오히려 현상학자인 우리가 지각으로의 이행을 만드는 것이다(§87/67을 보라). 그러므로 감각적 확신 **안에서** 대상에 대한 하나의 견해로부터 다른 견해로의 마이크로-이행과 감각적 확신**으로부터** 지각으로의 매크로-이행 간에는 차이가 있다. 감각적 확신은 이러한 마이크로-이행들을 경험하지만, 우리가 하는 매크로-이행은 경험하지 못한다. 우리가 그런 경험을 하는 것이다. 하지만 우리가 감각적 확신 자체의 경험 속에 등장하는 진리를 단순히 인정하는 새로운 의식의 형태로 이동함으로써 그렇게 하는 것이다. 그러므로 이 매크로-이행은, 설령 우리가 그것을 떠맡는다 해도 다름 아닌 감각적 확신에 의해 필연적이 되는 것이다. 따라서 새로운 지각의 형태를 낳는 '의식의 전도는 **우리가** 기여한 어떤 것이고, 이에 따라 의식이 통과하는 연속적 경험들이 학적 진행으로 고양되는 것이다'(§87/67). 그럼에도 불구하고 이러한 연속은 의식 자체의 경험을 통해 내재적으로 일어나는 것이다.

두 가지 문제

감각적 확신을 뒤로 남겨두고 넘어가기 전에, 독자들에게 야기될 수 있는 두 가지 문제들과 관련해 몇 가지 분명하게 지적할 말이 있다. 첫 번째 문제는 시간과 관련되어 있다. 헤겔은 지금을 가리키는 행위에서 이 지금은 나중의 지금에서야 정신에 들어온다고 말한다. 하지만 이는 시간이 독립적인 '지금들'로 분해된다고 전제하는 것은 아닌가? 이것은 헤겔이 현상학에서 시도하기에는 부적절한 전제는 아닌가? 이 문제는, 시간이 독립적인 순간들로 분해된다고 생각하는 것은 헤겔이 **아닌** 감각적 확신임을 우리가 상기할 때 사라진다. 헤겔에게 현상학은 존재론이 아니며, 시간이나 혹은 그 밖의 것에 대한 그의 철학적 이해의 출발점도 아니다. 오히려 그것은 의식이 그 자신의 대상들을 파악하는 경험을 시작하는 것이다. 감각적 확신에 관한 장에서, 우리는 그러한 확신이 지금(여기와 마찬가지로)을 다른 많은 '지금들' 사이에 있는 **이** 지금으로 생각하고 있다는 것을 안다. 이런 식으로, 그러한 확신 자체가 시간을 독립적인 순간들로 분해한다. 그러므로 헤겔의 텍스트를 읽는 몇몇 독자들을 괴롭혔던 '그 지금'과 '이 지금'이라는 독특한 표현들에 궁극적으로 책임이 있는 것은 감각적 확신이다. '지금'은 (시간을 나타내는-옮긴이) 하나의 부사(副詞)이다. 하지만 헤겔은 그것을 그 대상이 특별하고 개별적인 어떤 것, 즉 **이** 지금이라는 감각적 확신의 견해를 포착하기 위해 명사로 바꾼 것이다. 그러므로 헤겔은 자연적 의식의 차별적 시각을 강조하기 위해 일상 언어를 그 가장 직접적이고 원시적인 형태 속에서 비틀어버린 것이다.

두 번째 문제는 이렇다. 즉 감각적 확신의 세 번째 경험은 현존하는 것에 대한 그 의식이 또한 지나간 것에 대한 의식을 담고 있음을 보여준다. 그렇지만 칸트와 다르게, 헤겔은 의식이 현재와 과거 모두를 붙잡을 수 있는 초월적인 (그리고 경험적인) 조건, 말하자면 상상력의 활동을 통해 현재 속에서 과거 순간을 재생산하는 조건에 대해서는 전혀

언급하지 않고 있다.[6] 이 문제는, 『정신현상학』에서 헤겔의 목적이 엄
밀히 말해 의식의 조건들에 대해 의식 자신이 주장하는 것을 피하기 위
해서라는 것을 기억할 때 풀린다. 텍스트 속에서 헤겔은 초월 철학이
아닌 **현상학**을 하고 있다. 따라서 헤겔은 의식의 경험 속에 출현하는
것을 설정하는 일에 자신을 국한시키고 있으며, 경험을 가능하게 함에
있어 지향이나 상상 혹은 기억이 담당한다고 생각하는 역할에 대해서
는 아무런 이야기도 하지 않고 있다. 이 주제들은 『**엔치클로패디**』의 '**정
신철학**' 에서 논구하고 있다.[7] 하지만 그러한 철학적 논구는 의식 자체
속에서 그리고 의식 자체**에게** 발생하는 것에 대한 현상학적 연구에서
차지할 자리는 없다.

  그렇다면 지각이 그 자체는 감각적 확신의 조건들로 이해되지는 않
는다는 점을 주목해야 할 것이다. 나중의 의식의 형태들은 이전의 형태
들 속에 출현하는 진리를 받아들이고 인정한다. 그렇지 않다면, 혁명적
프랑스 속에 구현된 '절대 자유' 는 그것에 앞선 계몽(Enlightenment)
의 조건으로 이해되어야 할 것인데, 이는 다소 기이하다 할 것이다. 하
지만 이 점이 의식의 모든 형태들, 자기-의식과 이성이 현상학의 진행
에서 헤겔이 '정신' 이라고 부르는 구체적 전체의 계기들로 드러나는
것을 부정하는 것이 아니다. 따라서 이 정신은 그것들의 조건이자 '전
제' 로 간주될 수 있다(§440/289). 하지만 정신은 처음에는 그러한 형
태들의 조건**으로서**보다는 **진리**를 받아들이는 것으로 등장한다.[8]

---

6 Kant(1929), 132-3(A 100-2)을 보라.
7 Hegel(2007), 173-205(§§ 445-67)를 보라.
8 의식과 자기-의식 간의 관계에 대해서도 똑같이 말할 수 있을 것이다. §164/118
을 보라. '의식의 이전 형태들로부터의 필연적 전개는 … 바로 이것, 즉 사물에 대한
의식이 자기-의식에게만 가능하다는 것뿐만 아니라, 자기-의식도 그러한 형태들의
진리라는 것을 표현한다.'

공부할 문제들

1. 감각적 확신의 첫 번째 경험에서 **지금**이 왜 보편자로 드러나지 않는가?
2. **지금**을 가리키는 행위는 어떻게 그 특성을 변화시키는가?

지각

속성들을 지닌 사물

지각 장은 곧바로 지각의 **경험**으로 시작하지 않는다. 그 장은 다소 상세할 정도로 지각의 대상이 어떻게 이해되어야 하는가를 설정함으로써 시작한다. 헤겔의 시작하는 말(§113)은 다소 추상적이다. 하지만 그것은 부정이 본질적으로 지각의 대상에 속한다는 것을 염두에 둔다면 이해 못할 일도 아니다.

　지각의 대상은 여전히 단순하고 직접적이다. 즉 **이것**이다. 사실상 그것은 여전히 **감각적인** 직접성이다. 이런 의미에서, 지각은 감각적 확신과 똑같은 대상을 염두에 두고 있다. 그렇지만 감각적 확신의 경험에서 단순한 것, 직접적인 이것은 그냥 단순하고 직접적인 것으로 드러나지 않고, ― 그냥 이것이 아니라는 것 ― 오히려 존재와 비존재의 통일로 드러났다. 그러므로 지각에서 대상은 명백히 **이것**이라는 것과 그냥 이것이 **아니라는 것**을 결합한 것이다. 헤겔이 다소 압축된 정식 속에서 적고 있듯, "**이것은 그러므로 이것이 아닌 것으로 정립되었다**"(§ 113/80). 이는 지각의 대상이 사실상 아무것도 아니라는 것을 의미하는 말은 아니다. 말하자면 대상은 **이 붉은 것**이지만, 그럼에도 그것은 **단순히** 이 붉은 것은 **아니다**. 대상은 여전히 이것이다. 하지만 대상은 또한 이것이 아니다. 그래서 대상은 더 이상 단순한 이것이 아니다. 말하자면 대상은 이 붉은 것이지만, 그럼에도 단순히 이 붉은 것은 아니다. 이는 붉다가 다른 색깔, 이를테면 녹색과 혼합되어 있다는 것을 의미하는가? 아니다. 헤겔은 지각의 대상이 어떤 다른 것과 함께 있는 이것이라고 말하는 것이 아니다. 그는 그것이 '이것이 아닌 것으로 정립된' **이것**이라고 말하는 것이다. 지각이 인식하는 바로 **이것**은 그 자체가 '이것이 아닌 것으로 정립되어' 있다. 따라서 그것은 단순히 이것이 아닌 것이 아니다. 그러므로 지각에게, 대상은 그것 자체가 단순히 붉은 것이 **아닌** 한에서 **이** 붉은 것이다.

하지만 이 붉은 것이 어떻게 단순한 이 붉은 것 이상일 수 있는가? 만일 그것이 그 자체의 특수성 너머로 확장될 수 있다면, 그것은 그 이상일 수가 있다. 이로 인해 우리는 헤겔이 여기서 염두에 두고 있는 바의 핵심에 도달하게 된다. 지각의 대상은 감각적 직접성 ― 이 붉은 것 ― 이다. 이러한 대상은 이 붉은 것으로 환원되지 않고 저 붉은 것 속에서 또 저 붉은 것 등과 같은 특수성이 더 이상 발견되지 않는 곳으로 끊임없이 자기 자신을 넘어선다. 자신의 부정 속에서 자신을 끊임없이 넘어서는 것을 헤겔은 '보편자'라고 부른다. 따라서 지각의 대상은 감각적인 보편자 ― 붉음, 초록, 뜨거움, 차가움 등 ― 이다. '지각하는' 의식에 의해 처음 파악된 바의 진리는 보편자라는 형태를 취해야 한다는 것에 주목하자. 이는 헤겔이 여기서 우물쭈물하는 플라톤주의에 빠져 있기 때문은 아니다. 한낱 직접적이지 **않은** 것으로 이해된 진리의 근본 **형식**이 부정의 계기를 통합하고 있기 때문이다. 진리는 어떤 보편적인 것이다. 왜냐하면 진리는 **더 이상** 이것이 **아닌** 것 속에서 자신을 보존하는 **이것**이기 때문이다.

이 부정의 계기가 처음에는 보편자의 단순한 자기 동일성 **안에** 내포되어 있다. 하지만 보편자가 **저 보편자가 아니라** 이 보편자로 이해될

때, 다시 말해 그것이 하나 이상의 다른 보편자들과 다른 것으로 이해
될 때, 부정은 명시적으로 보편자 속에 **표현되어 있다.** 만일 지각이 보
편자는 긍정적 계기뿐만 아니라 '자기 안에 부정적 계기'도 내포하고
있다는 — 보편자는 그것이 저러저러한 것**인** 만큼 이러저러한 것이 **아
니라**는 — 생각을 명시적으로 설명하고자 한다면, 지각은 자신의 대상
을 '**차별화된, 특정한**' 보편자로서, 많은 것들 중의 하나로서 (혹은 적
어도 둘 중의 하나로서) 간주해야만 한다(§113/80).

그럼에도 이러한 보편자들 각각은 그 자신 **보편자**로 남아 있다. 즉 각
보편자는 자기 자신의 동일성을 계속적으로 유지하고 있는 것이다. 그
러므로 그것들은 상호 대립하거나 배제함으로써가 아니라 단순히 그들
자신이 됨으로써 상호 간에 구별되는 것이다. 사정이 그러하므로 헤겔
이 적고 있듯, 그것들은 '자기 자신과 관계하며' '상호 간에 무관심' 하
다. 즉 '각각은 자기 자신으로 있고 다른 것들로부터 자유롭다'(§113/
80). 그것들은 상호 배타적이기 때문에, 그것들은 지각의 동일한 대상
속에, 동일한 '이것, 여기, 지금' 속에서 공존할 수 있다. 사실상 그것
들은 하나의 동일한 대상의 한낱 상이한 '규정들'일 뿐이다. 그리하여
그런 대상은 '다른 모든 규정들이 존재하는 바의 **매체**(medium)'로
이해될 수 있다. 이러한 매체 속에서 상이한 보편자들은 동일한 공간
을 차지하고 있기 때문에 '상호 침투' 한다. 하지만 그것들은 서로에
대해 무관심하기 때문에 '상호 접촉' 하지는 않는다. 따라서 헤겔이 적
고 있듯, 이러한 매체는 '수다성의 단순한 응집' 혹은 '물성'(Dingheit)
(§113/80)이다. (감각적 확신과 대비된) 지각의 앞에 필연적으로 등장
하는 것은 바로 이것이다. 이를테면 소금과 같이 상이한 속성들의 잡다
(雜多)를 하나의 여기와 지금 속에 통합하는 이것이다.

이 소금은 단순한 여기인 동시에 다양하다. 소금은 희고 또한 짜고, 또한 입방체이고, 또한 일정하게 무겁고 등등이다. 이 모든 다양한 속성들이 하나의 단순한 여기 속에 있으며, 이 속에서 그것들(속성들)이 침투한다(§ 113/81).

속성들이 이렇게 동일한 여기와 지금 속에서 혹은 매체 속에서 공존하기 때문에, 헤겔은 이 후자를 속성들을 결집하는 '또한'(Auch)으로 부른다(§113/81). 감각적 확신의 경험에서 출현한 '지금들의 절대적 수다성'이자 '많은 여기들의 단순한 복합체'가 지각에서 드러난 바는 모름지기 이러한 '또한'이다.

하지만 헤겔은 이렇게 해석된 대상 속의 부정의 계기에 여전히 합당한 가치가 부여되고 있지 않다는 점을 주목한다. 만일 '또한' 속에 담긴 감각적 보편자들이 서로 간에 무차별적인 것으로만 남아 있다면, 그것들은 진정으로 **부정적**이자 고유한 의미에서 **규정적인** 것으로 이해되어서는 안 될 것이다. 그것들이 고유한 의미에서 규정적인 것으로—저것이 **아닌** 이것—이해되는 것은 오직 '그것들이 상호 간에 **차별 지어지고** 다른 것들을 자기 자신의 대립물로서 **관계하는** 한에서만'이다(§ 114/81). 하지만 그것들이 서로 간에 대립하고 배제한다면, 그것들은 동일한 매체 속에서 공존할 수가 없을 것이다. 오히려 그것들은 다른 매체들에 속해야 하고, 그럼으로써 또한 상호 간에 배제해야만 한다. 매체 혹은 '또한'이 이렇게 배타적 통일로—명백히 다른 통일이 **아닌** 통일로—이해될 때, 그것은 단순한 매체이거나 '또한'이 되기를 멈추고 판이하고 독립적이며 폐쇄적인 **사물**의 형식을 취할 것이다. 감각적 보편자들이 이런 사물 속에 담긴 것으로 이해될 때, 그것들은 그 말의 풍부한 의미에서 '속성들'(Eigenschaften), 즉 저 사물이 아닌 이 사물에 고유한 규정들이 된다.

지각에서 대상이 취해야 하는 형식은 이제 다음과 같이 풍부하게 규정되었다.

사물은 1) 수많은 속성들의 혹은 오히려 **질료들**(Materien)의 **또한**으로서 무차별적이고 수동적인 보편성이다. 2) 마찬가지로 단순한 것으로서의 부정; 혹은 일자, 대립적 속성들의 배제, 그리고 3) 수많은 속성들 자체(§ 115/81).

헤겔이 지각 대상에 대한 이러한 개념화를 일상적인 지각 행위에 대한 반성에 의해서가 아니라 감각적 확신의 경험에서 출현하는 진리 속에 암시된 것을 명시적으로 해석함으로써 도달했다는 점에 주목하자. 그러므로 그가 밝혀냈던 것은 진리, 즉 그가 바라는 바로서가 아니라 감각적 확신의 경험이 주어질 경우 지각이 받아들여야만 하는 바로서의 진리이다.

요아힘 하크너(Joachim Hagner)의 주장을 따르면, 헤겔은 지각에 대한 분석을 통해 플라톤과 아리스토텔레스, 흄과 칸트의 사상 속에 담긴 철학적 문제들을 이념화된 형태 속에서 검사하고 있는 것이다.[9] 이 주장이 옳다는 것은 의심할 바 없지만, 지각 대상을 **이끌어내는** 헤겔의 방식은 전적으로 내재적이다. 즉 지각의 진리는 속성들을 지닌 사물의 형식을 취해야 한다는 것이다. 왜냐하면 이것이 진리가 등장하는 근본 형식 속에 함축된 바이기 때문이다. 만일 당신이 그 대상이 진리에 대해 의미하는 바를 의식의 대상으로서, 한갓된-직접적-확신의-대상

---

9 Köhler and Poggeler(1998), 67.

이-**아닌**-것으로 설명하려 할 경우, 당신이 처음에 얻는 것은 속성들을 지닌 사물들이다.[10] 모름지기 이것이 지각(Wahrnehmung), 즉 최초로 진리를 받아들이는 의식을 **필연적으로** 지배하는 개념화이다.

지각의 첫 번째 경험

헤겔은 이제 지각의 **경험**을 검사하기 시작한다. 그가 추적하는 경험은 사람들이 일상 속에서 체험하는 경험적 경험이 아니다. 논리적으로 볼 때 그 경험은 지각 대상의 근본 형식, 즉 속성들을 지닌 사물에 의해 필연적인 것이 되었다. 이러한 경험에서 발생하는 왜곡과 변전(變轉)은 지각의 대상이 여전히 일정한 직접성과 단순성에 의해 특징지어진다는 사실에서 기인한다. 감각적 확신이 부여잡고자 하는 직접성은 순수하고 몰관계적인 직접성이다. 이와는 대조적으로, 지각을 관류하는 독특한 직접성은 지각의 대상을 특징짓는 **구별들**에서 분명하다. 속성들은 단순히 그 자신이 되고 서로에 대해 무관심해짐으로써 뿐 아니라 서로를 배제함으로써도 서로 간에 구별된다. 따라서 그 모든 경우에서, 속성들은 직접적인 의미에서 어떤 다른 것이 아닌 그 자신이다. 마찬가지로 지각이 의식하는 바의 사물들은 직접적인 의미에서 다른 사물이 아닌 그것 자신이다. 지각은 또한 사물의 상이한 측면들 사이, 말하자면 '또한' — 잡다(雜多) — 이라는 것과 배타적 통일이라는 것, 다자(多者)라는 것과 일자(一者)라는 것의 **직접적인 차이**도 알게 될 것이다. 지각은 자신의 경험 속에서 그런 하나의 측면으로부터 다른 측면으로 옮기게 될 것이고, 그것들 모두가 동일한 사물에 속하는 것으로 생각하게

---

10 이와는 달리, 개념들이 의식과 관계하지 않고 그 자체로 고찰되는 『논리학』에서, 속성들을 지닌 한 사물의 개념은 본질론에서 작업의 중간 부분에 이르기까지는 발생하지 않는다. Hegel(1999), 484–98을 보라.

될 것이다. 하지만 지각은 또한 그것들 사이의 직접적인 차이도 보존하려고 할 것이다. 지각 경험의 특성은 사물의 다양한 측면들을 결합할 필요와 그것들을 분리시키려는 노력 사이의 이러한 긴장에 의해 규정될 것이다.

지각의 대상은 직접성과 비-직접성 모두에 의해서뿐만 아니라(앞서 83쪽을 보라), 지각의 그 대상과의 관계에 의해서도 특징지어진다. 한편으로, 지각은 진리를 얻기 위해 자신이 해야 할 모든 일은 자기 앞에 놓인 것을 작용이나 반성 없이 그대로 받아들이는 것이라고 생각한다(§116/82). 다른 한 편, 지각은 자신의 인식이 결코 직접적일 뿐은 아니라는 점도 인식하고 있다. 이는 진리가 부정과 차이 혹은 '타자성'의 계기를 담고 있기 때문이며, 따라서 우리가 지각하는 (혹은 우리 스스로 지각하는) 것과 다를 수 있기 때문이다. 다시 말해, 지각은 만일 그것이 주의를 기울이지 않는다면, 사물을 잘못 받아들일 수 있다는 점을 인식하고 있다. 따라서 감각적 확신과 달리, 지각은 '착각의 가능성을 의식하고 있다'(§116/82). 그러므로 지각의 눈으로 볼 때 진리를 인식한다는 것은 또한 오류에 빠질 수도 있다는 점을 아는 것이다.

그렇다면 지각은 어떻게 자신이 사물을 올바로 취했다는 것을 아는가? 답변은 분명하다. 지각은 대상을 '단순한 복합체'―존재하고 그것 자신으로 남아 있는 **단순한** 보편자―로 받아들인다. 보다 특수하게는, 지각의 대상은 어떤 다른 사물이 아니라 바로 그 자신으로 있는 자기-동일적인 사물이다. 그러므로 진리에 대한 지각의 기준은 '자기-동일성' 혹은 '자기-동등성'(Sichselbstgleichheit)(§116/82)이다. 그 대상 속에 양립 불가능성이나 모순이 존재하지 않는다면(또 지각이 바로 눈 앞에 현전하는 것만을 받아들인다면), 지각은 스스로 진리를 인식한다고 주장할 수 있다. 하지만 지각이 스스로 받아들인 것에서 어떤 모순을 만나게 된다면, 지각은 자신이 실패했다고 결론지을 것이다. 따라서 이러한 모순들은 대상 자체에 전가될 것이 아니라 의식 쪽의 실수의 징표로 간주될 것이다. 의식은 그러한 모순을 '대상의 비진리 — 대상은 자기 동일적이다 — 가 아니라 그 대상을 지각함에서의 비진리'(§ 116/83)로 간주할 것이다. 따라서 의식은 모순을 회피하고 진리를 적절하게 받아들이기 위해 자신의 지각을 바꿀 것이다. 그러므로 헤겔에게, 지각은 일체의 모순 없이 그 자체로 존재하는 **사물들**이 **있다는 생각**에 의해 지배되는 것이다.

하지만 첫 번째 지각의 경험에서 헤겔은(§117에서) 의식이 그 대상 속에서 여러 가지 양립 불가능성들 혹은 모순들에 직면하면서 그 대상에 대한 자신의 지각을 끊임없이 변경하지 않을 수 없다는 점을 기술하고 있다. 의식은 대상이 단순한 통일 혹은 '일자', 즉 개별적이고 독립적이고 자기 동일적인 사물이라는 견해에서 시작한다. 하지만 의식은 이 사물의 속성들이 보편자라는 것과 사물의 제한을 넘어 다른 사물들로 확대된다는 점을 곧바로 알아챈다. 그 속성들의 보편성은 사물의 독립성 및 개별성과 충돌한다. 왜냐하면 보편성은 그 사물을 속성들을 공유한 사물들의 공동성의 한 구성원으로 전환시키기 때문이다. 하지만 지각의 입장에서 볼 때, 사물들 자체 속에서는 그런 갈등들이 있을 수 없다. 즉 사물들은 한 사물이거나 다른 사물인 것이다. 따라서 지각은 대상에 대한 자신의 최초의 파악이 부정확했다고 결론짓고, 이제 대상을 비슷한 사물들의 **공동성**으로 받아들인다.

하지만 지각은 계속해서 사물들의 속성들이 규정되어 있고, 다른 속성들을 배제한다는 점에 주목한다. 그러므로 사물들은 공유된 연속적 속성들과의 공동성을 형성하는 것이 아니라 오히려 그것들이 소유한 배타적 속성들 덕분에 실제로 상호 배제하는 독립적 사물들을 구성한다. 그러므로 각각의 사물은 연속적 공동체의 한 구성원이기보다는 배타적 통일체이다.

그리하여 지각은 사물 내부의 속성들이 상호 배제하는 것이 아니라 상호 무관심 속에서 공존하고 있다는 점에 주목한다. 사물은 결코 배타적 통일체가 아니라 다만 속성들이 결집되는 바의 매체일 뿐이라는 것이다. 확실히 지각의 실제 대상들은 현실적으로 그러한 속성들 자체이다. 사실상 독립적 '사물'이 존재하는 것이 아니라, 오히려 감각적 보편자들의 집합이 존재하는 것이다. 그런 각각의 보편자는 그것과 더불어 공존하는 다른 것들에 대해 무관심하며, 단순히 그리고 직접적으로 그 자신으로 존재한다. 그렇다면 그것은 더 이상 한 '사물'의 '속성'이 아니고, 오히려 내 앞에 현전하는 감각적 직접성 혹은 '감각적 존재'일 뿐이다(§117/83). 하지만 이 지점에서, 대상은 고유한 의미의 지각의 대상이기를 멈추며, 지각은 **이것, 여기, 지금**에 대한 직접적이고 감각적인 확실성으로 되돌아가는 것이다.

그럼에도 지각은 이런 직접적 확신이 **사물**에 관한 진리를 드러내지 못한다는 점을 알고 있다. 지각은 이런 확신이 사물의 실제 모습을 지각하는 데 실패한 주관적 관점이라는 것을 인정하고 있다. 그러므로 첫 번째 경험을 통해, 현전하는 것을 지각함에 있어, 지각은 또한 자기 안의 한낱 주관적인 시각으로 후퇴한다는 점을 배운다. 사실상 지각은 바로 그 지각함의 과정에 **의해** 그런 주관적 시각 속으로 이끌리고, 그리하여 오류 속으로 이끌린다는 것을 배운다. 이러한 통찰은 자기 자신에 대한 지각의 생각을 변화시킨다. 이제 지각은 단지 모순을 회피하고 눈앞에 현전하는 것을 받아들이거나 혹은 '파악'하는 것만으로 진리에 도달할 것이라고 더는 확신할 수 없기 때문이다. 지각은 더 이상 진리에 대해 확신할 수가 없다. 왜냐하면 **자신의 파악 속에서** 지각은 동시에 **진리를 벗어나 자기 안을 반성하게 된다**는 점을 알기 때문이다(§ 118/84). 따라서 지각의 지각 행위는 처음에 생각했던 이상으로 훨씬 긴밀하게 주관적 오류와 얽혀 있는 것이다.

지각의 첫 번째 경험을 기술하면서, 헤겔은 두 가지 이유에서 지각이 대상에 대한 한 생각으로부터 다른 생각으로 옮겨간다는 점을 보여주고 있다. 한편으로, 지각은 자신의 견해 속에서 서로 간에 충돌하는 대상에 관한 상이한 측면들을 간파한다. 다른 한편으로, 대상 자체 — 진리 — 는 모순을 담지할 수 없음을 강조한다. 지각에게(적어도 처음에는), 대상은 동시에 일자이면서 다자, 분리되면서도 연속적일 수 없다. 따라서 의식은 계속적으로 자신의 지각을 변경해서 사물의 새로운 측면에 적응해야만 한다. 엄밀히 말해 이것은 우리가 이러한 형식에서 겪게 될 경험적 경험이 아님을 기억하자. 헤겔의 생각에 따르면, 그것은 지각이 자신의 대상 — 자신의 진리 — 으로 받아들이는 방식에 의해 논리적으로 필연성을 띠게 된 경험이다.

이러한 경험의 말미에서, 지각은 스스로가 오류의 가능성만을 갖고 있는 것이 아니라 어떤 측면에서는 항시적으로 오류에 빠져 있다는 것을 배운다. 하지만 지각은 자신의 오류가 대상이 아닌 자기 자신에 기인한다고 믿는다. 지각에 관한 한, 그것은 대상에 의해 기만되지 않는다. 왜냐하면 대상은 진리이고 다만 그 자체로 있기 때문이다. 지각은 오류에 종속되어 있다. 왜냐하면 진리에 대한 지각의 파악은 처음 생각했던 것처럼 순수하고 깨끗하지만은 않으며, 오히려 언제나 사물에 대한 그 자신의 주관적 견해와 뒤섞여 있기 때문이다.

하지만 지각은 그 자신의 시각에 기인하는 것을 반성적으로 자각하고 그런 시각을 경계한다면 진리를 확보할 수 있다는 점을 인정한다. 이런 방식으로, 지각은 사물에 대한 자신의 그릇된 견해를 '교정'

(korrigieren)할 수 있으며, 그리하여 마침내 진리가 지각되도록 할 수 있다. 따라서 지각은 더 이상 현전하는 것을 단순히 **지각하고 파악한다**고 자처하지 않는다. 오히려 '지각 역시 자기 반성을 의식하고 이러한 반성을 고유한 의미의 단순한 파악과 분리시키는 것이다'(§118/ 84).

　요약해 보자. 지각은 처음에 오류의 가능성은 있을지라도 스스로 진리에 개방되어 있다고 생각한다. 이제 지각은 자신이 언제나 사물에 대한 두 가지 견해를, 즉 그 자신의 '거짓된' 주관적 견해와 사물을 올바로 취하는 객관적 견해를 가지고 있다는 점을 깨닫는다. 지각은 또한 만일 자신이 이 두 가지 관점을 명백히 구분할 수 있다면 진리를 확보할 수 있다는 점을 알고 있다. 이로써 진리에 대한 지각의 **기준**은 동일하다. 즉 지각은 진리를 무-모순적으로 받아들이는 것이다. 그러므로 만일 지각이 진리로 간주하는 것이 모순된 것으로 나타날 경우, 지각은 이러한 모순을 그 자신의 시각에 귀속시키고 사물 자체는 절대 모순적이 아니라고 주장할 것이다.

두 번째 지각의 경험

두 번째 경험에서, 지각은 먼저 사물을 하나의 사물로 받아들인다. 하지만 또한 지각은 사물이 여러 가지 **다른** 속성들을 지닌 것처럼 본다. 속성들의 이런 다양성은 사물의 통일성과 충돌하기 때문에, 지각은 다양성을 그 자신의 주관적 시각에 귀속시킨다. 따라서 지각은 사물 자체는 **하나**이고, 사물은 '오직 **우리 눈**에만 하얗고, 또한 **우리 혀**에만 짠맛이고, **또한 우리의 촉각**에만 입방체'라고 주장한다(§119/85). 그러므로 우리가 '매체'가 되는데, 여기서 속성들은 각기 다른 항목들로 인위적으로 분리된다. 이렇게 우리 자신을 매체로 간주함으로써, 우리는 모순을 회피하고 '사물의 자기 동일성과 진리, 사물의 하나됨을 보존

하는 것이다.'

그렇지만 §114에서 보았듯, 사물은 그것이 다른 사물들을 **배제**한다는 이유만으로 개별적이고 분리된다. 사물은 다른 사물들을 배제한다. 사물은 다른 사물들에 속하지 않는 자기 자신의 독특한 **속성들**을 가지고 있기 때문이다. 하지만 이러한 속성들은 사물 속에서 공존해야만 한다. 역으로 이는 지각하는 의식이 아닌 사물 자체가 이제 우리 눈에 충돌하는 것으로 보이는 다른 속성들을 담지한 **매체** 혹은 '**또한**'으로 이해되어야 함을 의미한다. 하지만 이는 결국 사물 자체가 더는 하나의 개별적 사물로 받아들여지지 않음을 의미한다. 오히려 그것은 이제 다양한 속성들의 잡다 혹은 '**다발**'로 간주된다. 사정이 이렇기 때문에, 사물이 간직하는 것으로 보이는 통일은 이제 우리 지각에 기인할 수밖에 없다. '따라서 우리는 사물이 하얗고, 또한 입방체이고, 또한 짠 맛이고 등등으로 말한다.' 이와는 대조적으로 '이러한 속성들을 **하나로 정립하는 것**(In-eins-setzen)은 오직 의식에게만 해당한다'(§121/86). 지각은 '~인 한에서'에 의해 이러한 속성들을 사물 자체 속에서 분리시킨다. 지각이 주장하는 바에 따르면, 사물 자체 속에서, 사물은 그것이 입방체가 아닌 **한에서** 하얗고, 그 역도 마찬가지이다. 다른 한편 우리는 이 모든 속성들이 하나의 개별적이고 통일적인 사물을 이루고 있는 것으로 본다.

이 두 번째 경험은 첫 번째 경험과 마찬가지로 의식이 그 스스로의 결정에 의해 겪지 않을 수 없는 것이다. 하지만 이 경험은 지각이 그 대상 혹은 진리를 간주하는 방식에서 훨씬 중요한 변화를 야기한다. 사실상 그런 진리에서 하나의 균열이 나타나기 시작한다. 헤겔은 이 두 번째 경험에서 '의식이 바꾸어가면서 **사물뿐만 아니라** 자기 자신도 다양성이 없는 순수한 일자이자 **또한**(혹은 속성들의 다발)'(§122/86)으로 만든다는 점을 지적한다. 따라서 의식은 자신이 사물에 대한 이중적 관점 — 하나는 주관적, 다른 하나는 객관적 — 을 가지고 있다는 점을 인정할 뿐만 아니라, 사물 자체도 이중적 측면을 가지고 있다는 점, 사물은 하나**이자** 여럿이라는 점을 받아들이고 있다. 나중의 이러한 통찰로 인해 사물이 의식에게 나타나는 방식과 사물 자체 간의 구별을 지각이 포기하지는 않는다. 그럼에도 지각은 이제 양자 사이의 불균형이 지각 못지않게 **사물**에 기인할 수 있다고 믿는다. 지각은 여전히 자신이 오류를 범할 수 있음을 알고 있지만, 이제는 사물도 자기 자신에 대해서 존재하는 것과는 다른 방식으로 의식에게 **스스로를** 드러낼 수 있다고 믿는다. 대자적인 사물은 자기 반성되고 자기 자신과 관계하는 한에서의 사물이다. 그러므로 사물이 드러내는 속성들의 다양성은 사물이 의식에게 드러내는 사물 자체의 측면에 속하지 않으면 안 된다. 따라서 사물 자체는 사실상 하나이자 여럿이지만, 하나의 동일한 측면에서 그런 것은 아니다.

모름지기 이것이 지각이 파악하는 바의 진리 속으로 들어오는 균열이다. 사물은 이제 단순히 '자기-동일적인' 것으로 간주되지 않는다. 오히려, 사물은 자기 자신에 대해 존재하는 것과 의식에게 보이는 것, 그것이 다른 것에 드러나는 방식으로 양분된다. 지각에게 사물은 확실히 하나의 사물이며, '그 자신에 대해' 존재하는 것이다. 하지만 사물은 또한 '타자에 대해 있다. 엄밀히 말해 타자에 대해 있다는 점에서 사물은 자기에 대해서는 타자이다' (§123/87).[11]

이로써 지각의 두 번째 경험이 사물 자체를 모순적으로 해석하게 한다는 점이 지각에게 문제이다. 한편으로, '사물은 대자적이면서 **또한**

---

11 여기 등장하는 구별은 초기 근대 인식론에서 제1성질들과 제2성질들 사이의 구분에 가깝다. 밀러의 번역은 헤겔의 본래 의미를 모호하게 한다. §123, *l.* 8을 보라.

대타적'이다. 사물에게는 **두 가지** 측면이 있다(§123/87). 다른 한편으로, 사물은 **하나의** 개별적 사물로 이해된다. 따라서 지각은 사물이 이중적이면서 동시에 하나의 사물이라고 주장한다. 하지만 사물의 이 두 측면은 상호 모순된다. 지각은 다음과 같은 방식으로 이러한 모순을 해소시킨다. 지각은 사물이 사실상 이중적이라고 주장하고, 그것이 자신과 관계하는 방식과 다른 것들에게 드러나는 방식이 그 자체로 다르다고 주장한다. 이러한 이중적 성격은 의식과 전혀 무관하며, **그런** 의미에서 **사물**에 속한다. 하지만 사물 자체는 하나의 통일된 사물이기 때문에, 대자적으로 존재하는 모습과 대타적으로 존재하는 모습 사이에서 사물이 노정하는 불일치는 사물만으로 만들어질 수는 없고, 그것이 관계하는 **다른 사물들**에 의해 야기될 수밖에 없다. 그러므로 '즉자 대자적으로 볼 때 사물은 자기-동일적이다. 하지만 자기 자신과의 이러한 통일은 다른 사물들로 인해 깨지게 된다'(따라서 사물은 다른 사물들과의 **관계**에서 여러 가지 다른 속성들을 드러내게 된다.)(§123/87). 이렇게 해서, 지각은 사물의 객관적 통일**과** 객관적인 이중성 모두를 보존한다. 그럼에도 지각의 성공은 심각한 대가를 치르게 된다.

지각의 세 번째 경험

사물들 **사이의** 이러한 관계가 지각의 세 번째 경험을 낳는다. 지각에게, 독립적으로 고찰되거나 혹은 대자적으로 존재하는 바의 각각의 사물은 하나의 개별적이고 독립적이며 자기-동일적인 사물이다. 각각의 사물은 또한 그 자신의 자기-동일성을 '깨뜨리는' 다른 사물들과도 구별된다. 그러므로 지각에게 진리는 '독립적으로'(für sich) 존재하며, 그리하여 서로 간에 철저히 **분리된** '다른 사물들'(verschiedene Dinge)을 포괄한다(§124/87).[12] 각각의 사물은 독립적으로 분리되어 있기 때문에, 사물은 '그 자체에 있어'(an ihm) 그것을 그것으로 만드는 것, 그것을 다른 사물들과 구별해주는 것을 갖고 있어야만 한다. 모름지기 이것이 사물 **자신**을 구별하는 측면, 다시 말해 '본질적 특성'(§124/87-8)이다. 하지만 이러한 본질적 특성은 상당히 문제가 있다. 한편으로, 그것은 사물을 **별개의** 사물로 만든다. 다른 한편으로, 그것은 사물을 다른 사물들과 차별 지으며, 그래서 그것들과 **관계** 짓는다. 하지만 후자의 관계 지음에서, 그것은 사물을 다른 사물들과 연결해주며, 그리하여 그것이 별개성(separateness)을 훼손한다. 왜냐하면 한 사물은 '그것이 다른 사물들과의 이런 관계 속에 있지 않는 한에서만 하나의 **사물**이거나 혹은 대자적으로 존재하는 사물'이기 때문이다. 그러므로 이율배반적이게도, 사물의 별개성 혹은 '대자존재'는 그것을 보장해주는 것으로 생각된 바로 그 측면에 의해 훼손되는 것이다.

이 지점에서 지각의 대상은 **본래적으로 자기-모순적**이 된다. 즉 사물을 별개의 대자적 사물로 만드는 것은 그것을 다른 사물들과 구별해주며, 그리하여 그것을 다른 것들과 관계 짓는다. 그럼에도 사물을 다른 것들과 구별해주고, 그리하여 그것들과 관계 짓는 것은 엄밀히 말해 그것을 별개의 대자적 사물로 만드는 것이다. 따라서 지각의 대상은 **'하나의 동일한 관점에서 자기 자신의 대립, 즉 대상은 대타적인 한에서 대자적이고, 대자적인 한에서 대타적이다'**(§128/89)('**대타적**'이라 함은 단지 타자와 관계 속에 있음을 의미한다). 따라서 지각으로서의 진리는 지각의 경험 자체 속에서 근본적으로 자기-모순적인 진리로 바뀌고 만 것이다.

---

12 밀러는 그것들이 '자기 스스로' 존재한다고 쓰고 있다. §124, *l*. 5를 보라.

제약된 것으로부터 무제약적 보편자로

앞서 살펴본 것처럼, 지각이 파악하는 진리는 단순히 직접적인 보편자가 아니라 보편적인 어떤 것의 형식을 취하고 있다. 하지만 그것은 그것이 발생한 바의 직접성에 의해 **제약된** 보편자이다(§128/89). 첫째로, 그것은 감각적인 보편자이다. 그것은 단지 **이것**으로서가 아니라 끊임없이 자기 자신의 특수성을 넘어서는 것으로서의 **이** 감각적 직접성이다. 둘째로, 이 보편자는 다른 보편자들에 무관심하거나 혹은 그것들을 배제함으로써 다른 보편자들과 직접적으로 구별된다. 셋째로, 이러한 감각적 보편자들을 담고 있는 보편적인 '여기와 지금'은 직접적으로 구별되는 두 가지 형식을 취한다. 그것은 하나이면서 여럿 혹은 '또한'이다. 그러므로 우리가 사물들의 속성들에 초점을 맞추건 혹은 사물 자체에 초점을 맞추건, 지각의 보편자는 그런 다른 보편자와 직접적으로 구별되는 보편자임이 드러난다. 따라서 그것은 **일면적** 보편자이다.

하지만 지각의 경험에서 나타나는 진리에 따르면 사물의 각기 다른 일면적 측면들 —사물의 대자존재와 대타존재(따라서 하나임과 여럿임)—은 **그것들 자신과는 정반대라는 것이 드러난다.** 이렇게 각각의 측면들은 그것들의 일면성을 상실하는 것이다. 왜냐하면 각자는 자기 자신인 것만큼이나 타자이고, 이로써 양자는 그 자체가 대립적 계기들의 **통일**—사실상 동일한 통일—임을 드러냈기 때문이다.

대립적 계기들의 이러한 통일은 사물의 제측면 사이의 직접적 차이가 해소되는 바의 것이다. 더 나아가, 이러한 통일은 그것이 직접적으로 구별되는 바의 어떤 다른 보편자와 관계하지 않는다. 따라서 이러한 통일은 더는 어떤 직접적 차이에 의해 제약되지 않는다. 오히려 그것은 헤겔이 말하는 바 '무제약적인 절대적' 보편자(§129/89)이다. 따라서 이 무제약적인 보편자는 그 자체가 지각의 사물을 이루는 일면적이고 제약된 보편자와 다른 어떤 것이 아니다. 오히려 그것은 저 일면적이고 제약된 보편자들의 자기-파괴 혹은 자기-부정을 통해 발생한 것이다. 다시 말해, 그것은 이중화된 지각의 일면적 대상에 의해 **필연적이** 된 **변증법**의 경험 속에서 나타난 것이다.

그러므로 무제약적인 보편자는 대립물들의 **역동적인** 통일이다. 그것은 자기 밖에 아무것도 주지 않는, 전적으로 자기-관계하는 통일이다. 오히려 그것은 사물의 한 측면이 그 정반대의 측면 속으로 변증법적으로 미끄러짐으로써, 그리하여 그것들을 통합함으로써 나타난다. 이런 무제약적인 보편자는 지각의 경험 속에서 나타난 것이다. 다시 말해 그것은 논리적으로 볼 때 지각 자신의 진리관에 의해 유도된 결과이다. 하지만 지각은 이 결과를 수긍하지 않는다. 오히려 지각은 헤겔이 '~인 한에서'라는 '궤변'(sophistry)이라 부른 것에 의해 자신의 진리의 핵심에 놓인 모순을 회피하려고 한다. 지각은 사물들을 명석하고 판명하게 유지할 것을 고집한다. 사실상 사물은 하나이자 여럿이고, 독립적이자 타자와 관계된 것이다. 하지만 그것이 일자인 한에서, 그것은 타자가 아니고, 그 역도 마찬가지이다. 헤겔이 적고 있다. '지각의 궤변(Sophisterei)은 이 두 계기를 그 모순으로부터 구해내서 **관점들의** 차이를 구별하고 **또한**(Auch)과 **~인 한에서**(Insofern)를 통해 고정시킴으로써 참된 것(das Wahre)을 포착하고자 한다'(§130/90). 하지만 논리적으로 볼 때 —지각 자신의 눈은 아닐지라도— 이러한 궤변은 '공허하고' 무익하다는 것이 드러난다. 지각은 감각적 확신이 그랬듯 자신의 경험의 결과에 승복하지 않을지 모르지만, 그렇다고 해서 필연적으로 그런 결과로 이끄는 그 자신의 경험을 막지도 못한다.

헤겔이 적고 있듯, 지각은 세계에 대한 '강고(强固)하고 현실적인 의

식'(§131/90)임을 자처한다. 지각은 감각적 확신의 무규정적 직접성
이 아니라 다양한 속성들을 지닌 사물들의 구체적 영역을 염두에 두고
있다. 그럼에도 불구하고 헤겔의 견해에서, 지각은 하나와 여럿, 무차
별적 차이와 배타적 차이, 대자존재와 대타존재처럼 그 자신이 분리시
키고자 한 추상적이고 일면적인 보편자에 의해 지배되고 있다. 지각은
자신의 경험을 일관해서 그런 추상적 보편자들에 의해 좌우되고 있다.
말하자면 그것은 '추상들의 유희'(§131/90)라고 헤겔은 적고 있다. 이
같은 추상적 보편자들 혹은 '범주들'은 지나칠 정도로 논리화하는 현
상학자에 의해 지각 속으로 수입된 것이 아니라, 지각이 진리를 받아들
이는 방식 속에 내재하는 것이며, 지각의 경험 속에서 현상학자에 의해
발견된 것이다.

　지각 속에 이러한 추상들이 현존하는 까닭에, 그리고 지각이 사물들
의 자기-동일성과 무-모순성을 보존하고자 한 사실 때문에, 헤겔은 그
의 설명의 말미에서 지각을 '지각하는 지성'(wahrnehmender Ver-
stand)(§131/91)이라고 부르는 것이다. 이와는 대조적으로, 『정신현상
학』에서 지각 다음으로 이어지는 지성은 단순히 지각적일 뿐만 아니라
지각의 경험 속에서 출현하는 무제약적 보편자를 받아들이고 긍정하게
될 것이다.

　『정신현상학』에서 지각은 진리와 직접적 확신의 대상의 차이를 구별
하는 첫 번째 의식의 형태이다. 지각은 진리를 가능한 한 모순으로부터
자유로운 것으로 유지하고자 한다. 사실상 지각은 자신의 진리관에 의
해 그렇게 하고 있으며, 그 문제에서는 선택의 여지가 없다. 하지만 지
각의 경험으로부터 나타나는 교훈은 **모순**이 진리에 본래적인 것임이
드러난다. 따라서 진리는 모순으로부터 자유로울 수 있다는 관념은 하
나의 착각—지각이 그로부터 결코 자유로울 수 없는 것—임이 드러

난다. 오히려 지성은 다른 진리관에 의해 지배될 것이다. 지성의 과제는 어떤 대가를 치르든 모순을 회피하려는 것이 아니라, 지각이 파악할 수 없는 방식으로 모순을 통합한 세계가 실제로 어떤 모습인가를 발견하려 할 것이다.

공부할 문제들

1. 지각은 감각적 확신과 어떻게 다른가?
2. 지각의 세 번째 경험에서 지각의 대상은 왜 모순적인 것으로 드러나는가?

힘과 지성

감각적 확신에게 대상은 직접적 존재인 **이것**이다. 이와는 달리 지각의 대상은 존재를 자신의 부정과 결합함으로써 일면적이고 제약된 보편자임이 드러난다. 무제약적 보편자는 그런 일면적인 보편자들의 **자기 부정**을 통해 발생한 통일이다. 지성이 진리로 간주하는 것은 모름지기 이 무제약적 보편자이다. 현상학자로서 우리의 첫 번째 과제는 이러한 진리가 함축하는 바를, 지성 자체에게 그 대상이 무엇인가를 명시적으로 해석하는 것이다.

힘의 개념

헤겔은 우리에게 먼저 무제약적 보편자가 지각 가능한 사물의 두 측면을 통일시키고 있다는 점을 환기시킨다. 사실상 그것은 '대자존재와 대타존재', 사물의 자기-동일성과 타자-연관성(§131/91)의 통일에 불과하다. 이 두 측면이 하나의 **통일**을 형성하는데, 그것들이 지각의 경험에서 상호 **이행하기** 때문이다.

지각 스스로가 이러한 통일로 되돌아갔다. 하지만 지성에게, 두 측면의 통일은 명시적이고 철저하다. 따라서 그것들은 무제약적 보편자의 **내용과** 그것들이 그런 보편자 속에서 취하는 **형식 모두**를 구성하고 있다. 한편으로, '대자존재와 대타존재는 **내용** 자체이다'(§134/94) ─무제약적 보편자를 구성하는 계기이다. 다른 한편으로, 이러한 계기들은 자기 자신에 대해서 존재하는 것과 서로에 대해 존재하는 것 모두**로서의** 저 보편자 속에 현존해 있다. 따라서 무제약적 보편자는 지각 가능한 사물의 대자존재(혹은 독립성)와 타자 연관성을 통일시켜 사물의 각 측면이 관계하여 그 대립물로 이행할 때조차 **대자적으로** 존재한다. 지성은 처음에 이러한 '이행'(Übergehen)(§135/95)에 주목한다. 왜냐하면 이것이 처음으로 무제약적 보편자를 제약된 보편자로부터 구별해주기 때문이다. 그리하여 지성은 각 계기 역시 '독립적으로' 존재하고, 따라서 타자와 실질적으로 구별되고 분리되어 있다는 사실을 고려하고 있다.

지각에게, 대자적 사물은 **하나의** 통일된 사물이다. 하지만 다른 사물들과의 관계에서, 사물은 상이한 속성들의 잡다(雜多)를 드러낸다(96쪽을 보라). 따라서 무제약적 보편자는 그 자체가 지각 가능한 사물의 일자성과 다양성의 통일이다. 하지만 그것은 사물의 한 측면이 부정되면서 저절로 자신의 대립물로 **이행하는** 바의 **역동적인** 통일이다. 지성은 여전히 다양한 속성들을 지닌 지각 가능한 사물들을 의식하고 있다. 하지만 지성은 그것들 속에서 하나의 역동성(dynamism)을 간파하는데, 이로 인해 지각 자체는 물러나게 된다.

따라서 엄밀히 말해, 지성은 사물의 다양한 측면들을 어떻게 파악하는가? 헤겔의 설명에 따르면, 지성은 '매체'로서의 사물의 관념으로부터 시작한다. 그러한 매체로서, 사물은 단지 수많은 '독립적 질료들

(Materien)' 혹은 속성들의 집단이며, 이러한 면에서 본래적 통일 혹은
대자존재를 결여하고 있다. 그러므로 이러한 관점에서 본다면, 사물에
게는 사물을 구성하는 질료들 외에 어떤 다른 것이 없다. 즉 '질료들의
독립성이란 매체와 다르지 않다'(§136/95). 동시에, 질료들은 단순히
서로 간에 단절된 것이 아니라 함께 결합해서 질료들의 **이러한** 집단을
구성하기도 한다. 즉 그것들은 저 공간이 아닌 **이** 공간 속에서 공존한
다. 이렇게 함에 있어, 이 질료들은 모두가 똑같은 '여기와 지금'을 차
지하고 있다. 그것들은 '타자가 있는 곳에서 각자로 있다.' 하지만 그
자체로, 그것들은 더는 서로에 대해 전적으로 **독립적**이 아니다. 오히려
헤겔은 다음과 같이 적고 있다. 그것들은 서로 간에 '상호 침투'하고
있다(그런 의미에서 '절대적으로 다공(多孔)적이다'). 이제 사물은 그
것이 **독립적인** 질료들의 집단일 뿐이었다는 이유 때문에 통일성과 대
자 존재를 결여하고 있다. 그러므로 그러한 질료들의 독립성이 부정되
거나 '지양'되는 정도에 따라, 사물은 결국 하나의 통일된 사물이 되어
야 할 것이다. 그러므로 사물들은, 그것들의 공존을 통해 매체-로서
의-사물 혹은 다발-로서의-사물을 구성하는 독립적 질료들이 하나의
통일로 환원되고, 이로써 '대자적으로' 존재하는 **하나의** 사물을 구성
하는 것이다(§136/95).

하지만 사물이 하나의 사물인 것은 그것을 구성하는 질료들이 동일
한 '여기와 지금'을 차지하고 있기 때문이다. 다시 말해 사물의 통일은
그러한 질료들의 **공-존** 너머에 있는 것이 아니다. 이 말의 의미는 결국
사물이 실제로 하나의 통일된 사물이 아니라는 것이다. 오히려 사물은
진실로 상호 독립적인 질료들과 속성들의 집단이다. 하지만 우리가 보
았던 것처럼 동일한 공간 속에서 공존함으로써, 그 독립적 질료들이 곧
바로 하나의 통일된 사물의 계기들로 환원된다.

이로써 헤겔의 논의에 따르면, 사물의 각 측면은 곧바로 그 대립물로 이행한다. '독립적인 것으로 정립된 질료들이 곧바로 그것들의 통일로 이행하고, 그것들의 통일은 곧바로 그것들의 다양성을 드러내고, 이러한 다양성은 다시금 통일로 환원된다' (§136/95). 지각은 '이러한 측면에서' 사물은 하나이고, '저러한 측면에서' 사물은 여럿이라고 말함으로써 사물의 이 두 측면을 떼어 놓으려고 한다. 반면, 지성은 각 측면의 그 대립물로의 역동적인 **이행**을 인정하고, 그러한 이행을 그 대상의 참다운 성격으로 본다. 그러므로 지성에게, 지각 가능한 사물은 단순히 하나의 **사물**이 아니라 **운동**의 한 측면 —하나의 사물 속의 수많은 질료들이 펼쳐지고 '분산' 되는 동시에 사물 속의 근본적 통일의 계기들로 환원되는 바의 운동 —이다. 헤겔이 적고 있듯, 이러한 운동이 이른바 지성에 의한 **힘**(Kraft)(§136/95)이다. '힘' 개념을 도출하는 이 과정이 전적으로 내재적이라는 점을 주목하자. 힘이 『정신현상학』에서 논의된 까닭은 그것이 통속적인 과학의 개념이라는 데 있다기보다는, 오히려 지각의 경험의 결과를 인정하는 지성에게 필수적인 상관자라는 데 있다.

다양한 질료들이 사물 속에서 드러나는 운동은 지성에 의해 '힘의 표현' 으로 간주된다. 반면, 이러한 질료들이 환원된 바의 통일은 '**본래적 힘**, 자기 안으로 **떠밀려 들어간 힘**' (§136/95)으로 간주된다. 그러므로 지성에게, 힘은 스스로를 표현하지 않을 수 없다. 힘은 폭발해서 모든 사람들이 볼 수 있도록 드러내야 한다. 하지만 그렇게 함에 있어서, 힘은 또한 '자기 안으로' (in sich) 떠밀려 들어가 그 자신의 통일을 하나의 힘으로 확립하지 않을 수 없다. 힘의 이 두 측면이 **하나의** 과정의 계기들임을 주목하자. 따라서 힘은 그것의 표현으로부터 분리된 어떤 것이 아니다. 즉 그것은 스스로를 표현하는 운동 속에서의 하나의 통일되고 자기 함축적인 힘이다.

　그러므로 지성에게, 본래적 힘과 그것의 표현 사이에는 — **대상**에서 — 아무런 실질적 차이가 없다. 힘은 하나의 단순한 과정 혹은 자기표현의 운동이다. 따라서 이러한 과정의 계기들 사이의 차이는 '사유 속에서만'(§136/95) 존재한다. 이런 이유에서, 헤겔은 이 단계에서의 지성은 '힘의 현실이 아닌 힘의 개념'만을 의식하고 있다고 지적한다. 이는 지성이 힘을 어떤 **객관적인** 것, 우리가 지각하는 사물들 속 **저기**에 있는 것으로 간주한다는 것을 부인하는 것이 아니다. 오히려 지성은 객관적 힘을 하나의 통일로 간주하고, 힘과 그것의 표현 사이의 **차이**를 현실적인 어떤 것으로 보지 않는다.

　그렇지만 힘에 대한 이러한 이해가 유지될 수는 없다. 앞서 우리가 지적했듯, 무제약적 보편자는 **대자적으로** 존재하는 계기들, 그 계기들이 상호 간에 이행을 해서 하나의 통일을 형성할 때조차 상호 독립적인 그런 계기들의 통일이다. 모름지기 이것이 무제약적 보편자를 그처럼 모순적이 되게 하는 바이다. 그것은 서로의 내부로 소멸하는 참으로 상이한 계기들의 통일이다. 그러므로 무제약적 보편자가 지금 입증했던 힘은 이 본래적 차이를 명시적으로 자기 안에서 드러낸다. 따라서 힘과 힘의 표현 사이의 차이는 '사유 속에서만' 존재할 수 없고, 오히려 **객관적인 힘 자체**에 속해야만 한다. 그러므로 지성에게는 본래적 힘과 그것의 표현 사이에 **실제적인 차이**가 있을 것이다. 즉 '힘 그 자체, 혹은 자기 안으로 떠밀려 들어간 힘은 배타적인 일자로서 자력(自力)으로 존재한다. 여기서 질료들의 전개는 현존하는 또 다른 본질이다. 따라서 두 개의 판이하고 독립적인 측면들이 정립된다'(§136/96). 만일 힘의 두 측면이 진정으로 구별되고 상호 독립적인 것이라고 한다면, 힘의 표현은 — 헤겔이 **'자극받는다'**라고 말하는 것처럼 — 힘 자체와는 **다른**

어떤 것이다. 그럼에도 동시에, 힘은 스스로를 표현함에 있어서만 본래적인 힘이다. 우리는 이제 힘에 관한 이 모순적 생각으로 야기된 경험을 고려해야만 한다.

지성의 첫 번째 경험: 힘들의 유희

지성이 지금 파악하고 있는 현실적이고 객관적인 힘은 **'자기 내 반성된'** 하나의 통일된 힘이다(§137/96). 그러므로 힘은 자기 함축적이며, 또 그 힘이 표현된 분산된 질료들과는 전혀 **별개**다. 이처럼 분산된 질료들은 반대로 '힘과는 다른 어떤 것'이다. 그럼에도 우리가 보았던 것처럼, 힘은 표현되지 않을 수 없다. 하지만 힘이 표현된 분산된 질료들은 힘과는 별개이기 때문에, 그것들은 외부로부터 힘에 접근해서 그 힘이 표현되도록 '자극'(sollizitieren)(§137/97)해야만 한다. 그럼에도 불구하고, 어떤 **다른** 것에 의한 이런 자극을 통해, 힘은 자신을 표현할 뿐이다.

일단 힘이 자신을 표현한다면, 그것은 독립적 질료들의 집단이라는 형식을 취하는 바, 더 이상 그것은 개별적이고 통일된 힘이 아니다. 사실상 그처럼 자기 함축적 통일이 된다는 것은 질료들의 집단이 된다는 것과는 전혀 **다른** 어떤 것이다. 그럼에도 표현함에 있어, 힘은 자기 안으로 떠밀려 들어가서 하나의 통일된 힘으로 자신을 확립해야만 한다. 하지만 자기 함축적 통일은 질료들의 분산과 별개이기 때문에, 그러한 통일은 분산되고 표현된 힘에 외부로부터 접근해서 그것을 자극해 자기 내부로 떠밀려 들어가게끔 해야만 한다. 설령 그것이 다른 것에 의해 그렇게 하도록 자극받는다 할지라도, 스스로를 자기 안으로 떠밀어 하나의 힘으로서의 통일을 수립하는 것은 힘 **자신**이다.

따라서 힘은 표현되고, 그렇게 함에 있어 스스로를 하나의 통일된 힘으로 수립해야 한다. 하지만 힘은 그렇게 하도록 자극받아야 하며, 따라서 순전히 자기만에 의해 표현하고 자기 안으로 떠밀려 들어갈 수가 없다. 힘은 엄밀히 말해 표현될 때 힘이다. 하지만 힘은 어떤 다른 것의 도움을 받을 때만 그 자신이 될 수가 있다. 이는, 비록 힘이 스스로를 표현해야만 할지라도, 지성에게 본래적 힘과 그것의 표현 사이에는 이제 현실적인 차이가 있기 때문이다.

헤겔은 계속해서 힘을 자극해 표현되도록 하는 것 자체가 **힘**이라고 지적하고 있다. 힘이란 먼저 본래적 힘으로부터 분리된 분산된 질료들의 집단이기 때문이고, 다음으로는 표현된 힘으로부터 분리된 자기 함축적 통일이기 때문이다. '이러한 형태들 각각이 동시에 소멸하는 점으로서만 나타나는 식으로'(§138/97) 그렇다. 다시 말해, 힘과 분리되어 있고 그 힘과 다른 것은 그 자체가 하나의 상태로부터 다른 상태로의 **운동**, 즉 분산된 질료들이 그것들의 통일 속으로 떠밀려 들어가고, 그리하여 다시 분산되는 운동이다. 이러한 운동으로서, 타자는 그 자체가 힘이다. 그러므로 이 두 번째 힘은 스스로를 표현함으로써 스스로의 자극 활동을 수행하며, 또 그렇게 하는 과정에서 자신의 통일과 자기 함축 속으로 떠밀려 들어간다.

따라서 지각되는 사물에 생기를 불어 넣는 힘은 독립적으로 그렇게 하는 힘이 아니라 **다른** 힘에 의해 그렇게 하도록 자극받는 힘이다. 하지만 자극하는 두 번째 힘 역시 그 자체가 힘이기 때문에, 그것은 첫 번째와 동일한 논리에 종속되며, 그리하여 역으로 스스로를 표현하도록 첫 번째에 의해 자극받고, 이로써 스스로의 자극 활동을 하게 된다. 사실상 헤겔의 주장에 따르면, 각 힘은 '다른 힘이 그것을 자극해서 자극하는 힘이 되도록 하는 한에서만 자극한다'(§139/98). 이러한 상호 자극이 헤겔이 말하는 힘들의 '유희'(혹은 '상호 작용')(Spiel)이다.

헤겔은 이러한 유희 속에서 각각의 힘과 힘의 각 측면이 스스로의 분리된 동일성을 상실하며, 단순하고 직접적으로 그 자신인 바를 멈춘다는 점에 주목한다. 즉 각각은 그 대립물로 이행하거나 '소멸'하는 것이다. 자기 함축 상태의 힘은 자기 함축이기를 멈추고 스스로를 표현한다. 하지만 그렇게 함에 있어서 그것은 직접적으로 다시금 자기 자신 속으로 떠밀려 들어간다. 게다가 각 힘은 **다른** 힘에 의해 그렇게 하도록 자극을 받는 한에서만 스스로를 표현한다. 그러므로 어떤 힘도 단지 그 자신이 아니다. 각 힘은 그 자체가 다른 힘의 도움을 받음으로써만 그 자신이다. 헤겔 자신의 말로 표현하면, '각자는 오직 타자를 통해서만 존재한다. 따라서 각자가 그 자신인 바는 더는 그 자신이라는 것 속에 직접적으로 있지 않다'(§141/99).

그러므로 힘의 유희 속에서, 힘의 개별적 측면들과 두 힘 자체는 '단지 소멸하는 계기들' — '각각의 그 대립물로의 직접적인 이행'이다. 이는 한낱 현상학자가 힘을 파악하는 방식만은 아니다. 오히려 '이러한 진리가 힘의 운동에 대한 지각 속에서 의식에게 드러나는 것이다'(§140/99). 헤겔은 여기서 '지각'(Wahnehmung)이란 용어를 의미 있게 사용하고 있다. 엄밀히 말해서, 본래의 지각은 힘의 운동을 판별할 수가 없고, 다만 그 앞의 사물들만을 본다. 이와 달리 지성은 단순히 사물들만이 아니라 힘을 의식한다. 지성은 지각 가능한 사물들 **속에서** 힘의 운동을 판별한다. 사실상, 지성은 그것들 속에서 그런 사물들이 힘의 표현이 되도록 구성하는 질료들 혹은 속성들을 이해한다. 그러므로 그 면에서, 지성은 향상된 형태의 지각으로 남아 있다. 『정신현상학』의 두 번째 장의 마지막에서, 헤겔은 지각을 '지각하는 지성'으로 묘사하는데, 그것이 일(一)과 다(多)(혹은 대자존재와 대타존재)라는 추상적 사유에 의해 지배되고 있기 때문이다(§131/91). 이제 헤겔은 지성 자체를 '지각'으로 묘사하는데, 지각이 지각 가능한 사물 속에서 힘의 작동을 보기 때문이다. 그러므로 지성이 힘의 유희를 의식하는 한에서, 그것은 아직 **지성에만** 속하는 대상을 눈앞에 두고 있지 못하다는 것이 분명하다. 헤겔은 이제 힘들의 유희를 통해 지성이 순전히 지성적(intelligible) 대상을 의식하게 된다는 점을 지적하고 있다.

사물들의 내면

처음 이해된 바의 힘의 **개념**에서 제 계기들 ─본래적 힘과 그것의 표현─의 차이는, 각 계기가 그 대립물 속으로 이행해 하나가 되면서 사라진다. 이렇게 해서, 힘은 그 두 계기의 '직접적 통일'(§136/95)임이 드러난다. 하지만 이러한 차이 역시 저 통일 속에서 보존되는데, 힘과 표현은 상호 이행함으로써 하나가 되기 때문이다. 힘의 **통일**은 각 계기가 그것의 타자로 **이행함**으로써 구성된다. 하지만 **상호 타자**로의 이러한 이행은 그것들의 차이를 보존하고 있다. 하지만 힘과 표현이라는 두 계기는 현실적이고 실제적으로 차이 나는 것이 아니라 하나의 **통일된** 자기 표현적 힘의 계기로서만 구별된다. 그러므로 헤겔이 적고 있듯, 그것들 사이의 구별은 '오직 사유 속에서만' 존재한다(§136/95).

이와는 달리, 힘들의 유희 속에서, 포함된 요소들 ─힘과 표현, 자극하는 힘과 자극받는 힘─의 차이는 현실적이고 실질적인 차이이다. 적어도 처음에 요소들은 상호 분리되어 있다. 즉 각자는 **자기 자신에 대해서** 그 자신으로 있다(§141/99). 힘의 유희는 구성 요소들 간의 차이를 약화시키는데, 자극하는 것과 자극받는 것의 기능이 상호 이행하기 때문이다. 그럼에도 이렇게 등장하는 통일은 힘의 개념에 의해 드러난 통일과는 현저하게 다르다. 앞서 보았던 것처럼, 그런 통일에서, 약화된 차이가 일자의 **타자**로의 이행 속에 보존된다. 하지만 힘들의 유희 속에서, 한 요소의 그 대립물로의 이행은 그것들 사이의 **현실적이고 실질적인** 차이가 모두 사라진다는 것을 의미한다. 자극하는 것과 자극받는 것의 판이한 기능은 너무나 혼란스러워 그것들 사이에, 혹은 포함된 두 힘들 사이에 어떤 현실적 차이도 존재하지 않는다. 따라서 힘들의 유희 속의 요소들 사이에 존재하는 **현실적** 차이는 그것들의 상호 이행에 의해 구성된 통일 속에는 **전혀** 보존되어 있지 않다. 헤겔이 적고 있듯, '힘의 실현은 동시에 실재의 상실이다'(§141/100). 힘의 개념 속의 통일은 상이한 요소들의 통일이다. 이와는 대조적으로, 힘들의 유희를 통해 발생하는 통일은 현실적 차이가 모두 사라진 통일이다. 따라서 그러한 통일은 현실적 차이와 독립성의 **부정**을 통해 존재하는 것이다.

헤겔의 견해에 따르면, 지성은 힘들의 유희가 하나의 통일 혹은 '일반성'(Allgemeinheit) 속으로 몰락할 때 외에는 그것을 경험할 수가 없다(§141/100). 하지만 그 과정에서, 저 유희 속에 포함된 분명한 차이 —힘들 간의 **현실적** 차이—는 모두 사라진다. 그러므로 힘들이 붕괴된 바의 통일은 이러한 차이가 전적으로 부재하는 통일이다. 즉 그것들은 '어쩔 수 없이 무차별적 통일 속으로 붕괴한다'(§141/100). 하지만 차이가 없는 이러한 통일은 힘 자체의 유희 속에서 스스로를 드러낼 수 없다. 그러므로 무차별적 통일 속으로 붕괴됨으로써, 상이한 힘들의 유희는 그 자신과는 전적으로 다른 어떤 것 속으로 붕괴한 것이다. 따라서 그러한 통일은 불가피하게 지성에 의해 힘의 유희 자체 **너머에** 정초되는 것이다.

지성에게, 힘들의 유희는 그러한 유희 속에 발현되지 않는 근본적 통일을 가리키고 있다. 즉 통일을 힘들의 유희 너머에 정초시킴으로써, 지성은 그것을 지각 가능한 것의 영역 너머에 정초시키는 것이다. 따라서 무차별적 통일은 지각을 완전히 넘어서 있고 지성에게만 명백한

'사물의 **내면**'(das Innere der Dinge)(§142/100)을 이룬다. 힘은 지성의 첫 번째 대상이다. 하지만 그것은 여전히 지각과 연결되어 있는 지성에 속한다. 이와는 대조적으로 사물의 내면은 순전히 지성적인 대상이며, 따라서 오로지 지성에게만 속하는 첫 번째 대상이다.

　이 내면은 지성에 의해 그 경험의 참된 대상으로 받아들여진다. 그것은 '사물들의 본질'(§143/100), 혹은 오히려 사물들 안에서의 힘들의 유희가 참으로 존재하는 바이다. 이러한 진리는 저 힘들 자체의 유희 속에서 현시되기보다는 오히려 헤겔이 말하듯 '감각적이고 객관적인 힘에 대해 **부정적인 것**'(§142/100)이다. 따라서 지성에게는 힘들의 유희와 '사물의 내면' 사이에 첨예한 구별이 존재한다. 유희가 쉼이 없고 역동적 — 차이들의 영속적 소멸 — 인 데 반해, 사물들의 내면은 운동과 역동성이 **부재한** 상태의 단순하고 무차별적인 통일이다. 헤겔이 적고 있듯, '지성에게 **직접적인** 것은 힘들의 유희이다. 하지만 지성에게 **참다운** 것은 단순한 내면세계'이다(§148/103). 힘과 표현이 타자로 이행함**으로써** 하나의 통일을 구성하기 때문에, 최초의 힘의 개념에서 역동(혹은 소멸하는 차이)과 통일이라는 두 측면이 완벽하게 융합이 이루어진다. 하지만 힘의 유희를 경험함으로써, 이 두 측면이 분리돼서 이제 서로 간에 전혀 다른 — 사실상 별개의 — 것으로 주장된다. 하나는 의식에게 직접적으로 현전하는 감각적이고 지각 가능한 세계를 특징짓는다. 다른 하나는 지각 가능한 세계 **너머에** 있는 '초감각적인' 지성적 세계이다.

　헤겔은 세계를 '여기와 지금'과 '너머'로 나누는 것을 찬성하지 않는다. 그는 다만 지성이 어떻게 세계를 그 자신의 경험에 의해 이런 방식으로 구분하게 되는가를 보여줄 뿐이다. 니체에게, '참다운 세계'라는 관념은 세계에 대한 '원한', 혹은 생을 부정하는 허무주의[13]의 산물이다. 이와는 대조적으로, 헤겔에게 지성은 그것이 **지성**이라는 지극히 단순한 이유로 '참다운 세계'라는 관념을 끌어안고 있다.

공부할 문제들

1. 왜 힘이 지성의 대상인가?
2. 왜 힘들의 유희가 사물들의 '내면'을 가리키는가?

지성의 두 번째 경험: 현상과 법칙

지성은 힘들의 유희를 직접적으로 현전하는 것(이 '사물들'과 '힘들' 속에서 단순한 직접성 이상을 본다 할지라도)으로 받아들인다. 지성은 사물들의 내면을 직접적으로 현전하는 것으로 받아들이기보다는, 힘들의 유희의 **매개**를 통해서 그것이 마음에 떠오르는 것으로 이해하고 있다. 지성은 **'이러한 힘들의 매개적 유희가 사물들의 참다운 배경임을 간파하고'**(§143/100) 있다.

우리가 알고 있듯, 이러한 힘들의 유희는 힘 자체의 단순한 개념 이상이다. 서로 간에 현실적으로 다른 것은 현실적인 힘들의 유희이다. 하지만 그러한 차이가 약화되어 모름지기 우리 눈앞에서 사라지는 것도 마찬가지로 유희이다. 헤겔의 말에 따르면, 힘들의 유희는 **지성 자체**에게는 다만 소멸하는 것일 뿐인, 발전된 **상태의 힘**'(§143/100)이다. 그러므로 힘들의 유희를 통해, 힘들과 그 다양한 측면들 간의 차이가 한낱 **겉모습의** 차이들로 드러나고, 전체 유희 자체는 **'현상**'(Erscheinung)의 영역임이 드러난다. 이는 지성이 이제 눈 앞의 세계의 경험적 현실

---

13   예를 들어 Nietzsche(2003)를 보라. '우리를 고통스럽게 하는 세계는 다른 세계, 가치 있는 세계를 상상할 때 표현된다. 여기서 현실을 향한 형이상학자의 르상티망(ressentiment)은 창조적이다.'

을 완전하게 부정한다는 것을 의미하는 것은 아니다. 지성은 여전히 힘들에 의해 활성화된 지각 가능한 세계와 스스로가 대면해 있다고 생각한다. 하지만 지성은 이제 그러한 사물들과 힘들이 단순히 처음에 나타나는 것 그대로는 아니라는 점을 믿고 있다. 게다가, 그것들은 그것들과 구별되면서도 그것들의 **참다운** 모습인 지성적 '내면'의 영역을 역으로 지시하고 있다.

하지만 현상을 넘어선 사물의 내면이 의식에 다가오는 것은 오직 현상의 영역을 **통해서**만이다. 이 사실은 직접적으로 지성이 저 내면을 경험하는 방식을 결정한다. 한편으로, 내면은 현상 너머에 놓인 것으로 간주되기 때문에, 그것은 현상 자체를 특징짓는 차이의 계기를 결여하는 것으로, 사실상 힘들의 유희에 속하는 모든 다양한 규정들을 결여하는 것으로 이해된다. 사물들의 내면 속에는 사물들과 힘이 **전혀** 존재하지 않는다. 즉 '그것은 현상의 무(無)일 뿐이다.' 사정이 그러하므로, 사물의 내면은 상당히 '공허하다.' 현상 자체가 가리키는 것은 현상을 넘어서 단순한 통일 혹은 '단순한 보편자'일 뿐이다(§146/102).

다른 한편으로, 이 내면은 현상의 영역과 전적으로 다르거나 분리될 수 없다. 왜냐하면 "그것은 현상의 세계로부터 **유래하기**" 때문이다. 사실상 그것은 현상의 영역 **자체가** 그 가장 내면적인 상태 속에 있는 것이다. 즉 초감성계는 감각적인 것이자 지각된 것이 **참다운** 상태로 정립된 것이다(§147/103). 그것은 **다시금** 현상이다. 하지만 이제 그것은 '무차별적 통일'로 이해된다(§141/100). 그러므로 사물의 내면에서, 현상 자체의 참된 본성이 명시된다. 현상의 영역은 차이가 사라지는 영역이다. 즉 차이들이 사물의 내면을 이루는 무차별적 통일 속에서 **참으로** 사라지는 것이다. 그러므로 저 내면 속에서, 차이의 소멸로서의 현상의 참된 본성이 충분히 **명시되고 현시되는** 것이다.

내가 생각하기에 이것이 달리 혼란스러울 수도 있을 법한 헤겔의 주장, 즉 초감성적인 것은 '현상으로서의 현상' (Erscheinung, als Er-scheinung)(§147/103)을 이해하는 데 도움이 된다. 사물의 초감성적인 내면은 단순히 현상의 영역, 이해할 수 있고 일관되게 그것 자체로서, 차이의 완전한 소멸로서 있는 것이다. 헤겔이 이 지점에서(혹은 사실 『정신현상학』의 어떤 곳에서든) 고의적인 패러독스에 빠진 것은 아니다. 그는 지성의 내면이라는 생각 속에 담긴 근본적 애매성에 주의를 기울이고 있다. 즉 이 존재는 현상과 **대비된** 진리, 따라서 진리로 있는 바의 현상 **자체**이다. 이러한 애매성이 계속해서 중요한 의미를 갖고 있다.

지성은 사물의 내면을 현상 너머의 공허한 '무차별적 통일'로 받아들인다. 이러한 관념 속에 담긴 탁월한 생각은 내면이 현상과 **다르고** 현상의 **부정**이라는 데 있다. 이와 달리, 내면이 참으로 존재하는 바의 현상 자체라는 생각 —내면과 현상 간에 어느 정도의 동일성이 있다는 생각 —은 단순히 암시적일 뿐이다. 지성은 이 후자의 생각을 어떻게 내면이라는 생각으로 분명하게 구성할 수 있는가? 지성은 자기 안에서 내면을 현상 자체의 특이한 측면을 분명하게 드러내는 것으로 파악함으로써 그럴 수 있다.

그렇다면 무엇이 현상의 특이한 측면(혹은 힘들의 유희), 즉 그것을 내면의 통일로부터 구별하는 측면인가? 물론 그것은 **차이**이다. 현상의 영역 속에는 자극하는 것과 자극받는 것, 두 개의 독립적인 힘들을 포함해서 다양한 차이들이 잠식(蠶食)해 있다. 하지만 현상의 가장 일반적인 측면은 그것이 차이 그 자체, 즉 어떤 형식을 취하고 있든 스스로를 부정하는 차이의 영역이다. 헤겔이 적고 있듯, '이 절대적인 흐름 속에 있는 것은 오직 **보편적** 차이로서의 **차이**, 혹은 다양한 반정립들이 해소되어 들어가는 차이일 뿐이라는 것' (§148/104)이다. 그러므로 내면 속에 **차이**라는 관념을 구축함으로써, 지성은 달리 공허해질 수도 있는 내면이라는 개념을 가득 채우고 있는 것이다. 게다가, 이로 인해 내면은 분명하게 한낱 현상 너머의 것이 아니라 다시금 현상으로 생각되는 것이다.

따라서 사물의 내면은 이제 자기 안에 **차이**를 통합하는 것으로 이해된다. 이 새롭게 파악된 내면은 지성적인 어떤 것으로 남고 통일과 보편성의 성격을 유지한다. 그럼에도 그것은 분명하게 그 참다운 상태의 현상 자체, 지성적 통일로서의 현상 자체로서 이해된다. 헤겔이 그러한 **지성적** 통일에 부여하는 이름이 곧 **법칙**(Gesetz)이다. 따라서 지성은 힘들의 유희가 단지 공허한 내면을 가리키는 것이 아니라 그러한 유희를 지배하는 법칙의 초감성적 영역을 가리키는 것으로 받아들인다(§148/104).

지성의 법칙관에 대해서는 주목할 점이 여러 가지가 있다. 첫째로, 법칙이 도입된 까닭은 지성의 경험이 법칙을 논리적으로 (비록 헤겔이 역사로부터 지성의 법칙의 **예들**을 끌어온다 할지라도) 요구하게 만들었기 때문이다. 둘째, 법칙의 관념은 통일**과** 차이라는 생각을 결합한다. 지성이 파악하고 있는 바의 법칙은 다른 항들 — 단순하거나 혹은 '보편적인 차이' (§149/104) — 의 단순한 차이를 표현한다. 이것을 달리 표현하면, 지성에 의해 파악된 법칙은 다른 항들의 단순하고 불변적인 **관계**를 표현하는 것이다. 예를 들어 이것은 헤겔이 나중에 언급하고 있는 갈릴레오(Galileo)의 낙하 법칙에서 볼 수가 있다. 즉 이 법칙에 따르면, 낙하 물체의 이동 **거리**는 언제나 경과한 **시간**의 제곱에 비례한다는 것이다(따라서 한 물체가 1초에 y미터 낙하한다면, 그것이 2초에 이동하는 거리는 2y가 아니라 $y \times 2^2$ 혹은 4y이다).[14]

---

14 Houlgate(2005), 138-44을 보라.

셋째, 법칙은 다른 항들의 불변적 통일을 표현하기 때문에, 그것은 힘 자체의 유희 너머의 사물의 내면을 구성한다. 우리가 앞서 본 법칙에서, 현상 자체의 역동적 흐름이 아니라 '불안정한 현상의 안정된 이미지'(§149/105)가 그것이다. 그럼에도 넷째, 법칙은 엄밀히 말해 그 참다운 상태의 현상이기 때문에, 법칙은 단순히 그러한 현상을 초월할 수는 없으며, 힘 자체의 유희 속에서 판별되어야만 한다. 따라서 내적 통일이 결국 힘들의 유희 속에서 발견될 수 있지만 헤겔이 '**힘 자체의 유희 속에 있는 단순한 것**(das Einfache)'(§148/104)으로 기술한 법칙의 형식 속에서만 발견된다. 법칙의 관념이 지성에게 출현했는데, 사물의 내면이 현상 너머에 놓인 그리고 다시금 하나의 현상으로서 이해되어야 한다. 법칙의 모호한 상태는 다음의 구절 속에 잘 표현되어 있다. "초감성계는 지각된 세계를 넘어서 있을지라도 ─ 이것은 오직 끊임없는 변화를 통해서만 드러나기 때문이다 ─ 마찬가지로 그 세계 속에 **현전하는** 법칙의 부동의 영역이며, 그 법칙의 조용한 이미지이다"(§149/105).

법칙과 법칙의 개념(혹은 단순한 힘)

지성의 두 번째 경험은 지성의 참다운 대상이 현상 너머에 있고 또 그 속에 현전하는 법칙이라는 생각으로 이끈다. 하지만 이것은 내용의 일부일 뿐이다. 즉 지성은 법칙이 현상 **속에** 현전할지라도, 법칙보다는 현상에 ─ 따라서 힘들의 유희에 ─ 훨씬 가깝다는 것을 인정하기 때문이다. 법칙은 현상을 지배하는 다양한 요소들 간의 불변적 통일 혹은 규칙적 관계이다. 그럼에도 현상은 또한 그 속에서는 어떤 것도 불변적이지 않은 영역이기도 하다. 왜냐하면 차이가 스스로를 훼손하기 때문이며, 모든 것은 그 대립물로 전화하기 때문이다. 즉 '절대적 흐름'의 공간(§149/104)이다. 따라서 '현상은 독립적으로는 내면세계 속에 있지 않은 측면을 견지하고 있다'(§150/105).

　그럼에도 법칙은 엄밀히 말해 현상의 법칙이다. 그것은 자유롭게 떠다니는, 전적으로 초월적인 원리가 아니라 힘들의 유희 **속에서** 발견되는 지성적 통일이다. 그러므로 법칙은 자신의 정체성을 순수하게 보존할 수 없으며, 오히려 그것이 속한 현상의 영역의 특성을 반영해야 한다. 법칙은 현상이 단지 통일과 안정성이 아니라 **변화**에 의해 구별된다는 사실을 반영해야 한다. 따라서 헤겔이 적고 있듯, '법칙은 언제나 다양한 상황 속에서 다양한 현실을 지니고 있다'(§150/105). 그러므로 현상들을 지배하는 단순하고 안정적인 **하나의** 법칙만이 있을 수는 없다. 오히려 발생하는 다양한 상황들을 지배하는 '무한히 많은 법칙들'(지상으로 낙하하는 물체들을 지배하는 갈릴레오의 법칙과 천체 운동을 지배하는 케플러의 법칙[15]을 포함해)이 있을 것이다. 위에서 우리는 개별적이고 통일된 힘이 다양한 속성들의 수다성 속에서 표현되어야 한다는 점을 보았다. 이제 우리는 법칙의 통일은 많은 다양한 법칙들로 해체되어야 한다는 것을 본다. 왜냐하면 법칙이 그 자체로 안정되거나 통일되지 못한 영역 속에 현전하고 또 영역을 표현하기 때문이다. 하지만 이러한 법칙들 각각이 저 변화하는 세계의 다양하고 **안정된** 측면을 지배하는 것이다.

　하지만 이것이 이야기의 끝은 아니다. 법칙의 수다성은 '단순한 내면에 대한 의식으로서 참된 것이 암시적이고 보편적인 통일을 이루는 지성의 원리와 모순되기'(§150/105) 때문이다. 지성은 모든 현상들을

15　헤겔은 갈릴레오와 케플러의 이름을 거론하지는 않는다. 하지만 그는 명백히 § 150에서 그들을 염두에 두고 있다. 『엔치클로페디』 '자연철학'에서 케플러의 법칙을 설명하는 헤겔에 관해서는 Houlgate(2005), 147-53을 보라.

동등하게 지배하는 개별적이고 철저한 보편 법칙—천체의 운동과 지
상으로의 물체 낙하를 지배하는 하나의 법칙(중력의 법칙-옮긴이)—
으로 법칙들의 수다성을 환원시킴으로써 법칙의 통일성을 복구시키고
자 한다. 그러므로 힘들의 유희가 내면의 무차별적 통일을 가리키는 것
처럼, 저 유희를 지배하는 다양한 많은 법칙들—그런 의미에서 무차별
적인—도 개별적인 보편 법칙을 가리키는 것이다. 하지만 많은 법칙들
은 저절로 그것들 밑에 놓인 하나의 법칙 속으로 사라지는 것이 아니
다. 왜냐하면 힘들과 달리, 그것들은 그 자체로 안정되고 통일된 (그것
들이 서로 간에 다르다 할지라도) 것이고, 그래서 그것들 자체를 훼손
하거나 '부정'하지 않는다. 그러므로 그것들을 하나의 단순한 통일로
환원하는 것은 지성이다.

따라서 **두** 번째로 지성은 진리를 단순한 통일로 간주한다. 지성에 의
해 이렇게 정식화된 보편 법칙은 '보편적 인력' 혹은 중력(§150/105)[16]
의 법칙이다. 헤겔은 이 법칙이 다른 법칙들과 같지 않다고 지적한다.
왜냐하면 그것은 이른바 **법칙 자체의 단순한 개념**'(§150/106)을 표현
하기 때문이다. 정확히 이것이 무엇을 의미하는가? 그것은 이 법칙이
다른 법칙과 대비된 하나의 법칙, 좀 더 말하면 제한된 법칙이 아니라
모든 사물과 힘들이 **어쨌든** 법칙에 종속해 있다는 근본 사상 혹은 '개
념'을 표현하고 있음을 의미한다. 이 점은 법칙의 지극한 일반성에 기
인하는 것이다.

보편적 인력의 법칙은 만물이 인력에 의해 다른 것들과 연결되어 있
고 또 그런 의미에서 하나의 통일을 형성하고 있지만, 만물은 다른 모

---

16 헤겔은 이 지점에서 (비록 그가 뉴턴의 이름을 언급하지는 않을지라도) 뉴턴의
보편적 중력의 법칙을 염두에 두고 있다. 헤겔의 뉴턴관에 대해서는 Houlgate(2005),
153-6을 보라.

든 것들과의 그 차이를 보존하고 있다고 서술한다. 헤겔이 적고 있듯, **'만물은 다른 것들과 불변적 차이를 지니고 있다'**(§150/106). 이는 만물이 다른 것들과 불변적인 관계를 가지고 있다고 말하는 것이다. 하지만 만물이 다른 것들과 불변적 관계를 가지고 있다고 말하는 것은 엄밀히 말해 그것들 사이의 관계가 모두 **법칙에 순응한다**고 말하는 것이다. 따라서 보편적 인력(만유인력)의 법칙은 다른 법칙들과 같지가 않다. 그 자신의 원리를 진술하는 것과 마찬가지로, 그것은 또한 만물이 **'자연스럽게 합법칙적이다(gesetzmäßig)'**라고 진술하는 것이다.

만유인력의 법칙을 정식화함으로써 지성은 많은 법칙들이 존재한다는 생각 속에서 실종된 통일을 복원하고 있다. 동시에, 지성은 사물의 '내면'이라는 새로운 이해에 도달한다. 지성은 이제 내면이 법칙 **속에서** 표현된 사물들의 **합법칙성**임을 이해하고 있다. 그러한 내면은 지성에 의해 그것이 표현된 법칙과 구별되고, 사실상 그것 **너머**에 있다. 따라서 헤겔의 논의에 따르면 지성은 법칙 자체 속에서 발견되는 것을 초과하는 저 내면에 하나의 통일을 부여하고 있다. 법칙은 다양한 사물들 간의 통일 혹은 불변적 관계이다. 이와 달리 사물의 내면은 이제 지성에 의해 '절대적으로 단순한 것', 혹은 '단순한 통일'로서 파악되고 있다. 법칙 속에 현전하는 차이들은 이런 통일을 지시하지만, 이 통일 속에서 차이들이 그 자체로 현전하는 것은 아니다(§151/106). 이러한 통일은 **다양한** 요소들 간의 관계로서 법칙 속에서 표현되는 참된 내면으로 이해된다. 우리가 보았던 것처럼, 지성은 힘들의 유희가 만유인력의 법칙에 의해 지배되는 것으로 이해된다. 우리는 이제 이러한 법칙 자체가 보다 근본적인 내면의 표현이라는 점도 알았다. 따라서 그런 내면은 법칙을 근거 짓고 그 법칙을 필연적인 것으로 만드는 것으로 이해될 수 있다. 헤겔이 적고 있듯, '이러한 통일이 법칙의 내적 필연성이다'(§

151/106).

　이 내적 필연성은 상이한 요소들이 연관되는 법칙 속에서 표현된다. 하지만 우리가 알고 있듯, 차이로 표현되는 통일은 지성에 의해 **힘**으로 파악되고 있다. 따라서 지성은 현상을 지배하는 법칙이 순수하게 지성적인(§152/107) 힘 속에 근거 지어지고 또 그것의 표현으로 받아들인다. 이러한 힘 덕분에 사물들이 합법칙적으로 운동하는 것이다. 하지만 이러한 힘은 지금까지의 힘과 결합된 역동성은 결여하고 있다. 다른 힘과의 상호 작용 속에서 자신에 대한 역동적 표현으로서 파악된 힘은 이제—지각 가능한 사물들과 함께—현상의 영역에 속하는 것으로 간주된다. 이와는 달리 그 현상의 **참된** 내면은 단순성과 통일성, 그리고 앞으로 우리가 보게 되겠지만, 그것이 표현된 법칙에 대한 철저한 **무관심**에 의해 특징지어진, 상당히 추상적인 힘이다. 지성이 이 새로운 힘과 법칙의 개념을 일반화하고, 모든 법칙에 대해 만유인력의 법칙으로가 아니라 추상적 법에 근거 지어진 것으로 파악할 때, 그것은 **설명** 행위(Erklären)가 되는 것이다.

　법칙에 대한 헤겔의 설명은 확실히 복잡하고 뒤틀려 있다. 하지만 인내심을 갖고 본다면 그다지 이해하기 어렵지 않은 분명한 논리가 있다. 염두에 두어야 할 것은 법칙의 관념이 두 가지 사상들을 결합하고 있다는 것이다. 즉 a) 지성적 내면이 현상 **너머에** 놓여 있다는 것과 b) 그러한 내면이 참다운 상태로서의 현상 **자체**이다. 첫 번째 사상은 통일의 관념을 수반하고, 두 번째는 차이의 관념을 수반한다. 법칙의 개념은 단지 이 두 사유를 결합함으로써 발생한다. 즉 법칙은 (공간과 시간 같은) 힘들의 유희 속에서 **다양한** 계기들의 단순하고 안정되고 지성적인 통일이다. 법칙이 현상과 구별된 채로 있기 때문에, 현상은 법칙의 불변성과 어울리지 않는 역동성과 변화의 요소를 간직하고 있다. 그럼에도, 법칙은 또한 현상 속에 현존하기 때문에, 법칙은 그 자체가 변화라는 근본 요소에 의해 영향을 받을 것이다. 그러므로 법칙은 다양한 상황들에 따라 여러 가지 다양한 형식들을 취해야 한다. 결국 법칙의 통일은 상실된다. 그것은 모든 다양한 법칙들을 대신하는 단 하나의 보편 법칙이라는 관념 속에서 회복된다. 이 지점에서, 우리는 다만 현상을 넘어선 통일이 아니라 현상 속에 현전하는 많은 다양한 법칙들의 통일을 대한다. 하지만 이 보편 법칙은 그 자체가 애매하다. 왜냐하면 한편으로 그것이 하나의 법칙이고, 다른 한편으로 '법칙이라는 개념' 자체, 결국 모든 사물들이 법칙에 순응한다는 근본적인 생각이기 때문이다. 법에 대한 이 같은 내적 순응 혹은 합법칙성은 그 자체가 사물들의 참된 내면으로 이해된다. 사정이 그러하므로, 그것은 법칙 너머에 위치하고 법칙을 필연적으로 만드는 단순한 통일로 해석된다. 이러한 통일은 그 자체가 **다른** 항들과 연결되는 법칙 속에 표현되기 때문에, 그것은 법칙을 근거 짓는 단순하고 추상적인 **힘**으로 파악된다. 그러한 힘은 사물들을 그것들의 행태 속에서 합법칙적인 것으로 해석하고 그것들을 지배하는 법칙 속에서 표현되는 것이다.

지성은 무엇보다 내면의 **통일**이라는 관념을 추구함으로써 이 지점에 도달한다. 이러한 통일은 먼저 힘들의 유희 너머에 위치하고, 다음으로는 많은 법칙들 너머에 위치하며, 그 다음에는 법칙 자체 안에서의 차이 너머에 위치한다. 이렇게 해서, 지성은 그것이 **지극히 단순하고 통일된** 법칙, 말하자면 단순한 추상적 힘에 도달하기 전까지 내면에 관한 다양한 개념들을 따져보는 것이다. 이러한 힘은 따라서 **무차별적 통일**에 대한 지성의 탐구, 즉 힘들의 유희 속에서 현실적 차이들이 완벽하게 소멸함으로써 맡게 되었던 탐구의 논리적 결과이다. 하지만 우리가 보게 되겠지만, 단순성과 통일에 대한 이러한 탐구는 차이들의 **역**

동적 소멸이 실제로 사물 자체의 지성적 '내면'에 속한다는 생각으로 이끈다.

설명

헤겔에게 추상적 힘은 지극히 분명한 지성의 대상이다. 그것은 지성의 첫 번째 대상—힘—을 두 번째 대상—내적이고 무차별적인 통일—과 조화시킨다. 이러한 추상적 힘의 관념이 사용되고 있는 행위는 따라서 그 자체가 지성의 가장 두드러진 행위, 즉 **설명**(Erklären)이다. 지성은 설명을 **법칙들**을 충분히 이해 가능한 것으로 해석하기 위한 것으로 받아들인다. 하지만 헤겔의 견해로 볼 때, 그 설명은 어떤 것도 이해 가능한 것으로 해석하지 못한다. 문제는 지성의 경험에서 지금 출현한 힘의 개념 역시 어떤 설명적 작업을 하기에는 지나치게 추상적이라는 데 있다.

지성은 그러한 힘을 지극히 **단순한** 것으로 받아들이지만, 법칙은 상이한 요소들 간의 관계로 파악한다. '예를 들어 단순한 전기는 힘이다, 하지만 차이의 표현은 법칙에 속한다'(§152/107). 힘 자체가 단순하고 무차별적이기 때문에, 법칙 속에 표현된 차이는 힘 자체 속에 담겨 있지 않다. 이는, 비록 힘이 법칙을 근거 짓고 법칙의 필연성을 정초한다 할지라도, 힘 자체 속의 어떤 것도 법칙이 이 상이한 요소들을 이처럼 특별한 방식으로 연결하도록 요구하지 않는다는 점을 의미한다. 결과적으로 '필연성은 여기서 공허한 말이다.' 힘은 법칙의 내적 필연성을 내포하지만, 왜 그런지를 말한다는 것이 불가능하다. 우리가 이야기할 수 있는 전부는 '힘은 단지 그것이 **해야만** 한다는 **이유로** 이렇게 자신을 복제**해야만** 한다'(§152/107).

지성이 사물들 속에서 판별하는 첫 번째 힘은 역동적이며 직접적으로 자신을 표현하는 것으로 이해된다. 반면 지금 지성이 염두에 두고 있는 단순하고 추상적인 힘은 지극히 비활동적이다. 그 힘은 법칙 속에 내포된 요소들로 차별화되지 않고, 그러한 법칙만을 자신의 근거로 삼고 있다. 그러므로 **단순한 힘**은 그 법칙에 무관심하다' (§152/107). 그 결과, 법칙 속에서 연관된 상이한 요소들 역시 상호 간에 무관심하다. 이는 그것들이 **하나의** 힘 속에서 유래했다는 어떤 징표도 보이지 않기 때문이다(또 그렇게 보일 수가 없는데, 문제의 법칙 속에 표현된 힘에서는 명백히 그것들 사이의 어떠한 연관도 존재하지 않기 때문이다). 따라서 운동을 지배하는 법칙 속에서, '공간은 시간 없이도 존재할 수도 있다고 생각되며, [또] 시간도 공간 없이 존재할 수 있다' (§153/108). 그 둘은 헤겔이 그의 자연철학에서 논구하게 될 것과 비교해볼 때 내적으로 연관된 것으로 이해되지 않는다.[17]

설명 과정에는 좀 더 문제가 있다. 즉 힘은 너무 단순하고 추상적이어서 그 힘은 그것을 근거 짓는 법칙 속에 표현된 것 너머에 그 자신의 **내용**을 갖고 있지 않다. 그렇다면 어떻게 (전기와 같은) 힘이 (중력과 같은) 다른 힘과 구별될 수 있는가? 오직 두 힘을 근거 짓는 법칙들 사이의 차이를 통해서만이다. 따라서 하나의 법칙을 근거 짓는 힘에 관해 이야기할 수 있는 전부는 그것이 **저 법칙 속에서** 표현되는 단순한 통일이라는 것이다. 따라서 지성은 법칙을 설명하기 위해 법칙으로부터 힘을 구분하지만, 그러나 힘과 법칙이 '**동일한** 내용, **동일한** 구성' (§154/109)을 가지고 있다고 주장함으로써 곧바로 저 차이를 부인한다.

지성은 힘과 법칙이 동일한 내용을 가지고 있다는 것—힘은 그 내용을 그 법칙으로부터 취한다는 것—그래서 그것들 사이의 차이를 취한

---

17 이 점에서 그리고 다른 점에서도 헤겔과 아인슈타인의 유사점에 관해서는 Houlgate(2005), 130과 156-60을 보라.

다는 것은 그 문제에서 실질적인 차이가 아니라는 점을 인정하는 것이
다. 헤겔이 적고 있듯, 지성은 힘과 그 법칙을 구별하지만, '동시에 차
이가 **사태**(Sache) **자체에 속하는 차이**가 아니라는 것을 명백히 진술
(ausdrückt)' (§154/109)한다. 그럼에도 불구하고 지성은 하나의 법칙
은 그것을 근거 짓는 힘에 의해 **설명된다**고 생각한다. 하지만 헤겔에게
이런 식으로는 어떤 것도 설명되지 않는다. 오히려 그러한 '설명'은 순
전히 '동어반복적'이다. 즉 지성은 하나의 동일한 대상을 두 번 생각할
뿐이다. 한 번은 법칙으로서, 두 번째는 힘으로서. 이미 알려진 법칙을
근본적인 힘 속에 정초함으로써, 지성은 '이미 이야기했던 것과는 다
른 어떤 것을 말하는 척한다. [그럼에도 그것은] 아무것도 이야기하지
못하고 다만 같은 말을 반복할 뿐이다' (§155/109-10). 그러므로 중력
이라는 단순한 힘에 의거해서 중력의 법칙을 설명하는 과학자는 실제
로는 아무것도 **설명**하지 못하고 있다.

그럼에도 헤겔은 설명 행위를 간단히 폐기하지 않으려 하거나 못하
고 있다. 오히려 헤겔은 설명이 지성과 그것의 이해 가능한 대상 모두
에서 결여된 **운동**을 드러내고 있다고 지적한다. 왜냐하면 지성적 대상
이 처음에는 '사물의 내면'으로 등장했기 때문이다. 힘들의 유희는 차
이들이 부인되면서 그 대립물로 전화하는 동적인 영역이다. 이와는 달
리, 사물들의 내면은 법칙의 근저에 놓인 단순한 힘 속에서 가장 순수
한 형태로 발견되는 '무차별적 **통일**'에 의해 특징지어진다. 헤겔은 이
제 힘을 통해 법칙을 설명함으로써, 하지만 동시에 그것들이 '**동일한
내용**'을 갖는다고 선언함으로써, 지성 **자체가** 차이가 아닌 차이들을 끌
어내는 운동이 되고, 그리하여 직접적으로 그 자신의 대립물이 됨을 지
적한다. 지성의 '운동' (Bewegung)은 '우리에게 차이가 아닐 뿐만 아
니라 운동 자체가 차이로서 지양된 그런 차이를 정립한다' (§155/110).

따라서 우리 현상학자들은 이제 **지성 속에서** 차이들 혹은 '변화' (Wechel)의 역동적인 소멸을 판별하는데, 소멸은 앞서 현상의 영역을 특징짓는 것으로 간주되었다. 게다가 지성 자체가 우리가 지금 차이에 대해 갖게 된 생각을 공유하게 되었다. '우리의 의식이 … **지성** 속으로 이행했으며, 의식은 여기서 변화를 경험한다' (§155/110). 지성은 처음에 왜 법칙이 존재하는가를 설명하는 것으로만 생각한다. 하지만 지성은 그러한 설명 속에서 그것이 앞서 현상 속에서만 보았던 구별들을 이끌어내고 부정하는 **운동**을 인정하게 되는 것이다.

　하지만 지성은 다만 자신에 대한 새로운 개념을 획득하지 못한 것만이 아니다. 지성은 또한 이 새로운 개념 속에서—혹은 '지성의 개념' 속에서—'사물들의 내면'에 대한 새로운 이해에 이르는 단서를 보고 있다(§156/110). 보다 정확하게 말하자면, 지성은 이러한 개념 속에서 **현상**의 참된 내면을 이해하는 단서 혹은 법칙을 보는 것이다. 첫 번째 법칙들은 현상의 흐름과 충돌한다. 왜냐하면 이 법칙들은 '불안정한 현상의 **안정된** 모사(模寫)' (§149/105)를 제시하기 때문이다. 하지만 구별을 이끌어내고 부인하는 운동 속에서, 지성은 이제 현상의 법칙을 파악할 수 있는 바의 새로운 개념을 갖는다. 내면이라는 이 새로운 개념이 법칙 자체 속에 역동적인 흐름을 구성하고, 이로써 현상의 **불안정성**을 설명하는 법칙을 낳는 것이다.

　그러므로 지성은 설명에 대한 경험을 통해 현상의 법칙에 대한 더 깊은 이해에 도달한다. 헤겔이 적고 있듯, 지성은 '구별이 아닌 구별이 발생하는 것이 현상 자체의 법칙이라는 것을 경험한다' (§156/110). 이 새로운 법칙은 지성이 지금까지 자신의 참된 대상으로 간주했던 단순성과 불변성 그리고 통일을 넘어서 있다. 그럼에도 불구하고 이 새로운 법칙은 그 자체가 지성의 참된 대상이다. 왜냐하면 그것은 저 단순성과 통일 **속에** 암시적으로 있던 것을 명시적으로 만들기 때문이다.

처음의 내면은 단순히 현상을 넘어선 진리가 아니라 참다운 상태에 있는 현상 자체이다. 그럼에도 이러한 내면은 법칙으로, 다음에는 단순한 추상적 힘으로 파악되면서, 두드러질 만큼 현상의 역동성과 흐름을 **결여**한다. 이러한 의미에서, 그것은 **다시금** 충분하고도 분명한 의미에서 현상이 아닌, 즉 **현상으로서의 현상**이 아니다. 이와는 달리 현상의 새로운 법칙, 즉 현상을 특징짓는 역동성과 흐름은 명백히 법칙으로 구성된다. 왜냐하면 법칙은 불가피하게 '차이가 아닌 차이가 발생한다'는 것, **차이 자체를** 부정하기 때문이다. 그러므로 최초의 내면이 암시적으로 존재한 반면, 새로운 법칙은 명시적으로 존재한다. 혹은 헤겔이 적고 있듯, 새로운 법칙 속에서, '내면은 현상으로서 완성이 된다'(§ 157/111).

이 새로운 법칙은 더 이상 불변성의 원리가 아니라 현상의 **흐름과 역동성**을 설명하는 것이다. 사실상 그것은 다른 모든 법칙들과 마찬가지로 지성의 지성적이고 초감성적인 대상이기 때문에 불변성의 원리이다. 왜냐하면 그것은 다른 모든 법칙과 마찬가지로 지성의 이해 가능한 초감각적 대상이기 때문이다(§156/111).[18] 그러므로 이 새로운 법칙 속에서, 지성의 첫 번째 대상을 특징짓는 역동성 —자기표현으로서의 힘—과 두 번째 대상— '내면' —을 특징짓는 지성적 통일과 불변성은 하나의 사유 속에서 명시적으로 결합이 된다. 이 새로운 법칙이 헤겔이 말하는 '전도된 세계'(§157/111)이다.

---

18 밀러는 '가변성의 불변성'을 가지고 있다고 번역한다.

공부할 문제들

1. 왜 힘들의 유희는 법칙에 의해 지배되는가?
2. 어떤 측면에서 설명이 동어반복적인가?

지성의 세 번째 경험: 전도된 세계

전도된 세계에 대한 헤겔의 설명은 복잡하고 낯선 예들로 가득 찬 것으로 악명이 높다. 하지만 전도된 세계의 이념은 지성이 자기 자신의 경험에 의해 취하게 된 것이다. 이 세계는 방향을 상실한 지성의 환상적 대상이 아니라, **본래적** 지성이 인정하게 된 대상이다.

전도된 세계의 법칙은 '차이가 아닌 차이가 발생한다'(§156/110)고 진술한다. 사실상 이 법칙은 일반적으로 모든 사물이 그 자신의 **대립물**로 전화하거나 입증된다는 것을 서술한다. 이 새로운 법칙은 명백히 현상을 지배하는 첫 번째 법칙과 대립된 것이자 그것의 전도이다. 이 첫 번째 법칙은 현상들 사이에 불변적 차이 혹은 관계가 존재한다는 (이를테면 낙하물체의 이동 거리는 언제나 경과한 시간의 제곱에 비례한다) 점을 서술하고 있다. 반면 새로운 법칙은 현상의 영역 속의 만물은 **가변적이고 불안정하다**고 서술한다. '법칙은 일반적으로 차이들과 마찬가지로 자기 동일적인 것으로 남는 것이다.' 하지만 이제 법칙은 '자기 동일적인 것'과 '자기 동일적이 아닌 것' 모두 '실제로 자기 자신의 대립물'(§157/111)이라고 서술한다.

그러므로 새로운 법칙에 따르면, 첫 번째 법칙하에서 안정되고 자기 동일적인 것은 그 자신의 대립물로 바뀌거나 그 대립물이라는 것이 증명된다. 따라서 '첫 번째 세계의 법칙 속에서 달콤한 것은 이 전도된 그 자체(Ansich)의 세계 속에서는 쓰디쓴 것이고, 앞에서 검은 것은 뒤에서는 하얗다'(§158/112). 이 특수한 예들은 다소 애매하다. 하지만 다른 예들은 전도된 세계의 법칙이 매우 **불합리한** 이해이기보다는 우리가 지금까지 접했던 사물들에 대한 보다 **심오한** 이해의 산물임을 보여주고 있다. 첫 번째 법칙에 따르면, 적에 대한 복수는 '손상된 개체성의 최상의 만족'이라고 헤겔은 적고 있다. 나는 타인에 의해 손해를 입었다. 따라서 나는 반대로 그 타인에게 같은 것으로 똑같이 대처하며, 손해를 입히거나 심지어 파괴하고자 한다. 하지만 새로운 법칙에 따르면 이 첫 번째 법칙은 '그 대립물로 … **전화한다.**' 즉 '낯선 개체성의 파괴를 통해 나 자신을 본질적인 것으로 복원하는 일이 자기 파괴로 전화하는 것이다'(§158/112). 다시 말해서, 나는 복수를 추구함으로써 나 자신의 몰락을 가져온다. 그러므로 전도된 세계의 법칙에 대한 통찰을 통해, 지성은 헤겔 자신이 (그의 『미학 강의』에서) 비극의 원리로 천명하게 되는 것을 발견한 것이다.[19] 사실상 그러한 지성은 세계 속에서 작동하는 변증법의 원리를 엿보게 된다.[20] 따라서 이 새로운 지성은 다른 어떤 것보다 자신을 심오한 것으로 받아들일 뿐만 아니라 헤겔에 의해서도 통찰력이 있는 것으로 인정된다.

이 새로운 지성은 법칙들 사이에 명백한 구별을, 지성적이고 초감성적인 법칙과 현상 간의 구별을 끌어내지 않는다. 첫 번째 법칙은 현상 속에 현전하는 것이 아니라 명백히 그것과 구별된다. 현상의 역동성이 법칙의 불변성과 충돌하기 때문이다. 하지만 현상의 어떤 것도 새로운 법칙과 충돌하지 않는다. 이 법칙이 현상 자체의 근본적 역동성과 불안정성을 근거 짓기 때문이다. 그런 의미에서, 새로운 법칙은 현상과 사물의 지성적 내면이라는 이전의 구별 혹은 대립을 부정한다. 그럼에도 불구하고 새로운 법칙은, 엄밀히 말해서 그것이 저 법칙을 전도시키기

---

19 Houlgate(1986), 198-213을 보라.
20 변증법에 대해서는 Hegel(1991), 128(§81)을 보라.

때문에 **첫 번째 법칙**과 대립되어 있다. 새로운 법칙은 첫 번째 법칙하에서의 사물의 동일성은 언제나 자기 자신의 대립으로 드러날 것임을 진술하고 있다. 사실상 새로운 법칙이 현상의 영역에서의 역동성과 변화를 근거 짓는 것은 모름지기 이러한 방식에서이다. 따라서 설령 새로운 이해가 법칙과 현상 사이의 분명한 구별을 알고 있지 못한다 하더라도, 그것은 **하나의 통일된** 세계를 만나지는 못한다. 그것은 현상이 **두 개**의 법칙에 의해 지배된다는 것을, 그 법칙의 하나가 다른 법칙의 대립물이라는 것을 이해하고 있기 때문이다.

헤겔은 법칙들 사이의 이러한 구별이 두 개의 전혀 **다른** 영역으로서 —그 하나의 영역인 '전도된 세계'는 참된 세계, 다른 세계를 초월해 있는 내면의 세계— '피상적으로' 이해될 수 있다는 점을 지적한다. 그러므로 이처럼 피상적인 이해에 따르면, 전도된 세계는 첫 번째 법칙에 의해 지배된 세계 속에서 겉으로 드러날 뿐인 것과 대립된, 사물들이 **참으로 혹은 본질적인 면에서** 그것 자신이 되는 세계이다. '달콤한 맛이 나는 것은 사물 속에서는 실제로 혹은 본질적으로 쓰다'거나 혹은 '현상의 세계에서 범죄적인 행위는 **내면의** 세계에서 현실적으로 선할 수 있다(나쁜 행동이 좋은 의도를 가질 수도 있을 것이다)(§159/112-13).' 하지만 두 개의 법칙을 이렇게 이해함으로써, 의식은 전도의 법칙에 의해 부정된 대립 자체를 다시 끌어들이게 될 것이다. 우리가 방금 주목했던 것처럼, '현실의 두 가지 다른 종류로서 내면과 외면, 현상과 초감성계라는 대립을 우리는 더 이상 여기서 발견하지 못하기'(§159/113) 때문이다. 사실상 의식은 **감각적인 지각**을 상기시키는 사유 방식 속으로 돌아가게 될 것이다. 왜냐하면 전형적으로 사물들을 상호 분리된 것으로 유지하고자 하는 것은 지각이기 때문이다. 이것은 모종의 혼란스러운 헤겔의 명령, 다시 말해 우리는 전도의 관념으로부

터 '다양하게 유지된 요소 속에서 차이들을 고정시키는 **감각적** 이념'
을 제거해야만 한다는 명령을 설명해준다(§160/114).

 앞서 보았듯, 전도의 법칙 자체가 내면의 진리와 현상의 영역 간의
명확한 구별을 부정하기 때문에, 우리는 두 가지 법칙과 세계라는 식의
피상적이고 '감각적인' 분리를 피해야 한다. 사실상 전도의 법칙은 **어
쨌든 두 가지** 상반된 법칙이 있다는 기본적인 생각을 부정한다. 이는
전도의 법칙이 실제로 자기 안에 첫 번째 법칙을 포괄하고 있기 때문이
다. 결국 전도의 법칙은 단순히 첫 번째 법칙을 교란하는 것일 뿐만 아
니라, 존재하는 것은 무엇이든 **첫 번째 법칙에 따라** 그 대립물로 전화
한다는 것이다. 따라서 전도의 법칙에 의해 지배되는 세계는 첫 번째
법칙에 의해 지배되는 세계를 **포함한다**. 그러므로 전도된 세계는 동시
에 자기 자신의 대립 혹은 '전도'이다. '그것은 하나의 통일 속에서 자
기 자신이자 자신의 대립물이다'(§160/114). 그러므로 참으로 오직 한
세계만이 존재하는 것이다. 이 세계는 법칙의 세계이고, 그래서 지성에
의해서만 알려진 지성적이고 내면적인 세계이다. 그럼에도 그 세계는
'현상의 모든 계기들이 내면세계 속으로 취합된'(§161/114) 세계이
다. 다시 말해 현상의 운동이 법칙 자체 속에 보존된 세계이다. 사실상
법칙의 이 지성적 세계는 현상의 영역과 일치하고 통합된다. 이 세계의
역동적인 구조는 변화와 모순의 세계이다. '자기 동일한 것이 자기 동
일한 것으로서 자신으로부터 반발하고, 부등한 것이 부등한 것으로서
동등함'(§160/114).

 그러므로 우리가 지성의 경험에 진실하고자 한다면, 우리는 하나가
다른 하나의 **전도**라는 **두 가지** 법칙이 존재한다는 생각을 넘어서지 않
으면 안 된다. 우리는 의식의 대상을 차이들이 발생하자마자 곧바로 스
스로 부정되는 하나의 단순한 과정으로 받아들여야만 한다. 헤겔이 적

고 있듯, '우리는 순수한 변화' 혹은 '**모순**' '그 자체를 **생각해야만** 한다' (§160/114). 헤겔의 기술에 따르면, 우리가 그 일을 할 때, 우리는 의식의 대상을 '**무한성**' (Unendlichkeit)으로서 생각한다. 따라서 무한성은 궁극적으로 지성의 참된 대상임이 드러난다.

의식에서 자기-의식으로

두 쪽에 걸쳐 헤겔은 무한성에 관해 상세한 설명을 제시하는데, 그는 그것을 '절대적 개념'이자 또한 '생명의 단순한 본질' (§162/115)로 묘사한다. 하지만 핵심적인 생각은 §163을 시작하면서 제시된다. 즉 무한성은 '순수한 자기운동의 절대적 불안이며, 여기서는 어떤 식으로든 존재로서 규정되는 것은 오히려 이러한 규정성의 대립' (116)이 된다. 그럼에도 무한성은 다양한 규정들이 그것들의 대립물로 소멸하는 것이 아니라 그렇게 구성된 통일이기도 하다. 그러므로 무한성에서, '무조건적인 절대적 보편성' (§129/89)을 특징짓고 힘의 형식을 취하는 '대립적 계기들의 역동적 통일이라는 관념'이 의식의 **지성적** 대상이 된다. 역동성과 통일이 힘의 개념 속으로 합쳐지는 것이다. 그 다음에 그것들은 현상과 내면(혹은 법칙) 간의 구별과 함께 분리된다. 그리고 나서 그것들은 다시금 현상 속에서의 '가변성의 불변성' (§156/111)을 포착하는 전도의 법칙 속으로 합쳐진다. 전도의 법칙 자체가 자신과 그 대립물(말하자면 첫 번째 법칙)의 통일로 파악될 때, 그것은 지성적 '무한성'으로서 파악되는 것이다. 따라서 무한성의 관념은 이 장을 시작할 때 등장한 힘의 관념 속에 현전하는 것을 충분히 명시적으로 해석한 것이고 **참된 지성**의 고유한 대상이다. 하지만 이러한 힘과 무한성 간의 중대한 차이에 주목해야 한다. 힘은 두 가지(힘) 중의 하나로 이해되는데, 그 각각은 타자가 표현되도록 자극한다. 이와는 달리 무한성은 차이를 발생하고 부정하고, 그리하여 그것들을 하나의 통일 혹은 '순수한 자기 운동' 속으로 통합하는 단일한 자동적 과정이다(§163/116). 사실상 이것이 왜 힘 자체가 아니라 무한성이 '생명의 본질'을 구성하는가의 이유이다. (법칙을 근거 짓는 단순한 힘이 대단히 추상적이기 때문에 생명과 동일시될 수 없다는 것은 말할 필요도 없다.)

헤겔은 암시적으로 무한성이 '처음부터 앞서 지나갔던 모든 것의 영혼'(§163/116)이었음을 지적한다. 무한성은 힘의 근본 개념 속에 내재했던 것이고, 그리하여 힘들의 유희에 의해 드러났다. 하지만 어떤 경우에서도, 그것은 명백히 지성적 대상은 아니었다. 헤겔은 무한성이 힘들의 유희로부터 스스로를 자유롭게 하고, 그리하여 **설명**의 운동 속에서 그리고 운동으로서 '자유롭게 맨 먼저 서 있다' 고 주장한다. 설명은 무한성의 구조를 드러내고 있다. 왜냐하면 무한성은 힘과 법칙 간에 구별을 이끌어내고, 다음에는 힘이 그것의 법칙과 동일한 내용을 갖고 있다고 선언함으로써 다시금 그러한 구별을 **부정**하는 운동이기 때문이다. 하지만 이 경우에서, 무한성은 지성의 대상이 아니라, 오히려 지성 자체의 운동이다. 무한성이 마침내 의식의 지성적 대상이 되는 때는 의식이 두 개의 법칙과 두 개의 세계가 존재하는 것이 아니라 차이들이 발생했다가 곧바로 하나의 통일 속으로 부정되는 단 하나의 세계만이 존재한다는 것을 인정할 때이다. 헤겔의 주장에 따르면, 의식은 **간단히 말해**(tout court) 더 이상 의식이 아니라 **자기 - 의식**이다(§163/116).

왜 그런가? 답변은 분명하다. 의식이 자신의 대상을 무한성으로 인식할 때, 의식은 그 대상 속에서 설명으로서 이미 자신이 무한성으로 인식하는 운동 자체를 보는 것이다. 헤겔은 일찍이 지성은 그 최초의 대상 (힘으로 입증된)(§133/93) 속에서 혹은 현상을 넘어선 내면 속에서(§146/102) 자신을 확인하지 못한다고 적었다. 하지만 지성은 그것이 직면하고 있는 무한성 속에서 자신을 확인한다. 사실상 지성은 **오로지** 그 대상 속에서 그 자신으로 알고 있는 구별들을 생산하고 부정하는 과정만을 보고 있다. 그러므로 우리가 지금 파악하고 있는 바의 내면세계 속에서 '지성은 오직 **자신만을** 경험하며', 따라서 **자기 의식적**이다(§165/118). 감각적 확신과 지각 속에는 자각(自覺)의 요소가 존재하며, 어느 정도의 자기 향유가 스스로 취한 설명 속에서 발견된다(§163/117).[21] 하지만 어떤 것도 고유한 의미에서의 자기-의식을 구성하지는 못한다. 고유한 의미의 자기-의식은 내가 대면하고 있는 **대상** 속에서 오직 **나 자신**만을 볼 때 획득될 수 있다.

자기-의식이 구별되지 않는 것으로 보는 두 항들—자신과 대상—을 구별하는 활동이 곧 자신인 한에서 자기-의식은 **그 자체가** 무한성의 운동이라는 점에 주목하자. '의식은 자기 자신을 위해서 존재한다. 의식은 아무런 차이를 담고 있지 않은 것의 구별, 다시 말해서 **자기-의식**이다'(§164/117-8). 그러므로 자기-의식은 의식이 먼저 자신을 무한성의 운동으로 인식하고, 다음에는 대상이 바로 그와 동일한 운동이라는 것을 인식하게 되고, 그 과정에서 그 대상과 자기 자신 간에 차이가 소멸하는 것을 볼 때, 발생한다. 이는 자기-의식이 가능하다는 것이고, 적어도 『정신현상학』에서 **차이가 자기 자신을 부정한다**는 관념을 철저하게 일반화시킨 의식에게만 가능하다는 것을 의미한다. 따라서 힘들 간의 차이, 현상과 '내면' 혹은 법칙들 간의 차이를 의식하고 있는 감각적 확신이나 지각 혹은 지성 중 어떤 것도 자기-의식이 될 수 없다. 자기-의식은 지성이 **무한성**을 자신의 대상으로 갖고 거기서 오직 **자기 자신**만을 볼 때만 발생하는 것이다.

---

21   "'설명'이 그렇게 많은 자기-만족을 주는 이유는 그 설명 속에서 의식은 이른바 자신과 직접적으로 교제하고, 자기 자신과만 유희하기 때문이다."

하지만 이 지점에서, 우리는 내가 지금까지 간과했던 3장의 마지막 구절 속의 긴장을 주목할 필요가 있다. 내가 논구한 바와 같이, 지성이 그 경험과 그 자신의 전도의 법칙에 충실할 경우, 의식의 대상은 무한성으로 이해되어야만 할 것이다. 게다가 무한성이 '마침내 의식에게 **그 자신인 바**로서의 하나의 대상이 될 때, **의식**은 모름지기 **자기-의식**이다' (§163/116). 이는 의식이 무한성의 본성에 대해 명확한 관념을 획득함에 따라 자기-의식이 되었음을 시사한다. 그럼에도 헤겔은 지성이 결코 현실적으로 자기-의식 자체가 되지 **못한다**는 점도 강하게 시사한다. 이는 '지성이 무한성 그 자체에 못 미치고(verfehlt) 있기' (§ 164/117) 때문이다. 역으로 이것은 지성이 전도의 법칙과 첫 번째 법칙 간의 차이를 보존하고, 그래서 전도의 법칙에 의해 서술된 것, 즉 '**차이가 아닌 차이**가 발생한다' (§156/110)는 점을 충분히 포괄하지 못하기 때문에만 있을 수 있다.

헤겔은 지성이 이렇게 실패할 수밖에 없다는 점에 대해 더는 언급하지 않고 있지만, 내가 보기에 그 이유는 이렇다. 즉 차이들이 소멸하는 것을 통찰하고 있음에도 불구하고, 고유한 의미의 지성은 **차이** 그 자체의 관념에 여전히 묶여 있다. 지성은 처음에 사물들 속의 역동성, 즉 대립물의 상호 이행을 긍정함으로써 지각과 구별된다. 하지만 지성이 힘들의 역동적 유희 너머에 놓인 '내면'의 존재를 정식화할 때, 지성은 순수하게 지성적인 대상을 획득한다. 그러므로 지성은 그것이 좀 더 심오한 것으로 간주한, **서로 다른** 것들에 대한 하나의 관점을 넘어섬으로써 고유한 의미의 지성이 되는 것이다. 사실상 보다 심오한 것과 참된 것을 보다 덜한 것으로부터 구별하는 이러한 행위가 고유한 의미의 지성을 규정한다.[22] 따라서 그러한 지성은, 그것이 법칙과 현상 간의 구별을 부인하고, 그리하여 무한성 그 자체에 못 미칠 때조차 그 **두 가지** 법칙들 간의 구별을 보존하는 것이다.

헤겔은 지성 역시 그가 앞서 피할 것을 경고했던 전도의 법칙이라는 '피상적' 개념 속으로 빠져들고 있으며, 그래서 이 법칙은 사물들의 **내적** 본성이 그것들의 **현상적** 특성의 전도를 의미하는 것으로 받아들여야 한다고 제안한다. 그렇게 하는 한에서, 지성은 첫 번째 법칙과 두 번째 법칙 간의 차이를 '두 개의 실체적 요소들'로 배분하고, 이렇게 해서 이들 법칙에 감각적 지각을 상기시키는 분리성(별개성)을 부여한다. 헤겔의 기술에 따르면, 무한성은 지성에게 그 자체로서가 아니라 '감각적인 덮개를 뒤집어쓰고'(in sinnlicher Hülle)(§164/117) 제시되는 것이다.

그렇지만 지성이 무한성을 자신의 명시적 대상으로 드러내는 것은 아니다. 만일 '무한성이 그 자체 존재하는 바로서 의식의 대상'일 때만 의식이 자기-의식이 된다고 한다면, 지성 자체는 **결코 자기-의식이 되지 못할 것이다.** 그렇다면 자기-의식이 어떻게 현상학의 명시적 주제가 되는가? 내가 생각하기에 그 해답은 여기에 있다. 즉 **현상학자가** 우리를 고유한 의미의 지성으로부터 무한성을 '**그 자체 존재하는 바**'로 의식하는 참된 지성으로 끌어올린다는 것이다. 현상학자는 전도의 법칙 속에 암시적으로 존재하는 것을 명시적으로 만들고, '모순을 생각하라'(§160/114)는 명령에 주목하게 함으로써 그렇게 한다. 지성이 이렇게 참된 지성이 된다면, 그것은 우리가 보았던 이유에서 곧바로 자기-의식임이 입증된다. 그러므로 고유한 의미의 지성은 **곧바로** 자기-의식으로 전화하는 것이 아니다. (감각적 의식이 지각으로 전화하는 것이 아닌 것처럼) 그렇지만 자기-의식은 지성 **자신의** 경험의 내재적

---

22 또한 Hegel(1991), 125(§80)을 보라.

발전에 의해 필연적이 된다.

그러므로 우리는 이러한 사건이 현상학자의 도움을 받아 일어난다는 점을 염두에 둘 경우 의식이 자기-의식이 된다고 말할 수 있다. 이러한 이행 과정에서, 전혀 새로운 형태의 의식이 출현한다. 여기서 참된 대상은 이제 더는 의식과 **다른** 어떤 것이 아니라 바로 의식 **자체**이다. 헤겔이 적고 있듯, '이전의 확신의 형태에서는 의식에게 참다운 것은 의식 자체와 다른 어떤 것'인데 반해, 자기-의식에게 '의식은 스스로에게 진리이다'(§166/120). 따라서 『정신현상학』의 다음 장은 '의식이 자신을 인식하는 과정에서 무엇을 인식하는가'(§165/119)라는 문제와 관련되어 있다.

연구할 문제들

1. 지성의 첫 번째 법칙과 전도의 법칙 간의 차이는 무엇인가?
2. 지성에서 자기-의식으로의 이행은 어떻게 이루어지는가?

2) 자기-의식

욕망과 인정

의식은 그것 자신과 **다른** 어떤 것, 즉 단순한 **이것**, 지각 가능한 사물 혹은 법칙에 종속된 힘들의 영역을 확신하고 있다. 그러므로 경험은 의식을 그 대상이 '순수한 자기운동의 절대적 불안' 혹은 '감각의 외피'(§§163-4/116-7)를 하고 있을지언정 '무한성'임이 입증된 지점으로 이끈다. 이처럼 은폐된 무한성의 의식 속에 '그 자체로 있는 바'로서의 무한성의 의식이 잠재해 있는데, 여기서 의식은 그 자신이 이미 자기 자신으로 인식한 운동을 본다. 그러므로 의식 속에 잠재한 것이 곧 자기-의식이다(§163/116).

현상학자는 이제 명시적인 자기-의식으로 우리를 이끈다. 그럼에도 현상학자는 또한 어떤 역할도 연출하지 않는다. 그는 자기-의식 자체 속에 잠재적으로 존재하는 것을 명시적으로 해석해야만 하기 때문이다. 이러한 과제가 §§166-84 속에서 수행되고 있으며, 자기-의식이 **다른** 자기-의식과 대면해야만 한다는 통찰로 이끄는 것이다. 그러므로 §185에서 헤겔은 자기-의식이 다른 자기들과의 관계 속에서 겪는 경험을 검토하기 시작한다.

욕망과 생명

자기-의식은 스스로 그 까닭을 알고 있지는 못할지라도 본래 양면적이다. 하지만 우리는 알고 있다. 그것은 자기-의식이—우리의 도움을 받아—자기-의식으로 변모한 **의식**이기 때문이다. 자기-의식**으로서**, 그것은 자신을, 오직 자신만을 진리로 본다. 그것은 자신을 순수한 **자기-의식**으로 간주한다(§166/120). 하지만 의식으로서, 그것은 감각적 확신과 지각 그리고 지성의 대상들을 여전히 의식하고 있다. 따라서 결국 그것은 순수한 자기-의식이 아니다. '감각적 세계의 광활한 지대가 그것에게 보존되어 있다'(§167/121). 이는 자기-의식을 모순적인 위치에 넣는다. 왜냐하면 자기-의식은 그것과 **다른** 자기-의식과의 관계 속에서만 순수한 **자기**-의식을 향유할 수 있기 때문이다.

자기-의식은 어떻게 이러한 모순을 해결할 수 있는가? 자기-의식은 어떻게 어떤 다른 것과 관계하면서 자신만을 의식할 수 있는가? 헤겔의 주장에 따르면 자기-의식은 오직 타자와 더불어 시작하고, 능동적으로 그 타자를 제거하고, 그리하여 자신에게로 **복귀함**으로써만 그렇게 할 수가 있다. 그러므로 자기-의식은 '타자성으로부터의 복귀'(§167/121)이다. 때문에 자기-의식은 단순히 하나의 상태가 아니라 운동—헤겔이 '욕망'(Begierde)이라 부르는 운동—임이 드러난다. 주디스 버틀러가 지적하듯, 『정신현상학』에서 욕망에 대한 헤겔의 설명은 20세기 프랑스 사상가들, 이를테면 코제브, 장폴 사르트르(Sartre) 그리고 자크 라캉(Jacques Lacan)[23]과 같은 사상가들에게 커다란 영향력을 행사했다. 하지만 이러한 설명 자체는 지극히 간단한 것이다. 헤겔은 욕망의 운동을 다음과 같이 기술하고 있다.

자기-의식은 '감각적 세계'에 속하는 타자와 대면해 있다. 하지만 자기-의식은 이 타자를 자신에게 종속적인 것으로 간주한다. 다시 말해, 자기-의식은 타자를 그 자신의 독립적 존재가 없이 자기를 **위해** 저기에 존재하는 것으로 본다. 헤겔은 이러한 생각을 자기-의식에게 타자는 하나의 '현상'(Erscheinung)(§167/121)일 뿐이라고 말함으로써 표현한다. 타자는 허구적인 것이 아니라 실제로 지각 가능한 사물이다. 타자는 '내면'과 대비된 하나의 현상도 아니다. 타자는 오직 **자기**를 위해 저기 있는 것으로 알려지기 때문에 단순한 '현상'이다.

자기-의식의 '진리' — 이 현상과 대비된 — 는 그 자체 자기-의식, 다시 말해 헤겔이 단순한 '자기-의식의 자신과의 통일'이라고 묘사한 것이다. 헤겔의 주장에 따르면 욕망은 자기-의식이 현상을 이러한 진리로 대체하는 운동, 자기-의식이 타자를 능동적으로 부정하고 제거하고, 그리하여 '자기 자신과의 단순한 동일성 혹은 동등성(Gleichheit)'(§167/121-2)으로 복귀하는 운동이다. 욕망은 자기와 다른 타자로부터 시작해서 이 타자를 제거한 후에 자기에 의해 이 자기만을 인정하면

---

23 Butler(1987)을 보라.

서 끝난다. 따라서 욕망이란 주어진 대상의 파괴를 통한 자기의 '동일성의 추구'이다.[24]

자신만을 의식하는 한에서 자기-의식은 "'나는 나다'(§167/121)라는 움직일 수 없는 동어반복'이다. 하지만 이것은 자기-의식의 한 계기일 뿐이다. 왜냐하면 고유한 의미의 자기-의식은 그것과 다른 타자로부터—그것의 부정을 통해—자기에게로 복귀하는 운동이기 때문이다. 자기-의식은 이러한 운동일 수밖에 없는데, 불가분적으로 그것이 **의식**과 연결되어 있기 때문이다. 그러므로 자기-의식이 욕망인 까닭은 단순히 그것이 자기 관계하는 자아이기 때문이 아니라—테리 핀카드(Terry Pinkard)가 주장하는 것처럼 욕망이 **생명**에 의해 자신에게 주어지기 때문이 아니라[25]—그것이 자신과 다른 타자를 의식함에 있어 자기 의식적이기 때문이다.

욕망 자체가 생명 속에 뿌리를 두고 있지는 않다 할지라도, 욕망이 관계하는 **대상**은 생명이거나 혹은 오히려 생명을 포함해야 할 것이다. 욕망은 따라서 죽은 사물만이 아니라 생명체와의 만남도 받아들인다. 자기-의식은 왜 이런 일이 일어나는가를 알지 못하지만 **우리**는 알고 있다. 따라서 자기-의식의 대상이 생명임이 드러나는 것(비록 대상은 자기-의식 자체를 위한 생명일지라도)(§168/122)은 '우리에 대해서'이다. 우리는 자기-의식의 논리적 역사가 주어질 경우 자기-의식이 대면하는 대상은 사물과 힘뿐만 아니라 무한성도 포함한다는 것을 알고 있다. 헤겔의 말에 따르면, 그러한 무한성은 그 자체가 '단순한 생명의 본질'(§162/115)이다. 그러므로 우리는 욕망이 사물뿐만 아니라 **생명**도 대면해야 한다고 본다.

---

24 Butler(1987). 9.
25 Pinkard(1994). 50.

하지만 헤겔이 무한성을 생명과 동치시키는 이유는 무엇인가? 내가 생각하기에 두 가지 이유가 있다. 첫째는, 다른 힘에 의해 자극받는 힘의 표현과 달리, 무한성은 '순수한 자기운동'(§163/116) — 차이들을 생성하고 부정하며, 이로써 그것들을 하나의 통일 속으로 통합하는 자율적 과정이다. 둘째, 무한성 내의 차이들은 '유기적'이다. 유기적 차이들은 그것들의 통일 속에서만 존속하는 것들이다. 아리스토텔레스가 『정치학』에서 다룬 손에 관한 예를 생각해보자. 손은 눈이나 귀와 다르다. 하지만 손은 신체의 통일 속에서만 **구분되는** 기관이다. '신체 전체로부터 분리된 손이나 발은 이름을 제외한다면 더는 손이나 발이 아닐 것이다.'[26] 마찬가지로 무한성은 '모든 차이, 따라서 그것들의 폐지'가 하나의 통일 속에 존재한다(§162/115). 이 두 가지 이유는 연관되어 있다. 무한성에 의해 발생된 차이들은 무한성의 자기-운동에 속하기 때문에 유기적이다.

생명은 **자기**-운동의 자율적 과정이기 때문에, 그것은 한낱 지각 가능한 사물들에서는 욕망이 접하지 못하는 어떤 독립성을 드러내고 있다. 이러한 독립성은 자기-의식의 독립성을 반영한다. '의식이 독립적인 한에서, 그 대상 역시 독립적이다'(§168/122). 하지만 자기-의식은 생명의 독립성을 충분히 긍정하지 못하고 있으며, 따라서 그 생명을 잠재적으로만 독립적이라고 받아들인다. 이는 생명이 욕망으로 남아 있고, 그것이 접하는 생명을 부정함으로써 끊임없이 자신에 대한 순수한 의식을 모색하기 때문에 그렇다. 헤겔은 욕망이 그 자신의 **경험에** 의해 그 대상의 자립성을 긍정하지 않을 수 없을 것이라고 적고 있다(§168/122). 하지만 그렇게 함에 있어 욕망은 대상 속에서 단순한 생명

---

26 Aristotle(1951), 60(1253a18).

이상의 것을 보게 될 것이다.

인정

욕망(desire)이 독일어 'Begierde'의 최상의 번역어가 될지는 이론의 여지가 있다. 『정신현상학』에서 욕망은 내가 결여하고 있는 어떤 것을 원하는 감정이 아니라[27] — 그것은 대상에 대한 욕망이 아니다 — 나의 자아감을 키우는 탐욕적 소비에 훨씬 가깝다. (Begierde에 포함된 것은 탐욕이라는 독일말 'Gier'이다.) Begierde는 따라서 자아감을 긍정하는 것 외에 다른 이유 없이 사물을 무자비하게 파괴하는 행위를 포괄한다. 헤겔이 적고 있듯, 욕망은 자기-의식이 '자립적 대상을 파괴하고, 이로써 스스로에게 자기 확신을 부여하는'(§174/125) 운동이다. 하지만 이제 헤겔은 욕망이 자기-의식의 최종 목적이 아니라 새로운 형태로 변신하기 위한 자신의 경험에 의해 요구되는 것임을 지적하고 있다.

자기-의식은 자기 확신만을 모색하지만, 자신과 다른 어떤 것(타자)을 부정함으로써만 그러한 확신을 획득할 수 있다. 이러한 부정의 행위는 단지 목적을 위한 수단, 다시 말해 일단 목적이 달성되면 잊힐 수 있는 수단이 아니다. 수단은 그러한 목적과 분리될 수 있는 것이 아니다. 이는 자기-의식이 현실적으로 부정의 행위를 수행하는 과정에서 상당한 자존감을 즐기기 때문이다. 자기-의식은 자기 정체성의 상당 부분을 타자를 부정하는 데서 인식한다. 그러므로 자기-의식이 욕망의 운동을 완성할 때, 그것은 스스로의 자존감을 얻기도 하고 잃기도 한다. 하지만 자기-의식은 다른 부정의 활동을 수행함으로써 그것이 잃었던 것을 획득하고, 또 같은 일을 계속 반복하는 것이다. 이렇게 욕망은 끊임없이

---

27   옮긴이 주 - 이런 의미로는 Bedürnis(욕구)가 더 가깝다. 이것은 궁핍한 것을 채우려는 욕망이다.

스스로를 재생산하고 현실적으로 어떤 다른 것을 부정함으로써만 오는 자존감을 찾아서 한 대상으로부터 다른 대상으로 이동하는 것이다.

헤겔의 주장에 따르면 그 과정에서, 자기-의식은 타자의 현존이 그 자신의 자존감을 위해 박탈할 수 없는 조건임을 배운다. 자기-의식은 이 대상을 파괴할 수 있고, 또 이 대상을 파괴하는 것이다. 하지만 자기-의식은 타자이자 객관적인 것을 완전히 없앨 수는 없다. 자기-의식은 자기 자신으로 존재하고 만족시키기 위해 언제나 타자를 필요로 하기 때문이다. 이러한 의미에서 헤겔은 '자기-의식은 대상과의 부정적 관계에 의해 그것을 지양할 수 없다'(§175/126)고 적는다. 마지막으로 자기-의식은 타자를 제거할 수 없기 때문에, 설령 개별적인 타자들이 부정이 될 수 있을지라도 욕망은 타자성 그 자체를 환원 불가능한 것으로 간주하게 된다. 생명은 욕망에 대해 어느 정도 자립성을 갖고 있다. 하지만 욕망은 이제 타자성을 욕망에 의해 환원 불가능한 것으로 본다. 타자가 욕망에 의해 환원 불가능한 것으로 해석되고, 끊임없이 새롭게 부활한다는 것은 사실이다. 하지만 그것이 욕망**에게는** 덜 환원 불가능한 것으로 만드는 것은 아니다.

이러한 경험은 욕망에게 자기-의식의 새로운 형태로 전환할 것을 요구한다. 자기-의식은 이제 타자 부정을 통해서가 아니라 그것이 진정 독립적인 것으로 알고 있는 타자와 관계함으로써만 자신의 자존감을 획득해야만 하기 때문이다. 자기-의식이 변신하게 될 새로운 형태는 우리가 알게 되겠지만 여전히 **자기**-의식일 것이다. 그것은 여전히 순수한 자존감을 찾고자 할 것이고, '절대적으로 독립적'이고자 할 것이다(§175/126). 자기 자신의 의식은 따라서 타자의 **부정**을 요구할 것이다. 하지만 새로운 형태는 그것이 환원 불가능하다고 보는 타자와의 관계에서만 자신을 의식하려고 한다. 확실히 이것은 모순적이다. 어떻게 환원 불가능한 타자의 현존 속에서 자기만을 의식할 수 있는가? 헤겔의 주장에 따르면, 이러한 모순적 요구는 다음과 같을 경우에 해결될 수 있다. 즉 자기-의식이 독립적으로 **자기를 부정하는** 타자와 관계할 경우, 하지만 그렇게 함에 있어 존재를 유지함으로써 자신의 자립성을 견지할 경우에만 그렇다. 우리가 듣기에, '대상의 자립성으로 인해' 자기-의식은 '대상 자체가 자기 안에서 부정을 야기할 때만 충족될 수 있다'(§175/126).

이런 식으로 자기를 부정하고 여전히 자신의 자립성을 보존할 수 있는 유일한 대상은 헤겔의 주장에 따르면 의식이다. 생명은 단지 살아 있음으로써 **죽기** 때문에 '자기 자신을 부정'하는 것이다. 하지만 그렇게 함에 있어서 '생명은 분명한 차이를 가지고 그 자신이 되기를 멈춘다.' 생명이 죽을 때, 살아 있는 유기체는 **생명으로서** 그것이 지닌 자립성을 상실하고, 그리하여 '이러한 자기 부정성 속에서 자립적인' 것으로 남아 있지 않다(§176/127). 이와는 달리 의식은 자신의 모든 모습을 부정하거나 거부할 수 있으며, 그럼에도 불구하고 자신을 환원 불가능하고 독립적인 자기로 의식한 채로 **남아 있다.** 의식은 자신이 나이와 성 혹은 자연적 능력들 ─ 혹은 제1성찰의 데카르트와 같이 그것이 신체와 결합되어 있다는 것 ─에 의해 규정되는 것을 부정함으로써, 그리고 스스로를 순수하고 추상적인 자아 혹은 헤겔이 말하는 '유 자체'(Gattung als solche)(§175/126)로 의식함으로써 이런 일을 할 수 있다. 이렇게 자신을 부정함으로써, 의식은 추상적 의미에서 자기 의식적이 된다. 따라서 '**자기 - 의식은 오직 다른 자기 - 의식 속에서만 스스로의 만족을 취한다**'[28]고 헤겔은 결론을 내린다.

---

28 타자가 독립적으로 자기-부정하게 되는 생명이라고 한다면, 타자는 말할 것도 없이(tout court) 자기-의식만이 아니라 현실적으로 '하나의 살아 있는 자기-의식이

그러므로 자기-의식은 욕망의 경험에 의해 다른 자기와 연결될 것이 요구된다. 궁극적으로 볼 때 자기-의식은 타자가 무엇인가에 대한 **의식**과 분리가 될 수 없다는 사실에 의해 이러한 관계가 필연적이라는 점에 주목하자. 자기-의식은 스스로를 칭찬하거나 위안하기 위해 다른 자기를 필요로 하지 않는다. 자기-의식이 다른 자기를 필요로 하는 것은 오직 이런 식으로 자기-의식이 욕망의 교훈을 배우고 또 참으로 **타자**인 것과 관계하면서만 **자신**과 관계할 수 있기 때문이다. 헤겔이 적고 있듯, '오직 이렇게 해서만 자신의 타자 존재 속에서 이룬 자신의 통일이 스스로에게 분명해진다'(§177/127).

따라서 욕망의 경험의 논리적이고 필연적인 결과는 자기-의식의 **이중화**이다(§176/126). 하지만 내가 지금까지 자기-의식의 전개를 기술했던 방식에는 두 가지 문제가 있다.

첫 번째 문제는 이렇다. 즉 다른 자기-의식이 자신을 순수한 자아로, '스스로에 대해 하나의 유(類)로'(§176/127) 깨닫기에 충분한가? 다른 자기-의식은 첫 번째 자기-의식으로 하여금 스스로 만족하게 할 수 있는가? 나는 그 점에 대해 확신하지 못한다. 첫 번째 자기가 다른 자기 속에서 볼 수 있도록 하는 것은 **또 다른** 자기-의식, **또 다른** 자아이기 때문이다. 그것은 **다른** 자기 속에서 오직 자신만을 보도록, 다른 자기**보다**는 오히려 자기 자신을 보도록 하지 않는다. 바로 그것이 여기서 요구되는 바이다. 즉 자기-의식은 '절대적 의미에서 독립적(**대자적**)'으로 존재한다라고 헤겔은 적고 있다(§175/126). 그러므로 **자신**에 대한 적절한 의식을 획득하기 위해, 자기-의식은 우리가 지금까지 기술했던 것보다 훨씬 근본적으로 자신을 부정하는 다른 자기-의식을 대면

다'(§176/127).

해야 한다. 다른 자기는 스스로를 제쳐두고 첫 번째 자기가 그것하고만 관계하도록 자신을 부정해야만 한다.

두 번째 문제는 이렇다. 즉 내가 제시했던 설명은 헤겔이 4장의 A절을 자기-의식은 '**오직 인정된 것**(als ein Anerkanntes)으로서만' (§ 176/127) 존재한다는 주장으로 시작하는 이유를 설명하기 어렵다. 왜냐하면 두 번째 자기가 자신을 부정하고, 그리하여, 그것은 '자신에게 하나의 유(類)로' 존재한다는 사실이 왜 첫 번째 자기를 **인정하는** 데 필요한지가 불분명하기 때문이다. 따라서 이 지점에서 인정의 개념을 도입한 것은 설명되지 않은 채로 남아 있다. 『정신현상학』의 나머지 부분에서 인정이 차지하는 중요성을 고려한다면, 이것은 심각한 문제이다.

하지만 다시금 '자신을 부정'하는 것이 두 번째 자기-의식에 무슨 의미인가를 우리가 주목한다면, 특히 한스 게오르크 가다머(Hans-Georg Gadamer)가 제시한 이런 자기 부정에 대한 설명을 간략하게 살펴본다면, 우리는 이 두 가지 문제를 피할 수 있다. 가다머에 따르면, 첫 번째 자기-의식은 '만일 이 타자가 독립적이고, 스스로 존재하는 것이 아니라 오히려 자신을 무시한 채 "타자에 대해서 존재"[29]한다는 것을 인정할 경우'에만 자신을 타자 속에서 볼 수 있다. 이렇게 읽을 경우, 두 번째 자기-의식은 자신을 순수한 자아로 파악할 뿐만이 아니다. 그 자기-의식은 또한 첫 번째 자기에게 자신을 **스스로는 아무것도 아닌** 것으로, 거기서 자신을 위해서가 아니라 오로지 첫 번째 자기를 위해서 존재하는 것으로 제시하기도 한다. 이는 두 번째 자기-의식에게 훨씬 더 많은 의미의 자기 부정을 부여하는 것이다. 이 두 번째 자기는 자신을 다만 첫 번째 자기의 반영으로 환원함으로써 자신을 부정하

---

[29] Gadamer(1976), 61.

는 것이다.[30]

헤겔의 텍스트는 이 해석이 옳다는 분명한 증거를 제시하지 못하고 있다는 점이 이야기되어야 한다. 하지만 이렇게 읽는 것은 헤겔이 말한 바의 의미를 잘 파악하는 것이 아니다. 이제 첫 번째 자기-의식은 두 번째 자기-의식과의 관계에서 '절대적으로 독립'해 있다는 말의 의미를 이해하기가 쉽다. 즉 첫 번째 자기는 '스스로에게 하나의 유(genus)'로 있는 다른 자기와 단순히 마주서 있지 않다. 오히려 그것은 자신을 독립적으로 **첫 번째에 대한** 거울에 지나지 않는 것으로 제시하는 자기와 관계하는 것이다. 이러한 관계 속의 첫 번째 자기는 '자신 외에는 어떤 것도 인지(kennen)'할 필요가 없다.[31] 두 번째 자기는 첫 번째 자기를 위해 '자신을 무시'하고, 단지 첫 번째 자기를 자신에게 복귀시킬 뿐이기 때문이다.

자기 부정에 대한 이처럼 강한 해석은 헤겔이 첫 번째 자기와 두 번째 자기의 관계를 '인정'의 관계로 기술하는 까닭을 설명해주기도 한다. 두 번째 자기가 자신을 부정하는 행위―자신을 다만 첫 번째 자기의 반영으로 바꿈으로써―는 바로, 두 번째 자기가 첫 번째 자기를 인정하는 행위**이다**. 그러므로 나는 다만 나 자신을 저 타자에 대한 거울로 바꿈으로써 타자를 인정한다. 내가 보기에, 두 번째 자기의 자기 부정이 이런 식으로 이해되지 않는다면, 인정의 개념은 설명되지 않은 채로 남을 것이다. 따라서 헤겔의 『정신현상학』의 초석은 정당한 이유 없이 도입되었다고 할 것이다.

인정을 이렇게 도출한 과정이 순전히 현상학적임을 주목하자. 즉 그

---

30 가다머는 이러한 맥락에서 '반영'이라는 용어를 사용하지 않았다는 점을 주목해야 한다.
31 Gadamer(1976), 62.

것은 어떤 도덕적이며 정치적 혹은 종교적 명령에 의해 동기 지어진 것
이 아니다. 인정은 자기-의식이 하나의 모순에 직면해 있다는 사실로
인해 필연성을 띠게 되었다. 즉 자기-의식은 **타자**로 환원 불가능한 것
과 관계하면서 오직 자신과만 관계해야 하며, 또 자기-의식이 그렇게
할 수 있는 것은 오직 우리가 기술했던 방식으로 자기를 부정하는 대상
과만 관계함으로써이다. 그러므로『**정신현상학**』에서 자기 – 의식이 먼저
나오는 것이 아니라 의식 다음에 등장하면서 의식과 불가분적으로 연결
되어 있다는 사실로 인해 인정이 필연성을 띠게 되었다. 이는 헤겔의
설명에 상당한 장점이 되는데, 왜냐하면 자기-의식은 오직 의식 자체
의 경험만을 전제하기 때문이다. 자기-의식은 자연적 의식에 의해 논
박될지 모를 도덕적 혹은 정치적 명령에 기초해 있지 않다. 하지만 인
정의 출현은 헤겔의 서사(敍事)의 종착지가 아니다. 우리는 이제 인정
이 두 번째 자기에 의한 첫 번째 자기의 일방적 인정이 아니라 쌍방적
인정, 다시 말해 각각의 자기가 타자를 인정하는 **상호** 인정일 수밖에
없는 이유를 살펴야 한다.

상호 인정

자기-의식은 자신에 대한 단순한 자각으로 생각될 것이다. 하지만 의
식의 경험에 의해 필연적이 된 자기-의식은 이러한 자각보다는 훨씬
복잡하다. 첫째로 그것은 순수한 자아로서의 자기에 대한 의식이다. 그
것은 그 자신이며, 자신을 '나는 나라는 움직일 수 없는 동어반복'(§
167/121)으로 인식한다. 둘째, 그것은 욕망, 즉 생명이 있는 대상과 생
명이 없는 대상을 부정함으로써 (아마도 어떤 것을 파괴하거나 음식을
먹음으로써) 자신을 긍정하는 운동이다. 셋째, 그것은 다른 자기-의식
과의 관계에 있고, 자신을 그런 관계에 있다고 알고 있다.

자기-의식의 이 필연적인 이중화 속에서, **우리는** '**정신**' (Geist) —
'서로 다르고 독립적인 두 자기-의식의 통일 혹은 **우리**인 나와 **나**인 우
리' (§177/127) — 의 현존을 알 수 있다고 헤겔은 말한다. 하지만 자
기-의식 자체는 아직 이러한 정신의 개념을 포용하지 못하고 있다. 자
기-의식은 여전히 자기 자신에만 관심을 갖고 있기 때문이다. 자기-의
식은 그것이 다른 독립적 자기로 간주하는 것과 대면해 있지만, 그것이
저 다른 자기 속에서 보는 것은 **자신**뿐이다. 그러므로 타자는 나의 눈
에는 하나의 자기로서의 **나의** 자립성을 인정하는 목적 외에 아무런 역
할을 못한다. 하지만 헤겔은 이제 그처럼 자신에게 몰입된 자기-의식
의 모호한 위상은 반대로 다른 자기의 **진정한** 자립성을 인정할 것을 요
구한다고 말한다. 그렇다면 왜 자기-의식의 상황이 모호한가?

자기-의식은 자신의 존재를 인정받게 된 다른 자기-의식과 대면해
있다. 따라서 헤겔이 적고 있듯, 자기-의식은 '자기 **자신을 벗어나 있
다**' (§179/128). 왜냐하면 자기-의식은 단순히 자신 속에 갇혀 있는 것
이 아니라, 사실상 자신의 정체성을 '**저 너머**'에 있는 것으로 보기 때
문이다. 그럼에도 정확히 말하자면 자기-의식은 자신의 정체성을 타자
의 눈 속 저 너머에 있는 것으로 보기 때문에, 자기-의식은 즉각 자신
이 그 타자에게 '자신을 상실'했다고 느낀다. 하지만 똑같이 자기-의
식은 타자 속에서 오직 자신의 자기만을 보기 때문에, 자기-의식은 타
자를 진정한 **타자**로 보는 데 실패한다. 이러한 맥락에서 자기-의식의
상황이 모호하다고 말한 것이다. 자기-의식이 자신을 타자 속에서 보
는 방식은 자신**이나** 타자 모두에 대한 명확한 의식을 박탈당하게 되는
것이다.

자기-의식은 '**다른** 독립적 존재를 지양하여 자신을 본질적 존재로
확신하게 됨' (§180/128)으로써 이러한 모호성을 제거한다. 자기-의식

은 타자로부터 자신을 회수함으로써, 자신의 정체성을 자기 안에 (사실상, '이 너머로') 다시 놓음으로써, 그리하여 그 자신이 **타자** 속에서 그리고 타자를 통해 있다는 그 이전의 의미를 극복함으로써 그렇게 한다. 하지만 이러한 모호성의 제거 자체가 모호하다. 이러한 해법을 만드는 과정에서 자기-의식은 그것이 방금 향유했고, '그 **자신의** 자기를 끊임없이 지양'한다는 자신의 의식을 스스로 박탈한다. 자기-의식이 그렇게 하는 까닭은 그것이 자신의 동일성을 타자의 눈 속에 반영된 것, 따라서 어떤 객관적인 것으로 발견한다는 생각을 포기하기 때문이다.

그럼에도 모든 것을 상실하지는 않았다. 헤겔이 지적하고 있듯, 자기-의식이 이처럼 타자로부터 물러나 자기 안으로 복귀한 것은 훨씬 긍정적인 의미에서 모호하다. 자기 안으로 복귀함에 있어, 사실상 의식은 자기가 그 자신의 자기를 소유한다는 확신을 회복한다. 헤겔의 말로 표현하면, '자기-의식은 그 자신의 자기를 되돌려 받고', 다시금 '자신과 동등해진다'(§181/128). 동시에 자기-의식은 이로써 다른 자기가 자신에게 진정으로 타자라는 것을 허용한다. 자기-의식은 더 이상 타자를 단순히 자신을 반영하는 거울로 보지 않고, 오히려 '다른 자기-의식이 다시금 자신에게 돌아오게끔 하고' '타자를 다시금 자유로워지게'(entläßt also das Andere wieder frei)(§181/128)[32] 한다. 그러므로 자신에게 복귀함으로써, 자기-의식은 타자를 자신에 대한 종속으로부터 해방시키고, 모름지기 이렇게 하면서 타자의 자립성을 인정하는 것이다. 더 나아가, 헤겔이 이 점을 §181에서 명백히 하지는 않지만, 타자를 자유롭게 함으로써 자기-의식은 반대로 그 자신이 진정으로 타자

---

32 밀러는 이렇게 적었다. '다른 자기-의식이 똑같이 그것을 다시금 자신에게 돌려준다.'

임을 인정하는 타자에 의해 스스로 인정될 기회를 부여하는 것이다.

처음에 자기-의식은 '타자를 본질적 존재로 보지' 않았다. 자기-의식은 그 타자 속에서 오직 자신만을 보았기 때문이다(§179/128). 그럼에도 자기-의식은 자신에 대해 느낌을 향유하지는 못했다. 자기-의식은 자신을 **타자**의 눈으로 '저 너머에서' 발견하지 못했기 때문이다.(자기-의식이 적절하게 타자**로서** 보지 못했다.) 자기-의식의 상황에서 보이는 이러한 애매성으로 인해 자기-의식은 자신의 정체성을 분명하게 인식하고 또 타자의 자립성과 타자성을 인정하는 바의 새로운 상황에 이르게 된다. 결과적으로, 이제 자기-의식은 자기-의식과 의식을 지금까지 하지 않았던 방식으로 통일하는 것이다. 자기-의식은 타자와의 관계에서 자신이 참으로 타자임을 인식하고 있다는 점을 스스로 의식하기 때문이다. 자기-의식은 이러한 통일을 그가 앞서 찾았던 것, 즉 **오로지 자신만에** 대한 의식을 포기함으로써 획득한 것이다. 자기-의식은 타자의 충분한 자립성을 인정하고, 그리하여 반대로 그가 인정하는 타자에 의해 자신이 인정받고 있다는 것을 발견함으로써 이러한 목적을 포기한다. 자기-의식과 의식의 완벽한 통일 — 타자 안에서 그리고 타자를 통해 자신을 발견하는 — 은 따라서 두 자립적이고 자유로운 자기-의식 간의 **상호** 인정의 관계 속에서만 획득될 수 있다. 이런 의미에서, 상호 인정은 자기-의식 자체의 내재적 논리에 의해 필연성을 얻게 된 **진리**이다.

상호 인정은 두 자유로운 자립적 자기들의 협력을 요구한다는 점에 주목하자. 자기는 상호 인정의 관계를 창출할 수 없으며, 따라서 자신의 힘만으로는 참다운 자기-의식을 획득할 수 없다. '한 쪽만의 행위는 쓸모가 없다. 일어나야 하는 것은 오직 양쪽에 의해 야기될 수 있기 때문이다'(§182/129). 더 나아가, 양쪽 자기가 이 사실을 인정해야만 한다. 따라서 양쪽 자기는 서로를 자유롭게 인정해야 할 뿐 아니라, 그들 역시 '그들 자신을 **상호 간에 인정**해야만' (§184/129) 한다.

헤겔은 그러한 상호 인정이 앞서 경험했던 힘들의 유희를 연상케 한다고 지적한다. 상호 유희 속에 연루된 힘들처럼, 자기-의식은 순전히 그리고 순수하게 그 자신인 바가 아니다. 오히려 각각의 자기-의식은 '대립물로의 절대적인 이행' (§184/129)이다. 각자는 타자로부터 독립해 있고, 타자 그 자체에 의해 인정된다. 하지만 각자는 바로 그러한 인정으로 인해 똑같이 타자에 **의존되어** 있다. 그렇지만 헤겔은 상호 인정과 힘들의 유희 사이의 중요한 차이에 주목하지 않는다. 힘들의 유희에서는, 어떤 작용도 자발적이지 않기 때문에 어떤 힘도 진정한 의미에서 독립적이지 않다. 각각의 힘은 다른 힘에 의해 그렇게 되도록 자극받는 한에서만 스스로를 표현한다(§137/97). 반면 상호 인정에서, 두 자기는 각각의 자기가 다른 자기를 **자발적으로** 인정하기 때문에 진정으로 독립적이다. 상호 인정과 힘들의 유희 간의 이러한 차이는 자기-의식이 힘들의 작용으로 이해될 수 없다는 점을 시사한다. 힘들은 자기-의식에 속한 자유와 자립성을 결여하고 있고 또 확립할 수 없기 때문이다.

『정신현상학』의 4장에 등장하는 상호 인정은 다소 형식적이고 공허해 보인다. 말하자면 각자는 타자를 독립적인 자기 이상으로 인정하지 않는 것이다. 『정신현상학』 뒷부분에서, 그러한 상호 인정은 위선자와 법관 사이의 화해에서 보다 구체적인 형태를 취할 것이다(§670/441). 하지만 4장에서, 헤겔은 상호 인정이라는 관념을 더 이상 발전시키고 있지 않다. 사실상 그는 상호 인정이 명백히 존재하지 않는 바의 생사 투쟁을 검토하고 있다. 그 까닭은 헤겔이 자기-의식 속에 잠재된 것을 명시적으로 해석하는 과정의 종착점에 도달했다는 데 있다. 현상학자와 자기-의식 자체의 편에서 볼 때 이러한 과정은 자기-의식이 **인정**관계에서 **두 개**의 자기를 담고 있다는 통찰로 인도한다. 헤겔의 주장에 따르면, 우리가 지금 해야 할 일은 이러한 자기-의식의 '이중화'가 어떻게 '자기-의식 자신에게 드러나는가', 다시 말해 자기-의식 자신이 이러한 이중성을 어떻게 경험하는가를 검토하는 것이다(§185/129).

앞서의 장들과 궤를 같이하여, 헤겔은 이중화된 자기-의식을 그 가장 직접적이고 미분화된 형식에서 고찰하면서 이러한 경험에 대한 분석을 시작한다. 직접적인 자기-의식은 욕망의 관점으로 되돌아가서 **자기 자신만을** 의식하고자 한다. 동시에, 자기-의식은 타자로부터 자신의 자립성과 '대자존재'에 대한 인정을 모색한다. 하지만 자기-의식은 자신에게만 관심을 갖기 때문에, 그것은 타자에 대해 어떤 인정도 부여하지 않는다. 따라서 두 자기 사이의 관계는 상호 인정 관계가 아니라 둘이 '상호 대립하면서, 일방은 다만 **인정을 받고** 있고, 타방은 다만 **인정할 뿐인**'(§185/129) 관계이다. 이러한 '불평등' 혹은 비대칭을 자기들 간의 관계 속에 끌어들인 것은 각자가 자기 자신의 자유와 정체성에 대해 지극히 초보적인 생각을 가지고 있음을 보여준다. 즉 각자는 자기 **자신의** 자유에만 골몰할 뿐, 타자가 유사한 자유를 향유한다는 것은 부정하고 있다. 헤겔이 보여주겠지만, 지극히 추상적인 이러한 자기 관(觀)에 의해 야기된 첫 번째 경험이 **생사 투쟁**이다.

공부할 문제들

1. 왜 자기-의식은 욕망의 형식을 취하는가?
2. 왜 자기-의식은 상호 인정의 형식을 취하는가?

주인과 노예의 생사 투쟁

생사 투쟁

생사 투쟁을 벌이는 각각의 자기-의식은 자신이 자유롭고 자립적인 자아라고, 순수한 자아라고 생각한다. 하지만 각자는 타자가 그러한 자유와 자립성을 결여해 있다고 간주한다. 따라서 각자가 타자를 다른 자기-의식으로 볼지라도, 그것은 또한 타자를 본래의 자기보다 훨씬 그것답다고 본다. 그러므로 각자는 타자가 지각 가능한 사물들, 무엇보다 생(生)의 영역 속에 함몰되어 그것에 의해 규정된 것으로 받아들인다. "그것들은 서로 서로에 대해 보통의 객체들과 같다."—개별자들이 '**생의 존재**에 파묻혀 있다'(§186/130).

그것이 타자를 보는 것과 정반대로, 각각의 자기는 그 자신의 자유가 사물들에 의해 규정되어 있지 않다고, (그 자신의 신체를 포함한) **생명**에 연연하지 **않는다**고 생각한다. 사실상 각자는 자신의 자유가 '자신으로부터 다른 모든 것의 배제'(§186/129)를 포함한다고 이해한다. 그러므로 각자는 전적으로 자유롭다고, 아무런 집착이 없는 것으로, '순수한 대자존재'(§186/130)로 생각하는 것이다. 이러한 의미에서, 욕망과 마찬가지로, 각자는 자신의 자기성이 홀로 있다는 것에 있다고 받아들인다.

하지만 두 자기는 그들 자신을 다만 이런 식으로 간주하는 것에는 만족하지 않지만, 각자는 타자에 의해 전적으로 자유롭다고 인정되기를 바란다. 각자는 타자를 살해함으로써 그리고 그런 일을 함에 있어 자신의 생명을 도(賭)함으로써 자신의 자유를 타자에게 입증하고자 애쓴다. 각자는 타자의 죽음을 모색한다. 왜냐하면 각자는 타자를 자신의 자유를 제한하는 자로 간주하고, 또 "각자는 타자를 자신에 못지않은 자로 평가하기"(§187/130) 때문이다. 각자는 그 과정에서 그 자신의 생명에 대한 관심이 없음을 보여주기 위해 그 자신의 생명을 걸고 있다. 헤겔의 주장에 따르면 이런 식으로 두 자기는 서로 상대방에 대해 그들의 자유를 입증하기 위해 '생사 투쟁'을 벌이게 된다. 그렇게 함에 있어 각자는 또한 동시적으로 타자에게 그 역시 자유로우며 결국 목숨에 연연하지 않는다는 것을 입증할 기회를 부여한다. "그들은 생사투쟁을 통해 그들 자신과 서로서로를 입증(bewähren)한다"(§187/ 130).

이러한 투쟁은 살아남기 위한 투쟁이 아님을 주목하자. 그것은 두 자기가 생명이 그들 자신에게 얼마나 사소한가를 보여주기 위한 투쟁이다. 그것은 각자가 염두에 둔 자기성과 자유에 대한 전적으로 추상적인 —사실상 초보적인—견해에서 비롯된 것이다. 도심 지역 갱들의 몇몇 구성원들과 마찬가지로, 각자는 자신이 살기 위해 아무 생각 없이 타인을 살해하려고 함으로써 자신의 '자기성' 혹은 '대자존재'에 대한 느낌을 전달하고자 한다. 따라서 헤겔의 분석은 초보적이고 추상적이며 자기도취적인 정체성(identity)의 관념이 어떻게 타인들에게 가장 심각한 폭력을 가하게 되는지를 보여준다. 이는 『정신현상학』에서 자기성이라는 추상적 관념이 **죽음**을 일깨우거나 일깨우려고 하는 마지막 장면은 아니다. 우리는 똑같은 일이 절대적 자유의 영역에서 일어나는 것을 보게 될 것이다(194-195쪽을 보라).

하지만 이러한 생사 투쟁에는 명백한 문제가 존재한다. 각각의 자기는 타자가 자신의 자유를 입증하기를 원하며, 타자도 그러한 자유를 인정하기를 원한다. 나는 당신의 생명과 나의 생명 모두를 내가 무시한다는 것을 당신이 알았으면 한다. 하지만, 물론, 내가 당신을 죽이는 데 성공한다면, 나는 내가 찾고 있는 인정 자체를 상실할 것이다. 따라서 헤겔은 이렇게 말한다. "이 죽음에 의한 시험은 그로부터 유래한다고 생각되는 진리를 제거한다." 왜냐하면 죽음과 더불어 의식은 "인정을 받을 의미가 없기" 때문이다(§188/131). 이제 역사에서 수많은 투쟁들은 사실상 그런 주동자들의 죽음으로 마감한다. 하지만 자기-의식이 생사 투쟁으로부터 배우는 **논리적** 교훈은 "생명이 순수한 자기-의식만큼이나 본질적이라는 것"(§189/132)이다. 왜냐하면 양측이 똑같이 생존해 있을 때만이 일자가 타자를 하나의 순수한 자기로 인정할 수 있기 때문이다. 따라서 자기-의식 혹은 오히려 현상학자는 이제 자기들 사이의 새로운 관계로 이동하는데, 여기서 이러한 교훈이 가슴에 새겨지는 것이다.

이 새로운 관계가 이전의 관계 모두를 대체하는 것은 아니다. 하지만 그것은 그 속에서 추구되는 목표 — 즉 자신의 순수한 자유와 초연(超然)의 인정 — 가 성취되게끔 한다. 따라서 자기들 중의 하나는 순수한 '대자존재'처럼 끊임없이 스스로가 사물과 생명에 연연하지 않는 것으로 간주한다. 그렇지만 자기는 이제 더 이상 자신의 상대방을 죽임으로써 자신의 자유를 입증하려 들기보다는, 오히려 자신의 상대방이 생존함으로써 그가 자기를 자유롭다고 인정할 수 있게끔 한다. 다른 자기 역시 그 자신의 상대방의 죽음을 모색하는 일을 포기한다. 그렇지만 그가 그렇게 하는 까닭은 그가 스스로를 순수하고 초연한 자기로 간주해서는 아니다. 오히려 이제 자기는 스스로가 생명에 **연연한다**는 것을 인정한다. 그렇게 함에 있어 이 자기 역시 자신이 상대방에게 예속되어 있다는 것을 인정하며, 그리하여 스스로가 상대방의 예속자 혹은 **노예**(Knecht)라고 생각한다. 따라서 자기는 상대방을 자신의 지배자 혹은 **주인**(Herr)으로 인정하는 것이다. 헤겔의 논의에 따르면 이렇게 생사 투쟁은 언제나 사실 문제는 아닐지라도 논리적으로 볼 때는 주인-노예 관계로 귀결되는 것이다.

주인-노예 관계

헤겔이 검토하는 주인과 노예 사이의 관계는 특정 세계 속에 각인되어
있는 것은 아니다. 예를 들어 고대 그리스나 로마의 노예제도와 일치하
지 않는다. 헤겔은 두 개인들 사이의 단순한 관계를 염두에 두고 있다.
그들 중 하나—주인—는 그들 모두에 의해 생명과 사물에 연연해지
않는 자유로운 자로 간주되고, 타자—노예—는 그들 모두에 의해 생
명과 사물에 의존할 수밖에 없는 자로 간주된다. 자신의 방해받지 않을
자유에 대한 감각으로 인해 주인은 우월감을 향유하고 노예와 그 노예
가 예속되어 있다고 느끼는 사물들 위에서 군림한다. 주인은 이러한 두
가지 다른 방식에서, 즉 노예를 종속시키고 또 그를 둘러싼 사물들을
소비함으로써 지배력을 드러낸다.

　주인은 사물들을 소비하면서 한껏 호기를 부린다. 왜냐하면 주인은
사물들을 전적으로 **부정**하는 능력 속에 자신의 자유가 존재한다고 이
해하기 때문이다. 그 자신의 마음속에서 (그리고 노예의 마음속에서)
주인의 정체성과 자기성은 "사물에 대한 완전한 부정 혹은 그것의 향
유"(§190/133)에 놓여 있기 때문이다. 헤겔은 이러한 향유(Genuss)를
단순한 욕망과 구분한다. 욕망은 타자를 파괴함으로써 스스로의 자존
감을 긍정한다. 하지만 우리가 앞서 보았던 것처럼 욕망 역시 타자라고
하는 것의 자립성에 직면하게 된다. 주인은 자신과 사물들 사이에 노예
를 끼워 넣고 그 노예가 사물들의 자립성과 대결하게 함으로써 그러한
만남을 피한다. 따라서 주인은 사물들이 그에게 저항한다는 어떤 느낌
도 없이 사물들을 소비할 수 있다. 헤겔이 적고 있듯, 그는 "사물의 의
존적 측면만을 취해서 그것을 순수하게 향유한다"(§190/133). 주인은
이런 식으로 스스로 만족할 수 있다. 단순한 욕망과 달리, 주인은 그가
소비하도록 노예가 준비한 것만을 대하기 때문이다. 게다가, 노예가 제

공한 그러한 예비 작업을 통해 노예는 주인이 사실상 노예의 지배자이
자 주인임을 인정한다(§190/133).

노예는 훨씬 모호한 자기성의 감정을 갖고 있다. 한편으로, 그를 노
예로 만드는 것은 생명과 사물들(그리고 물론 주인)에 대한 의존감이
자 종속감이다. 그러므로 노예는 사물들을 단순히 부정되고 소비되기
위해 저기에 있는 것으로 보지 않는다. 다른 한편 노예는 사물 자체일
뿐 아니라 자기가 된다는 것을 의식하고 있다. 주인의 경우에서처럼,
이러한 자기성의 감각이 사물들의 부정 속에서 표출된다. 하지만 주인
과 달리, 노예는 사물을 부정하는 과정에서 "사물을 절멸시킬 정도까
지 가지 못한다"(§190/133). 엄밀히 말해 노예는 사물들이 독립적이고
그에게 **저항한다**는 것을 받아들이기 때문이다. 따라서 노예는 제한된
정도로만 사물들을 부정할 수 있다. 그처럼 제한된 부정은 사물을 파괴
하는 것이 아니라 그것을 **변화시켜** 그것에 새로운 형식을 부여하는 것
이다. 헤겔이 이처럼 제한되고 변형적인 부정 활동에 부여하는 이름이
곧 **작업** 혹은 **노동**(Arbeit)이다. 그러므로 주인의 역할이 사물들을 소
비하는 것인 데 반해, 노예의 역할은 사물들이 주인의 향유를 위해 준
비할 수 있도록 그것들에 작업을 가하는 것이다.

따라서 주인-노예 관계에서 향유와 노동은 불가피하게 자본주의 사
회에 대한 마르크스의 설명을 생각하게 하는 방식에 관심 갖는 두 개인
들 사이에서 갈라지게 된다. 하지만 헤겔의 설명은 적어도 한 가지 중
요한 측면에서 마르크스의 그것과 다르다. 마르크스는 객관적이고 역
사적인 생산 과정이 자본가와 프롤레타리아트의 구분으로 귀결되는 분
석 방식을 제공하고 있다. 이에 반해 헤겔은 주인과 노예가 그들 자신
과 그들의 자유(혹은 자유의 결여)를 **파악하는** 방식을 설정하고 있다.
주인은 그가 누리는 무제한의 향유의 능력에 대해 착각에 빠질 수 있을

것이다. 하지만 그러한 능력은 그의 자기 이해에 속하는데, 이 점이
『정신현상학』에서 헤겔이 관심을 갖고 있는 바이다. 마찬가지로 노동
―혹은 자립적이고 저항하는 사물들에 대한 제한된 부정―은 노예의
자기 상(像)에 속한다.

따라서 헤겔이 『정신현상학』에서 기술하는 변증법 역시 마르크스에
의해 기술되는 것과 다르다. 마르크스는 자본주의의 생산과 교환의 체
계는 사회의 물질적 변혁으로 귀결되거나 혹은 귀결되어야 한다는 점
을 (적어도 그가 만족하기에) 논증하고 있다. 자본주의에 등장하는 긴
장은 사회의 혁명적 재구성을 필요로 한다. 즉 생산은 사적인 점유를
벗어나 공적 소유가 되어야 하고, 이로써 사적 자본가에 의한 노동자의
착취가 폐지되어야 한다.[33] 이와 달리 『정신현상학』에서 헤겔은 오로지
주인과 노예가 **자기 이해**에서 겪고 있는 변화를 추적하는 데만 관심을
갖는다. 그런데 이로 인해 헤겔이 자본주의하에서 이루어지는 사회적
착취의 현실을 배제한 관념론자라는 점이 드러나는 것은 아니다. 엄밀
히 말해 헤겔은 그의 『법철학 강요』(1820)[34]에서 이러한 현실들을 검토
하고 있다. 하지만 『정신현상학』의 목적은 의식과 자기-의식 속에 내
재하는 변증법을 탐구하려는 것이고, 주인과 노예의 양자의 경우에서
헤겔의 관심을 끈 것은 그들의 자기 이해가 그들 자신의 경험에 의해
훼손되는 방식이다.

주인을 당혹하게 하는 변증법은 어렵지 않게 파악된다. 주인은 노예
에서 "그의 자기 확신의 진리"(§192/133)를 보고 있다. 다시 말해, 주
인은 노예의 복종 속에 구현된 그 자신의 자유와 권력―그의 '진리'―
을 보고 있다. 하지만 동시에 노예의 복종과 의존 역시 주인으로 하여

---

33 예를 들어 McLellan(2000), 257-8을 보라.
34 Hegel(2008), 219-24(§§241-9)을 보라.

금 그가 노예에 의존되어 있음을 깨닫게 한다. 즉 "그의 진리는 현실에서는 비본질적인 의식이자 그것의 비본질적인 행동이다"(§192/134). 지배는 무제한적이고 속박되지 않는, 전적으로 자유로운 자유로 표현된다. 그럼에도 그것은 주인의 소비를 위해 사물들을 준비하는 노예의 노동과 노예가 주인에게 제공하는 인정에 의해 **매개**된다. 게다가 지배는 지배로서의 자신의 실존 자체를 위해 노예의 복종에 의존하고 있다. 왜냐하면 지배할 사람이 없다고 한다면 권력과 우세(優勢)를 행사할 수 없기 때문이다. 따라서 노예의 현존 자체는 주인에게 지배 자체의 의존적 성격을 끊임없이 상기시켜준다. 주인이 이러한 의존을 더욱더 의식하게 됨에 따라, 그의 분명한 지배의 감각이 훼손되고, 이로써 그 자신의 자기 이해가 바뀌는 것이다.

헤겔은 다음과 같이 적고 있다. "지배(혹은 주인)가 그것의 본질적 성격이 그것이 원하는 바의 전도라는 것을 보여주었듯, 예속 역시 그 극점에서는 실제로 그것이 직접적으로 존재하는 바의 정반대로 전환된다"(§193/134). 하지만 노예가 자신에 대한 생각을 바꾸는 변증법은 주인이 고통스럽게 경험했던 것보다 훨씬 복잡하다. 장 이폴리트에 따르면, 노예는 "주인의 주인으로 드러난 것"(§193/134)이 아니라, 예속이라는 한계 안에 있을지라도 오히려 "참으로 자립적인 의식으로 변화된 것"[35]이다.

고려해야 할 첫 번째 문제는 **죽음에 대한 노예의 공포**이다. 주인은 ― 적어도 처음에 ― 무제한적인 자유와 권력에 대한 감각을 향유하고 있다. 이는 자신을 어떤 식으로든 본성이나 생명에 의해 규정되거나 제한된 것으로 간주해서는 안 됨을 함의한다. 이러한 이해에 따르면 나는

---

[35]　Hyppolite(1974), 172를 보라.

자유롭다. 왜냐하면 나는 이것이 **아니고**, 저것이 **아니며**, 사실상 어떤 특별한 것이 결코 아니기 때문이다. 나는 단지 나이며, 순전히 나 자신을 위해 있다. 그러므로 이러한 자유는 나 자신으로 **있다**는 것, 특별히 **아무것도** 아니라는 것, 순수한 '부정성'이라는 것에 있다. 이러한 자유 —이것 혹은 저것으로 규정되지 않는다는 의미, 따라서 아무것도 아니라는 것 —는 사물을 무제한적으로 부정하는 주인의 경우에서, 그것들을 무(無)로 환원하는 데서 발견되는 향유 속에서 표출된다.

헤겔의 견해에서 볼 때, 순수 부정성이라는 감각은 참된 자유가 포함하는 전부(우리가 그의 『법철학 강요』에서 볼 수 있듯)가 아니다. 그럼에도 불구하고, 그것은 『정신현상학』 속에 —생명과 함께—자기-의식의 본질적 측면으로서 등장했다. 하지만 그것은 노예에게는 결여되어 있는 것처럼 보인다. 노예는 자신이 생명과 사물들에 의존해 있고 또 그렇게 규정된 것으로 보기 때문이다. 하지만 헤겔은 '특별히 아무것도 아닌 것 속에서 자기 자신으로 있다'는 느낌은 결국 노예에게 속한다는 것을 지적한다. 코제브(Kojève)가 적고 있듯, 노예는 **"죽음의 공포 속에서 자신이 아무것도 아니라는 것을 깨닫는다."**[36]

생사 투쟁의 주역들은 죽음을 대할 때 처음에는 대담무쌍했다. 그들 모두 타자를 죽이려는 시도에서 죽음을 걸고 그들의 자유를 입증하고자 했다. 하지만 주인-노예 관계는, 주역 중 한 당사자가 그의 자유를 입증하려는 이러한 시도를 포기하고 그에게는 오히려 생명이 문제가 된다는 것을 시인할 때 등장한다. 생명에 대한 이 개인의 태도가 변함에 따라, 죽음에 대한 그의 태도도 변한다. 말하자면 죽음이 공포의 대상이 된 것이다. 왜냐하면 죽음은 이제 개인에게 중요한 일체에 대한

36 Kojève(1980), 47.

전적인 무화를 의미하기 때문이다. 하지만 죽음에 대해 끔찍한 것은 자신을 비활성 대상으로—석판 위의 차가운 신체—생각한 것이 아니라 자신이 **아무것도 아니라고** 상상하는 것이다. 다시 말해 죽음에 대한 공포는 단순히 **죽음**에 대한 공포가 아니라 실제로 죽는 것에 대한 공포—자신이 '내면적으로 해체되었고' 그래서 **아무것도 아니라는 것**(§ 194/134)[37]에 대한 공포이다. 이러한 의미에서 노예는 죽음의 공포 속에서 그 자신이 '아무것도 아님'을 깨닫게 된 것이다.

　그러므로 처음에 그럴듯해 보이는 것과는 달리, 노예는 주인을 특징 짓는 '아무것도 아니다'는 느낌을 공유한다. 즉 예속은 "사실상 그 자신 속에 순수한 부정과 대자존재라는 이러한 진리를 담고 있지 않다"(§194/134). 하지만 노예 속에서 아무것도 아니다라는 이러한 느낌은 '내면화되고 침묵하며'(§196/136), 노예를 괴롭히는 오래된 공포 속에 묻혀 있으며, 사물들을 소비하려는 주인의 욕망 속에서는 표출되지 않는다. 오히려 그것은 주인에 대한 노예의 **봉사**를 근거 짓는다. 그럼에도 이것은 노예에 관한 절반의 이야기일 뿐이다. 왜냐하면 노예는 자신의 노동을 내면의 아무것도 아님 혹은 '부정성'에 대한 명백한 표현으로 보게 되기 때문이다. 죽음에 대한 공포와 결합해서, 주인에 대한 지속적인 예속이라는 조건하에서일지라도, 노예를 변증법적 의미에서 '참으로 자립적인 의식'(§193/134)으로 바꾸는 것은 노동에 대한 이처럼 새로운 이해이다.

　헤겔은 노예의 경험 속에서 노동이 **이중적** 성격을 지닌 것으로 드러난다고 지적한다. 한편으로 우리가 알고 있듯, 노동은 노예가 강제로 하지 않을 수 없는 것, 첫째로 주인에 의해, 다음으로는 노예가 사물들

37　'내적으로 해소되다'. 밀러는 '상당히 무력해지다'로 번역한다.

이 저항하고 그것들을 부정하려는 그의 노력을 제한한다는 것을 이해한다는 사실에 의해, 어쩔 수 없이 하지 않을 수 없는 것이다. 하지만 다른 한편으로 노예적 의식 역시 노동을 통해 '자신에게 도달한다' (§195/135).[38] 말하자면 노예는 노동이 비록 타자에 의해 그에게 요구되는 것이라 할지라도 그 **자신의** 활동이자 그 **자신의** 자유의 표현이라는 점을 깨닫게 된다. 더욱이, 노예는 노동을 통해 사물을 변형함에 있어 그 자신의 무엇인가를 사물 **속에** 투입해서 그것에 새로운 **형식**을 부여한다는 점을 안다. 노예는 그가 자신의 자유를 사물 자체 속에 구현한다는 것을 안다. 이것은 주인이 향유할 수 없는 차원의 자유이다. 어떤 것을 소비한 후에 주인이 생각해볼 여지 전부는 그 앞에 놓인 텅 빈 공간(혹은 아마도 접시 위의 빵 부스러기)이다. 반면 노예는 그것이 주인에 의해 소비되기 전 짧은 순간일지라도 자립적 사물 속에 구현된 그의 자유와 정체성을 보게 된다. 따라서 노예는 아무것도 보지 못하는 것이 아니라 변형된 대상을 볼 수 있으며, 이렇게 말할 수 있다. "내가 저것을 했어, 저것은 **나의** 작품이야." 헤겔이 적고 있듯, "일하는 자**로서의** 의식은 독립적인 존재 속에서 자신을 보게 된다"(§195/135). 그러므로 노예가 강제로 할 수밖에 없는 노동 자체를 통해, 노예는 자신의 자유가 주인에게 부정된 방식으로 객관화된 것을 보게 되는 것이다.

게다가—이 점이 더 중요한데—노예가 그의 노동의 산물 속에 구현된 것으로 본 것은 이 특수한 사물을 창조할 수 있는 그의 특수한 능력일 뿐만 아니라 그가 **죽음에 대한 공포** 속에서 느끼는 자기이기도 하다. 노예는 그가 창조한 사물이 자신을 구현한 것임을, 노동 행위 속에서 표출된 자기임을 안다. 하지만 마음속으로, 노예는 자신이 삶에서

---

38 밀러는 '참으로 그 자신인 바에 대해 의식한다'라고 번역한다. 독일어는 'kommt … zu sich selbst'이다.

주어진 것들에 의해 규정된 특수한 자기일 뿐만 아니라 순수한 '대자존재'로 느끼기도 한다. 따라서 그는 이 대자존재가 그가 생산한 사물 속에 구현되어 있다는 것을 본다. "사물을 변형하면서, 노예 자신의 부정성, 그의 대자존재가 그에게 하나의 대상이 된다"(§196/135). 이로써 사물은 노예에게 그가 **참으로** 누구이고 무엇인가에 대한 객관적 표현이 되는 것이다. 그는 분명하게 "저 대자존재가" 단순히 주인에게 속하는 것이 아니라 "자신에게 속한다"는 것을 알게 되는 것이다. 그러므로 노예에게, 그가 노동을 통해 사물에게 부여했던 새로운 형태는 오로지 **사물**에게만 속하는 것이 아니다. "왜냐하면 엄밀히 말해 노예의 순수한 대자존재는 모름지기 이러한 형태, 말하자면 외면성 속에서 그에게 진리로 비춰진 것이기 때문이다"(§196/135-6).

죽음에 대한 공포에서, 노예는 그 자신이 아무것도 아니라는 것을 깨닫고 순수한 자기가 된다는 느낌—이것은 그 자체 '내면의 묵언이다'—을 획득한다. 하지만 노동을 통해 노예는 순수한 자기가 된다는 것에 대해 매우 분명한 의식을 획득한다. 왜냐하면 그는 그 자신의 순수한 자기성이 노동의 산물 속에 객관적으로 구현되어 있다는 것을 보기 때문이다. 이처럼 노동과 죽음에 대한 공포를 결합함으로써, 노예는 자신의 예속 상태에서 그가 본질적으로 **자유롭다**는 것을 깨닫게 된다. 이로써 그는 그가 주인에 의해 관여할 수밖에 없었고, 따라서 "다만 낯선 실존(fremder Sinn)(§196/136)만을 갖게 되는 것 같은" 행위 자체—노동—를 통해 '그 자신의 의미'(eigner Sinn)를 획득한다. 물론 자기 자신의 순수한 자기라는 이러한 의식이 노예를 주인에 대한 예속으로부터 해방시키는 것은 아니다. 하지만 그것은 노예가 자신의 예속 조건에도 불구하고—혹은 사실상 그것 때문에—스스로 획득한 자유에 대한 의식이다.

주인-노예 관계에 대한 그의 설명을 마무리 짓기 위해, 헤겔은 노동만으로는 노예가 향유하는 자유에 대한 감각을 노예에게 부여하지 못하며, 죽음에 대한 공포 역시 이러한 자유를 위한 필수불가결한 조건이라는 점을 강조한다. 노동 그 자체는 세계 속에서 특수한 사물들을 변형하는 것, 다시 말해 이 나무 조각을 의자로 바꾼다든지 이 재료들을 빵으로 바꾼다든지 하는 활동이다. 따라서 노예가 노동 속에서 드러내는 자유는 그 자체로 본다면 여전히 제한된 자유이다. 즉 자유는 이 특수한 대상들에 새로운 형태를 부여하는 특수한 능력에 있다. 때문에, 그것은 노예의 의식이 여전히 주어진 특수성들의 세계 속에 빠져 있다는 (혹은 헤겔이 적고 있듯 "규정성이 여전히 원칙적으로(in principle) 자유에 수반되어 있다"는) 사실을 증거하고 있다(§196/136).

그러므로 만일 노예의 자유가 오로지 노동할 수 있는 능력에만 있다고 한다면, 노예의 자기 감각은 노동 속에서 펼치는 특수한 기술들에 의해서만 규정될 것이다. 그는 **순수한** 자기가 된다는 것을 의식하지 못할 것이다. 노예에게는 이 특수한 기술들이 전부가 될 것이며, 그는 그것들을 행사하는 일을 고집할 것이다. 따라서 노예가 노동을 통해 획득하는 '그 자신의 마음'은 완고한 '자기-의식'이 될 것이다. 즉 그의 **고유한 의미**(eigner Sinn)는 아집(Eigensinn)이 된다. 게다가 그는 저 특수한 기술들에 전적으로 의존하는—노예가 되는—모습을 보일 것이다. 이러한 의미에서, 그의 자유는 '여전히 예속에 빠져 있는 자유'일 것이다. 그는 '몇몇 사물들만을 다룰 수 있는(mächtig) 기술'(§196/136)을 보일 것이다.

하지만 우리가 살펴본 것처럼, 노예의 자유는 오로지 그의 노동 속에만 있는 것이 아니다. 그러한 노동 자체가 죽음에 대한 공포에 근거해 있기 때문이다. 따라서 그의 자유는 어떤 특수한 기술들을 행사하는 것에 결정적으로 묶여 있지가 않다. 그의 노동은 그 자체가 특수한 기술들의 행사일 뿐만 아니라, 노예가 공포 속에서 스스로 느끼는 아무것도 아님 혹은 '순수한 부정성'의 표현이기도 하다. 다시 말해, 노예의 노동은 '어떤 사물들에 대한' 그의 특수한 지배를 입증할 뿐만 아니라, 사물 그 자체로부터의 그의 근본적 자유, 그의 근본적인 '아무-것-아님' 혹은 '부정성 자체(per se)'를 표현하는 것이다. 따라서 그의 노동은 그에게 사물들을 부정하고 변형할 수 있는 그의 일반적 자유의 감각을, 다시 말해 그의 '보편적인 형성 행위'(allgemeines Bilden) 혹은 '보편적 위력과 대상적 존재 전체에 대한' 지배의 감각을 제공한다(§196/136). 사실상 노예의 노동은 언제나 특수한 기술의 행사이다. 하지만 그는 이러한 노동이 그의 본질, 특수성**으로부터의** 자유 혹은 그의 순수한 대자존재의 **특수한** 표현이라는 점을 자각하고 있다. 노예는 본질적으로 특수성으로부터 스스로 **자유롭다**는 것을 알고 있기 때문에, 그는 어떤 특수한 기술이나 일련의 기술들을 완고하게 고수할 필요를 느끼지 못한다. 오히려 그는 스스로 모든 유의 특수한 기술들에서 자유를 표현할 수 있다는 것을 알고 있다. 그러므로 그는 지속적으로 주인에게 종속되어 있는 상태이기는 해도 스스로 온갖 종류의 노동 속에 (적어도 원칙적으로) 관여할 수 있는 다차원적 존재임을 이해하고 있다.

　지배와 예속에 대한 헤겔의 설명이 유명하고 영향력도 있다는 것은 당연하다. 그는 지배와 예속 모두가 본래 변증법적이라는 점을 예리한 통찰로 보여주고 있다. 즉 주인은 그의 지배로 인해 예속에 의존해 있기 때문에 그가 처음 생각한 것보다는 덜 자유로우며, 노예는 **죽음에 대한 공포** 속에 근거해 있는 **노동** 속에서 자유를 발견하기 때문에 처음 생각한 것보다는 더 자유로운 것이다. 주인-노예 관계에 대한 헤겔의 설명이 그 자체로 마르크스주의와 실존주의를 야기했다고 말하는 것은 잘못일 것이다. 하지만 노예의 경험 속에서 노동과 죽음의 자각이 갖는 해방적 역할에 주목함으로써, 이러한 설명은 명백히 그것들(마르크스주의와 실존주의-옮긴이)의 가장 두드러진 통찰들 몇 가지를 앞서 그리고 있다.

공부할 문제들

1. 왜 생사 투쟁이 일어나는가?
2. 죽음에 대한 공포가 노예의 자기-의식에서 담당하는 역할이 무엇인가?

스토아주의, 회의주의 그리고 불행한 의식

스토아주의

주인과 노예의 관계는 비대칭적이다. 노예와 대조적으로 주인은 노동을 통해 그의 자유에 대한 긍정적이고 객관적인 표현을 제공할 수 없으며, 그래서 그 자신의 지배 외에는 아무것도 향유할 수 없다. 이에 반해 노예는 주인과 마찬가지로 순수한 자기-의식, 순수한 자아가 된다는 점을 의식하고 있으며, 그래서 주인의 자기 이해의 핵심을 그 자신의 것(비록 죽음에 대한 공포 속에서일지라도)으로 구체화시킨다. 이러한 이유에서, 헤겔은 주인이 아닌 노예가 '참으로 자립적인 의식'(§193/134)이라고 주장한다. 사실상, 노예는 주인 자신이 (잘못) 주장한 자유와 자립성을 그의 참다운 형식에서 구현하고 있다. 그러므로 주인과 노예는 단순히 병렬적으로 공존하는 것이 아니다. 오히려 주인으로부터 노예로의 논리적 발전이 존재하는 것이다. 따라서 우리 현상학자는 노예의 경험 속에 암시적으로 존재하는 것을 끄집어내어 명시적으로 만드는 의식의 새로운 형태로 이동한다.

돌이켜 보면, 노예는 자신과 자신의 자유가 그가 사물에 부여했던 새로운 형식 속에 구현되어 있음을 본다. 하지만 이 사물은 그 자체가 자기-의식적인 어떤 것이 아니다. 그것은 **단순히** 노예의 노동에 의해 변형된 하나의 사물일 뿐이다. 노예는 주인 속에서 자기-의식을 대면한다. 그러므로 헤겔은, 대상 속에서 자신을 보는 과정과 대상을 하나의 자기-의식으로 보는 두 과정이 노예에게서 '동떨어져' 있다는 점에 주목한다. 그럼에도 노예는 역시 하나의 자기-의식이다. 그러므로 명시적이 아닌 암시적으로 볼 때, 대상 속에서 **자신을** 봄에 있어 노예는 그 자신의 자기-의식을 대상 속에서 보고 있다. 따라서 헤겔은 사물의 '형식'과 노예의 '대자존재' 혹은 자기-의식은 "**우리에게는** 혹은 **그 자체로는**(an sich) 동일하다"(§197/137)라고 적고 있다. 그러므로 우리 현상학자들은 이제 그것들이 명시적으로 동일한 것이 되는 새로운 형태의 자기-의식으로 이동한다. 이 새로운 (의식의-옮긴이) 형태는 그 자신의 자기-의식을 그것이 관계하는 사물 속에서 명시적으로 보기 때문에, 그것은 스스로가 다른 자기-의식 속에 구현되어 있다는 것을 볼 필요가 없다. 따라서 그것은 주인과 노예처럼 더 이상 두 자기들 중의 하나가 아니며, 오직 사물들과만 관계하고 있다.

자기-의식이 지금 관계하고 있는 대상이 하나의 **사물**이고, 그래서 그 자체는 자기 의식적이 아니라는 점을 강조하는 것이 중요하다. 그렇지만 이 새로운 자기는 어떻게 그러한 자기-의식을 결여한 사물 속에서 그 자신의 자기-의식을 보는가? 그것이 그렇게 하는 것은 사물이 자신과 매우 동일한 **형식** 혹은 **실체**를 가지고 있다고 인정함으로써이다. 노예 ─우리가 방금 떠나왔던─ 는 그와 독립해 있는 대상과 관계를 맺고 있으며, 스스로의 노동을 통해 그 대상에게 새로운 형식을 부여한다. 이러한 형식은, 비록 그것이 노예에게 노예 자신의 자유를 구체화할지라도, 노예가 **아니라** 독립적인 대상에 속한다. 반면 새로운 자기는 대상 속에서 대상뿐만 아니라 자기-의식 **자체**에 속하는 형식 혹은 실체를 본다. 헤겔이 적고 있듯, "변형된 존재 속에서 그 형식을 받아들인 물성은 의식과 다르지 않은 실체이다"(§197/137). 이런 식으로, 자기-의식은 이제 노예가 했던 것보다 훨씬 분명하게 대상 속에서 자신을 본다. 왜냐하면 자기-의식은 대상 속에서 그 자신의 활동의 결과만이 아니라 그 자신의 실체 자체를 보기 때문이다. 자기 자신과 비자기 의식적 사물 사이의 단순한 **동일성**을 판별하는 자기-의식의 형태가 곧 **사유**(Denken)이다. 노예의 의식 스스로 사유가 되는 것이 아니라, 사유가 노예의 자유 속에 암시적으로 존재하는 것을 명시적으로 만들어주는 것이다.

그런데 이러한 사유는 아직은 **철학적** 사유, 혹은 헤겔이 『논리학』에서 그 말을 이해하는 바의 '절대지'가 아니다. 따라서 『정신현상학』의 과제 ― 자연적 의식을 철학적 사유의 관점으로 인도하는 것 ― 는 아직은 완성되지 않았다. 앞으로 보게 되겠지만, 그 이유는 노예의 경험이 이르게 될 사유가 아직은 **자기**-의식의 시각에 묻혀 있기 때문이다. 『정신현상학』 4장을 시작하면서, 헤겔은 자기-의식과 더불어 우리가 '진리의 고향'(§197/137)에 진입했다고 적고 있다. 하지만 이 책의 끝머리에서, 절대지가 자기-의식을 통합하고 있을지라도, 절대지는 결코 자기-의식으로 환원가능하지 않다는 점이 분명해질 것이다. 그러므로 무엇으로 이어지든 독자들은 헤겔이 논구하고 있는 것이 아직은 절대지가 아니라 처음 『정신현상학』에 등장하는 바의 사유 혹은 "사유하는 의식 자체"(§197/138)임을 염두에 두어야 할 것이다.

이러한 사유는 대상이 **개념들**(Begriffe)에 의해 구조화된 것으로 이해한다. 즉 개념들은 사유에서 대상들이 그 자체로 무엇인가를 구성한다. 하지만 동시에, 사유 역시 스스로가 개념들에 의해 구조화된 것임을 안다. 따라서 개념들은 '명백한 즉자존재(Ansichsein)'를 구성하는데, 의식에게 이 즉자존재는 "의식과 구별되는 어떤 것"이 아니다. 그것들은 사물들과 자기가 공유하고 있는 형식이나 실체이다(§197/137). 의식이 어떤 것을 표상할 때, 의식은 그 사물을 의식과 다른 것으로 간주한다고 헤겔은 적는다. 이에 반해, 의식이 어떤 것을 개념들을 통해 이해할 때, 의식은 그 사물을 자기 자신의 사유와 동일한 형식을 지닌 것으로 받아들인다. 따라서 사유는 표상(Vorstellung)과 달리 자신과 자신의 대상 사이의 동일성을 자각하고 있다.

그러므로 사유 속에서, **자기**-의식은 **대상**의식과 완벽하게 일치한다. 헤겔이 적고 있듯, 생각한다는 것은 "스스로를 대상적 존재와 관계함으로써 그 대상의 의미가 의식의 **대자존재**가 되게끔 하는 것이다. 그러므로 대상은 이 의식에 대한 대상이다"(§197/137). 하지만 자기와 대상은 이 관계에서 동등한 무게를 갖는 것이 아니다. 왜냐하면 노예의 관점에서 사유의 관점으로의 이동은 특별히 자기-의식에 대한 강조를 함축하기 때문이다. 문제를 매우 단순하게 제시해보자. 노예가 자신을 타자 속에서 보는 반면, 사유는 스스로의 자기를 타자 속에서 보고 있다. 이 지점에서 사유는 자신과 그 대상 사이의 동일성을 의식하고 있는데, 사유는 노예가 했던 것보다 훨씬 분명하게 대상 속에서 자신을 인정하기 때문이다. 사실상 여기에 그러한 사유의 분명한 자유가 존재한다. "사유를 할 때 **나는 자유롭다**. 왜냐하면 나는 타자 속에 있는 것이 아니라 오로지 단순하게 나 자신과 교류할 뿐이기 때문이다. 나에게 본질적인 대상은 나 자신에 대한 존재와 불가분적인 통일 속에 있다. 개념적 사유 속에서 나의 행동은 나 자신 속에서의 운동이다"(§

197/137).

　따라서 이 지점에서 우리가 대면하는 사유는 **자기-의식**이 발전된 형식이다. 그 자체로, 그것은 『정신현상학』 4장을 통해서 자기-의식을 지배했던 원리, 다시 말해 "의식이 스스로에게 진리이다"(§166/120)라는 원리의 지배를 받고 있다. 생사 투쟁의 주역은 서로 상대방을 파괴시키고자 함으로써 그들 자신의 진리를 주장했다. 주인은 사물들을 소비하고 향유함으로써 그의 진리를 주장했다. 노예는 노동을 통해 사물들을 변형함으로써 그의 진리를 주장했다. 사유는 대상의 참된 형식을 찾기 위해 **자기 자신**과 그 자신의 개념들에 주목함으로써 자신의 진리를 주장한다. 한편으로 사유는 주인과 노예가 했던 것보다 대상으로 하여금 훨씬 더 그것 자신이 되게 한다. 왜냐하면 사유는 대상을 소비하거나 그것에 작용을 가함으로써 대상을 부정하는 것이 아니라 그것을 이해하고자 할 뿐이기 때문이다. 다른 한편으로, 사유는 자기 자신에 주목하고 **자신** 속으로 들어감으로써 대상을 이해한다. 그러므로 사유는 자기-의식의 한 형식으로 남아 있다. 사유는 진리 ─ 자신과 대상의 참다운 본성 ─를 **자기 자신 속에서** 발견하는 것이다.

　하지만 이렇게 함에 있어, 사유는 결국 대상을 끊임없이 부정한다. 왜냐하면 진리를 발견하기 위해 자신에게 향함으로써, 사유는 대상으로부터 등을 돌리기 때문이다. 욕망과 노동이 작동하는 대상은 그것이 통합하는 모든 사물들을 지닌, "다양하게 자기 분화하는 생명의 공간"이다. 이러한 생명의 참된 본성을 발견하기 위해, 의식은 이제 '소란스러운 실존으로부터 후퇴' 해서 **사유의 단순한 본질**(§199/138) 속으로 들어간다고 헤겔은 적고 있다. 다시 말해, 의식은 삶의 복잡 번쇄함을 추상해서 사유의 ' 순수한 보편성 ' 속으로 후퇴하는 것이다. 그 과정에서 의식은 스스로 '자연적 실존에 대해 **무관심하다**' 는 것을 보여준다

(§200/139). 헤겔이 특별히 고대의 스토아적 사유와 연결시키고 있는 그러한 무관심은, 그가 '왕관을 쓰고 있든 혹은 족쇄를 차고 있든' 상관없이, 그가 '주인'이건 혹은 '노예'이건 상관없이, 다시 말해 그가 로마 제국의 황제인 마르쿠스 아우렐리우스(Marcus Aurelius)이건 혹은 그 당시 노예인 에픽테투스(Epictetus)(§199/138)이건 상관없이, 그가 향유할 수 있는 내면적 자유를 구성한다. 하지만 그러한 자유는 대가가 있다. 왜냐하면 스토아주의자가 생의 특수성들을 추상함으로써 후퇴해 들어가는 사유 자체가 철저히 **추상적**이기 때문이다.

　이러한 추상성으로 인해, 스토아적 사유는 그 자신의 고유한 내용을 갖고 있지 않으며, 그 자체가 상당히 공허하고 무규정적이다. 그러므로 그것이 지닌 내용이 무엇이건 그 진리를 스토아적 사유가 이해하고자 하는 바의 대상―'살아 있는 세계'―으로부터 도출되어야 할 것이다. 따라서 스토아적 사유는 **세계**를 하나의 '사유 체계'로 파악함으로써 내용을 획득한다. 다시 말해 이렇게 이 사유가 획득하는 '내용'은 그것이 세계 속에서 접하는 **사물들**에 대해 형성하는 '특정한' 개념들로 이루어져 있다. 이러한 규정성은 사유 자체 속에 기원을 두고 있는 것이 아니라 세계에 **의해** '그것에 **주어진 것**'이다. 그것은 사유가 자기 안에서 지닌 '낯선 요소'(das Fremde)이다(§200/139).

　모름지기 이것이 추상적 사유가 지닌 유일한 내용이기 때문에, 스토아주의는 내부의 **사유** 자체로부터 '진리의 기준'을―그것에 비추어 세상의 사물들(그리고 행동들)을 평가하는 바의 진리와 선이라는 관념―제공하라는 질문을 받는다면 '당혹스러워' 한다고 헤겔은 말한다. 사실상 모든 스토아주의가 이러한 물음에 대한 응답 속에서 말할 수 있는 것은 "진리와 선이 이성성(Vernünftigkeit) 속에 혹은 지혜와 덕 속에 존재한다"는 것이다. 이러한 말들은 '의심할 바 없이 고무적'이라고 헤겔은 적고 있다. 하지만 그것들은 우리에게 아무것도 말해주지 않는다. "그것들은 사실상 어떤 내용의 확장을 산출할 수 없기 때문에, 그것들은 머잖아 지겨워질 것이다"(§200/139-40). 스토아주의는 진리와 선의 본성을 규정하기 위해 사유에 주목하지만, 헤겔이 보기에 그것은 추상적이고 단조로운 일반성들 외에 우리에게 남겨주는 것이 없다. 이것이 역사적 스토아주의에 대한 정당한 평가인지 여부를 나는 다른 사람들의 판단에 맡기겠다. 하지만 헤겔의 현상학적 주장에 따르면, 그처럼 지루한 일반성들은 사물들에 대한 진리를 발견하기 위해서 자기 안으로 후퇴해서, 사물들의 복잡성을 **추상한** 사유에 의해 필연적으로 산출되는 것이다.

주인과 노예와 달리, 스토아주의자는 어떤 형태로든 사물들을 실천적으로 부정하지 못한다. 그는 그것들을 소비하거나 변형하지 않는다. 하지만 그는 앞서 묘사한 방식으로 사물들을 추상하고 그 자신의 사유 속으로 후퇴함으로써 그 사물들을 사유 속에서 부정한다. 스토아적 부정이 할 수 있는 일은 기껏해야 그 정도까지만이다. 스토아주의자 자신에게, 진리는 사유에 의해 그리고 사유 안에서부터 드러나기 때문이다. 하지만 사유의 현실적 내용은 자연에 주어진 것을 포착하는 특정한 개념들 속에 놓여 있다. 따라서 스토아주의자는 사물들의 '불완전한 부정'만을 수행한다(§201/140). 사물들의 진리를 발견하기 위해 사유 속으로 후퇴함으로써, 그는 사물들의 복잡한 특수성과 규정성이 사유 밖에서, 한편으로 무관심의 문제로서, 다른 한편으로는 사유 자체의 내용을 규정하는 것으로 남게 한다. 하지만 스토아적 관점에 암시적으로 존재하는 것은 사물들에 대한 '절대적 부정'이다.

스토아적 사유는 그것이 관계하는 대상 속에서 **자기 자신**을 본다. 그렇지만 사실상 그것은 전혀 다르다. 왜냐하면 그 사유는 대상과 관련한 일체에서 자신을 보지 못하기 때문이다. 특별히, 그 사유는 스스로가 규정되어 있다는 것을 알게 되고, 자기 안의 **'낯선** 요소'인 사물들의 복잡한 특수성 속에서 자신을 보지 못한다. 대상과 관련한 일체 속에서 자신을 보기 위해—그래서 충분히 그리고 명백하게 그것의 본래 모습인 **자기**-의식이 되기 위해서 — 스토아적 사유는 자기 바깥에 규정된 어떤 것도 허용하지 않으려 할 것이다. 따라서 그것은 사물들을 절대적으로 부정해야 할 것이다. 하지만 그 사유는 그렇게 하지 않기 때문에, 그러한 절대 부정은 다만 내면 속에 남아 있을 뿐이다. 이에 반해 회의적 사유는 사물들을 절대적으로 부정하며, 철저히 자기-의식의 이름으로 그렇게 한다. 따라서 회의주의는 스토아주의의 관점에서 암시적으로 존재하는 것을 명시적으로 만드는 것이다.

회의주의

회의주의는 스토아주의가 무관심한 채로 대하고, 따라서 자유롭게 내버려두었던 대상 일체—'수없이 다양한 삶의 형식들'(§202/140)—를 부정한다. 회의주의자에게는 삶 속의 어떤 것도 홀로 남아 있지 않다. 일체가 존재로부터 비존재로 던져진다. 이러한 의미에서, 회의주의자는 주인의 관점으로 복귀하는 것처럼 보이는데, 주인 역시 스스로 사물들을 부정할 수 있는 무제한의 능력을 주장하고 있다. 하지만 주인과 달리, 회의주의자는 사물들을 소비함으로써 그것들을 실제로 파괴하는 것이 아니라, 다만 **사유 속에서** 그것들을 부정하는 것이다. 그는 사물들이 사유 바깥에서는 현실성이나 자립성이 없는 것으로 간주함으로써 그렇게 한다. "회의주의에서, 이제 이 '타자'의 전적으로 비본질적이고 비자립적인 성격이 **의식에게** 분명해진다"(§202/140). 삶과 사물들에 대한 이 같은 자기 의식적 부정을 통해, 회의주의적 사유는 "그 스스로 사유의 자유에 대한 확신을 획득한다"(§204/141)고 헤겔은 적고 있다. 사실상 스토아적 사유와 비교해볼 때, 회의주의적 사유는 "사유의 자유가 무엇인가에 대한 현실적 경험"이다(§202/140).

세계 속의 사물들이 비현실적이라고 선언함으로써, 회의주의자 역시 끊임없이 달라지는 그 **자신의** 지각들의 진실성을 훼손하고 있다(§204/141). 동시에, 그는 순수사유—그가 접하는 생의 흐름 앞에서 자신의 정체성을 헛된 것으로 보는 사유—로서의 그 자신에 대한 의식을 강화하고 있다. 우리는 회의적 자기-의식이 스스로를 "불변적이고(un-wandelbar) 진정한 자기 확신"(§205/142)으로 알고 있다고 들었다.

그러므로 주인과 마찬가지로, 회의주의자는 스스로가 자기 앞의 모든 사물들을 부정할 자유를 지닌 순수한 자아로 알고 있다. 하지만 주인과 달리, 그 자신의 부정할 자유에 대한 회의주의자의 감각은 너무 포괄적이어서 심지어 순수하고 불변하는 자아라는 의식 자체도 겨냥하고 있다. 따라서 회의주의적 사유는 그 자신의 순수성을 하나의 착각이라고 폭로하면서, 사실상 이러한 착각을 자신이 착각이라고 인식한 가변적 지각들과 떼어낼 수 없을 정도로 얽혀 있다고 지적한다. 헤겔이 적고 있듯, 회의주의자는 "**경험적** 의식, 스스로에게 전혀 현실성이 없는 의식으로부터 지도를 받고 있다"(§205/142).

그럼에도 엄밀히 말해서 그 자신의 지각 행위가 비실제적이라고 선언함에 있어, 회의주의적 사유는 다시금 부정할 수 있는 그 자신의 순수하고 불변적인 자유를 자각하고 있다. 즉 그 사유는 "다시금 보편적이고 자기 동일적인 의식으로 전환된다." 그럼에도 "이러한 자기 동일성 혹은 그 자신의 자기 안에서, 이 사유는 다시금 이전의 우연성과 혼란 속으로 빠져 들어간다." 왜냐하면 회의주의적 사유는 스스로 가상적 지각에 연루되어 있다는 것을 기억하기 때문이다. 그러므로 스스로의 사유의 자유를 행사함으로써, 회의주의자는 순수한 사유로서, 순수하고 불변하는 자아로서의 단순한 의식을 획득하는 것이 아니다. 오히려 그는 "불변성과 동등성, 그리고 완전한 우연성과 자신과의 부등성이라는 이중으로 모순된 의식이다"(§205/142-3).

회의주의자는 이처럼 자기 이해가 한 극단에서 다른 극단으로 끊임없이 바뀌는 것에 대해 전혀 **고통**을 받지 않지 않는다. 그는 그 속에서 부유(浮遊)하고 있다. 엄밀히 말해 회의주의자는 그가 자신의 자유를 향유한다고 방금 선언했던 것과 모순에 빠져 있다. 사실상 회의주의자는 가변적인 그의 첫 번째 지각을 신중하게 부정하고, 다음에는 그의 무제한적 자유에 대한 감각을 보존하기 위해 그의 불변적 자기 동일성을 부정한다. 즉 "자신과의 유사성 혹은 동일성을 지적한 다음 비유사성 혹은 비동일성을 지적할 것이다. 그가 방금 주장했던 것을 지금 대면할 때, 그는 등을 돌리고 유사성 혹은 동일성을 지적한다." 헤겔은 이러한 회의주의적 관점의 근본적 미성숙을 밝히는 놀라운 이미지를 다음과 같이 묘사하고 있다.

그의 말은 사실상 **떼쓰는 아이들**(eignesinniger Jungen)의 다툼이다. 다른 아이가 B를 말할 때 그는 A를 말하고, 다른 아이가 A를 말할 때 그는 B를 말한다. 자기 자신과 모순에 빠짐으로써, 그들 각각은 끊임없이 상호 모순에 머물러 있는 즐거움을 교환하는 것이다(§205/143).

감각적 확신과 지각은 그것들의 대상을 정반대로 바꾸는, 그것들 자체에 내재하는 변증법에 의해 휘둘리고 있다는 것이 드러난다. 그러므로 그것들은 대상을 고수하려는 최상의 노력에도 불구하고 그 대상을 상실한다. 반면, 변증법은 단순히 회의주의자에게 우연적으로 일어나는 것이 아니라 회의주의자 자신에 의해 신중하게 가동되는 것이다. 회의주의적 사유가 증거하는 '**절대적인 변증법적 불안**' 혹은 '영원히 스스로 야기하는 혼란'은 이러한 사유 자체가 '유지하고 창출하는'(§ 205/142) 것이다. 이러한 측면에서, 우리가 『정신현상학』의 이 지점에서 대면하는 회의주의는 현상학 자체의 원리로서 "현상적 의식의 전 범위에서 지향되고 있는 회의주의"와는 전혀 다르다. 현상학은 '철저한 회의주의'이다. 왜냐하면 "그것은 이른바 자연스러운 관념들, 사유들과 의견들(헤겔은 이것들이 사변철학으로 가는 길을 막고 있는 것이라고 주장한다)에 대해 절망 상태를 야기"(§78/61)하기 때문이다. 하지만 현상학자는 그 자신의 회의주의를 자연적 의식에게 강요하지 않는다. 그는 자연적 의식이 **스스로** 그 경험을 통해 파헤치는 과정을 추적할 뿐이다. 『정신현상학』 제4장에서 등장하는 회의주의자는 자신의 자기-의식의 무제한적 자유를 증명하기 위해 그 자신을 포함한 일체를 부정한다. 이에 반해 현상학자는 그러한 자유를 포기하고, 그것을 내용 속에 묻어두면서 "그것이 그 본성에 따라 저절로 움직이도록 내버려둔다"(§58/44).[39] 헤겔은 이제 회의주의적 자기-의식이 스스로 현상학적 회의주의에 종속된다고 주장한다. 왜냐하면 그것은 논리적으로 자신을 넘어 새로운 의식의 형태로 나아가기 때문이다.

회의주의자는 두 개의 상반된 특성들이 **하나의 자기** 속으로 통합되고, 또 통합된다는 것을 스스로 인식하고 있다. 그는 스스로가 가변자와 불변자라는 것을 알고 있으며, 따라서 그의 의식은 "내면적으로 모

---

[39] 자기-의식적 회의주의 역시 사변 논리를 선행하는 회의주의와 다르다. 왜냐하면 후자는 '혼란'을 야기할 수 있는 자신의 자유를 과시하려고 하지 않기 때문이다. 오히려 이 회의주의는 자의적인 전제들을 피해서 사유가 내재적으로 전개하는 것을 목적으로 한다. Hegel(1991), 124(§78 주석).

순을 경험한다"(§206/143). 그럼에도 그는 한 극단에서 다른 극단으로 이동하기 때문에(서로 반대로 뒤집음으로써), 그는 이러한 상반된 성질들이 사실상 **하나의 자기**의 계기들이라는 것을 충분히 해명하지 못한다. 그렇게 하기 위해서, 회의주의자는 그것들을 하나의 동일한 의식 속에서 결집해야만 할 것이다. 그러므로 우리는 이제 분명하게 "회의주의가 분리시켰던 두 사유를 결집하는" 새로운 형태의 자기-의식, 즉 불행한 의식으로 이동한다.

불행한 의식: 순수로부터 육화된 불변자로

불행한 의식은 **곧바로** 스스로가 "자기 해방적이고, 불변적이며 자기 동일적이라는 것"**과** 가변적이며 '자기 혼동적이고 자기 도착적'(§206/143)이라는 것을 알고 있다. 게다가 불행한 의식은 이 두 가지 부류의 성질들이 상호 대립적이며,—그것들은 하나의 자기 속에 결집되어 있기 때문에—상호 **불가분적**이라는 점을 알고 있다. 따라서 불행한 의식은 회의주의자보다 훨씬 분명하게 자기모순적이며, 또 스스로를 그렇게 받아들이고 있다. 왜냐하면 그 의식은 두 개의 상반된 성질들을 시간상 순차적으로가 아니라 동시에 상호 대립시키고 있기 때문이다. 사실상, 불행한 의식은 두 개의 대립적인 **자기 – 의식**을 하나의 자기 속에서 통합하고, 이렇게 자기-의식의 경험이 시작한 자기-의식의 '이중성'(Verdopplung)을 복원한다. 생사 투쟁과 주인-노예의 관계에서 두 자기-의식은 서로 맞대결을 했다. 이에 반해, 스토아주의는 '자기 자신의 단순한 자유'일 뿐이다. 불행한 의식에서, 다시금 두 자기가 존재하지만, 이것들은 이제 하나의 의식 속에 거주하고 있다. 그것들은 '**내면적으로 분열된 하나의 불행한** 의식'이 스스로 인식하고 있는 **두 자기**이다(§207/144).

불행한 의식이 자신을 하나의 자기로 받아들이는 한, 그것은 자신을 자기 안의 두 자기의 '**직접적 통일**'로 받아들인다(§208/144). 이러한 통일의 의식이 불행한 의식을 회의주의자와 구별하는 것이다. 이러한 통일은 불행한 의식 자체에 의해 자신을 그 참다운 성격 혹은 '본질'을 구성하는 것으로 간주된다. 하지만 불행한 의식 역시 자신 속에서 두 대립적 자기로 분열되어 있으며, 아직 그것은 명시적으로 본질 속에서 받아들이는 바의 통일이 아니다(§207/144를 보라). 따라서 불행한 의식은 **사실상** 자신이 그 본질적인 모습을 결여하고 있다는 것을 알고 있다.

이제 양분된 불행한 의식들 중의 하나 ─ '단순한 것, 불변적인 것' ─는 그것이 그것의 본질로 받아들이는 통일 자체를 드러낸다. 따라서 불행한 의식은 이 불변적 자기를 그것의 본질적 자기 ─ 그것이 자유롭고 자신과 하나가 되는 바의 참다운 자기 ─로 간주한다. 그것은 다른 자기 ─ 가변적이고 내적으로 구별된 자기 ─를 그것의 비본질적인, 한낱 우연적인 자기로 간주한다. 그럼에도 불행한 의식은 스스로가 명백히 양분되어 있고, 그래서 그것의 본질을 결여하고 있다는 것을 알고 있기 때문에, "그것은 스스로를 가변적 의식과 동일시하고, 스스로를 비본질적 존재로 받아들인다"(§208/144). 불행한 의식을 구성하는 두 자기들의 **관계**의 성격으로 인해 각자는 곧바로 자신을 관계의 한 요소, 다시 말해 내적인 분화와 가변성을 드러내는 **요소**와 동일시한다. 따라서 그것은 자신을 가변적 자기, 스스로의 가변성과 자신의 참다운 본질 ─통일과 자기 동일성 속에 존재하는 본질─로부터의 자기 분화에 의해 분리된 분열된 자기로 간주하는 것이다.

불행한 의식은 **자신**을 가변적 의식으로 받아들이기 때문에, "불변자는 그 의식에게는 **낯선 존재**(ein Fremdes)이다"(§208/144). 그것은 내

가 생의 무상성 속에 빠짐으로써 단절된 또 다른 자기-의식 — 불변적
이고 자기 동일적인 — 이다. 나는 사실상 **여기 너머에** 있는 반면, 불변
자는 **저기 너머에** 있다. 그럼에도 우리가 보았던 것처럼, 불행한 의식
은 스스로 불변적 본질 속에 있는 것으로 받아들이고, 그래서 그것 자
신과 분리된 이 다른 자기-의식이 "그 자신의 본질이라는 것 — 비록
그것 자신에게 다시금 그것이 그 자체 이러한 본질이 아닐지라도 — 을
자각하고 있다"(§208/144). 따라서 불행한 의식은 그 자신의 본질로부
터, 그 자신의 참된 자기로부터 소외된 바, 불행한 의식은 이 참된 자기
를 그 자신을 넘어선 다른 자기 속에서 보는 것이다.

불행한 의식은 자신의 자기 동일적이고 불변적인 자기를 **참다운** 자
기로 보기 때문에 "불변자에 대해 무관심"할 수 없다. 오히려 그것은
자신의 소외를 극복하고자 하고, "비본질적인 것, 즉 자기로부터 스스
로를 해방시킴으로써"(§208/144) 스스로의 참된 자기와 하나가 되고
자 한다. 자신의 소외를 극복하고자 하는 이러한 관심은 의식이 느끼는
소외 자체에 필수적이다. 왜냐하면 의식은 자신과 전혀 다른 어떤 것으
로부터가 아니라 그 **자신의** 참된 자기, 말하자면 자기-의식으로서 그
것이 반드시 극복하고자 한 자기로부터 소외되었기 때문이다. 문제는
삶에 뒤얽혀 있는 상태를 벗어나 불변자와 통일된 상태로 끌어올리는
과정에서, 불행한 의식이 이러한 고양(高揚) 행위가 그 자신의 작업, 유
한하고 **가변적인** 의식의 작업임을 자각하는 데 있다고 헤겔이 지적한
다. 이는 불행한 의식이 스스로를 고양시켜 불변자와 통일되는 데 실패
했다는 것을 의미하지 않는다. 엄밀히 말해 그것은 스스로를 고양시킴
에 있어, 불행한 의식이 자신의 가변성과 개별성을 의식하게 된다는 것
이다. 이러한 의미에서 그 자신의 가변적 자기에 대한 '승리' 자체가
'패배'라고 헤겔은 적고 있다(§209/145).

이는 불변자가 불행한 의식에 의해 경험되는 방식에 상당한 영향을 미친다. 왜냐하면 불변자가 의식에 들어옴에 따라, 그것은 의식이 자각하고 있는 가변적 개별성과 융합되기 때문이다. 그것들은 의식의 하나의 대상 속으로 융해된 것이다. 헤겔이 적고 있듯, "의식은 이처럼 불변자 속으로, 또 불변자가 개별성 속으로 개별성이 등장한 것을 경험한다." 양자는 결코 분리될 수 없다는 것이 입증되었다. 게다가, 의식은 불변자 속에서 단지 개별성 일반이 아니라 '그 자신의 개별성'을 자각하게 된다(§210/145). 불행한 의식이 스스로를 불변자와의 통일 상태로 끌어올리고, 이 불변자가 의식 안으로 들어옴에 따라, 의식은 자신과 불변자가 하나가 되는 것을 보는 것이다.

그렇지만, 의식 역시 자기와 불변자의 차이를 자각하고 있다고 헤겔은 적고 있다. 그 자신의 가변적 개체성이 불변자 속으로 통합되는 것을 볼뿐만 아니라, 의식 역시 스스로가 불변자는 **아니라는** 것, 엄밀히 가변적이고 개별적인 자기가 됨으로써 불변자와 분리되어 있다는 것을 자각하기도 한다. 따라서 불행한 의식이 스스로를 불변자와 통일체로 끌어올리는 과정에서 겪는 경험은 자신이 불변자와 통일되어 있기도 하고 차이도 있다는 것을 깨닫게 해준다. 그러므로 의식에게, 개체성 속의 가변자와 불변자는 서로 간에 3중으로 관계를 맺고 있다.

첫째로, 의식은 자신과 불변자와의 분리를 고통스럽게 자각하고 있다. 따라서 의식은 이러한 분리를 극복하기 위해 '투쟁의 시초로 되돌려'졌다. 사실상 의식은 새로운 의식의 형태(이른바 이성)가 등장하기 전까지는 이러한 투쟁에 사로잡힌 채로 있을 것이다. 헤겔이 적고 있듯, 이러한 투쟁과 그것이 전제하고 있는 분리는 "처음부터 끝까지 관계 전체가 존재하고 있는 터전이다"(§210/145). 하지만 둘째로, 불변자 자체—불행한 의식으로부터 그것이 분리된 상태에서—는 이제 가변적 개별성의 형식을 취하는 것으로 이해된다. 그것은 시간과 공간 속에서 감각적인 형태를 띠고 있는 **육화한** 불변자로 간주된다. 세 번째로, 의식은 이러한 육화의 계기 안에서 그 자신의 자기, 말하자면 이제 불변자 속으로 통합된 그 자신의 생동하는 인간성을 판별한다. 불행한 의식은 그것의 참다운 자기와 본질을 불변자 속에서 볼 뿐만 아니라, "자신을 불변자 속에 있는 이 ― 가변적 ― 개체 속에서 발견한다"(§ 210/145). 따라서 불행한 의식은 불변자와 관계를 맺고 있는데, 이 의식은 불변자와 자신이 심각하게 분리되어 있다고 느끼고 있지만, 그것은 또한 그러한 분리를 **극복**한다고 본다.

  헤겔은 불변자가 이제 공간과 시간 속에 육화된 것으로 이해한다는 사실로 인해 불행한 의식에 "좀 더 가깝다"는 점을 지적한다(§ 212/146). 그것은 더 이상 단순히 "특수한 개별자에게 판단을 내리는 낯선 존재"가 아니다. 오히려 이제 그것은 유한하고 가변적인 삶에 관여하는 것으로 간주된다. 따라서 그것은 유한성과 가변성 속에 처해 있는 우리가 우리의 소외를 완벽하게 극복해서 마침내 불변자와 하나가 될지도 모른다는 희망을 우리 안에 밝히는 촛불이다. 그럼에도 헤겔은 그러한 희망은 "충족과 현재의 과실이 부재"한 상태로 남을 수밖에 없다고 적고 있다. 이는 시간과 공간 속의 육화가 불변자를 지상으로 내려오게 해서 우리에게 좀 더 가깝게 해주지만, 또한 그것이 시간과 공간 속의 우리와 **동떨어지게** 하기 때문이다. 불변자와 합일된다는 우리의 희망은, 우리가 "시간의 세계 속에서 불변자가 사라지고" 또 "공간 속에서 불변자는 … 절대적으로 멀리 떨어져 있다"(§212/147)는 것을 우리가 깨닫기 때문에 좌절된다. 즉 우리가 보는 불변자는 **당시에는** 육화했지만, 지금은 그렇지 않고, **거기서는** 그랬지만 여기서는 아니라는 것이다. 그러므로 가변적이고 유한한 개별자들로서, 우리는 육화한 **불**

변자뿐만 아니라 그것의 **육화** 자체와 분리되어 있다고 느낀다.

따라서 의식은 여전히 불행하다. 그럼에도, 진보가 이루어지는데, 이 제 의식은 무형의 순수한 불변자가 아니라 '형태를 지니고'(gestaltet), 그러한 의미에서 우리와 마찬가지로 육화한 불변자와 관계한다. 따라 서 의식의 참된 대상은 단순히 가변적 개별자와 대립된 불변자가 아니 라, 여전히 나의 가변적인 의식과 삶 **너머에** 존재하는 어떤 것일지라 도, "특수한 개별자와 불변자가 하나된 것(Einssein)"이다(§213/147).

불행한 의식: 헌신, 감사 그리고 금욕

불행한 의식에 관한 장을 시작하는 구절들은 불행한 의식의 고유한 대 상이 무엇인가, 다시 말해 무형의 불변자가 아니라 형태화되고 육화한 대상이 무엇인가를 논구하고 있다. 헤겔은 이제 의식이 이러한 대상에 대해 그리고 그것이 그 대상과 맺고 있는 관계에 대한 경험을 검토한다.

불행한 의식은 먼저 순수한 **의식** 혹은 단순한 앎이다. 여기서 육화한 불변자가 그 의식의 **대상**이다. 의식은 불변자와 분리되어 있다는 것을 고통스럽게 자각하고 있지만, 의식은 자신이 그 불변자의 소외된 본질 임을 알고 있기 때문에 불변자와 하나가 되고자 한다. 스토아주의에 관 한 장에서 우리가 보았듯, 자신과 자신의 대상의 통일성 혹은 동일성에 대한 의식이 곧 **사유**이다(§197/137). 우선, 불행한 의식은 아직은 자 신과 불변자와의 동일성을 의식하고 있지 않다. 하지만 불행한 의식은 자신을 불변자와 통일된 상태로 **고양**시키고자 노력한다. 따라서 그렇 게 함에 있어 그 의식은 "사유를 향한 운동"(§217/148)이다. 독일어로 이것은 다음과 같이 표현된다. 의식은 "사유를 **향해** … 간다." 헤겔이 적고 있듯, 그 자체 의식은 '**기도**'(Andacht) 혹은 **헌신**이다. 그러므로 불행한 의식은 헌신적 의식이어야 하는데 헌신은 우리가 불변자와의 합일을 획득하고자 하는 운동으로 이해된다.

헌신하는 의식은 그 대상과의 합일을 획득했다기보다는 그것을 향해 가는 도중이기 때문에, 그것은 우리가 스토아주의에서 보았던 명백히 **사유하는** 의식에는 못 미친다. 게다가, 그 의식은 자기 자신에 대해 또 자신이 모색하는 불변자와의 합일과의 **차이**에 대해 첨예하게 자각하고 있다. 사유에 이르지 못하면서 우리가 직접적으로 우리 자신에 사로잡혀 있는 마음의 형식을 헤겔은 '감정'(Fühlen)이라고 부른다. 따라서 헌신은 우리가 불변자와의 합치 **감정 속으로** 스스로를 고양시키고자 하는 운동이다. 사실상 불행한 의식은 불변자가 자기 자신의 본질임을 알고 있고, 그래서 적어도 원리상으로 자신이 그 대상과 하나임을 알고 있기 때문에 사유의 형식이다. 하지만 그것은 고유한 의미의 사유는 아니며, 의식에게 주체와 객체의 통일이 명시화된 **개념들**에까지 이르지 못한다. 그것의 사유는 여전히 감정 속에 빠져 있으며, 따라서 헤겔이 적고 있는 '음악적인 사유', 즉 "종소리의 형태 없는 아우성 혹은 공간을 채우는 따뜻한 안개"(§217/148)로서의 사유(헌신을 수반한)이다. 따라서 이 단계의 의식은 불행한 종교적 의식이다.

불행한 의식이 헌신적이기 때문에, 그것은 기껏해야 불변자와 자신이 합일되어 있다고 **느낄** 수 있을 뿐이다. 우리는 스스로 어떤 기분이나 상태에 있다고 느낀다. 따라서 불변자와 합일되어 있다는 **감정은** 우리를 스스로의 개별적이고 가변적인 의식에 빠지게 할 것인데, 우리는 이 의식이 불변자 자체와 분리되어 있다는 것을 알고 있다. 불변자와의 어떤 실제적인 교류도 감정을 통해서는 성취될 수 없다. 그러므로 "본질을 포착하는 대신에" 의식은 "다만 그것을 **느낄** 뿐이고, 자기 안으로 후퇴한다." 따라서 불변자는 의식에게 "(개념적-옮긴이) 파악을 회피하거나 혹은 이미 회피된 도달 불가능한 **피안**이다"(§217/149).

따라서 불행한 의식의 첫 번째 경험은 단순히 **자기 자신**에 대한 감각을 보강하는 것이다. 불행한 의식은 그것이 불변자와 하나가 된다고 느끼는 바로 그 지점으로 복귀한 것이기 때문이다. 이제 불행한 의식은 처음의 그 자신보다 훨씬 명백히 **자기 의식적**이 되었다. 물론 불행한 의식은 처음부터 자기-의식이다. 왜냐하면 그것은 언제나 그것의 주요한 대상을 자기 자신으로 받아들이기 때문이다. 하지만 처음에 불행한 의식은 불변자를 **대상**으로 의식하는데, 여기서 그 의식은 자신의 참된 자기를 보며, 그 대상과 자신이 교류한다는 것을 의식하고자 할 뿐이다. 이제 보다 명백히 자기 의식적이 되면서, 불행한 의식은—주인과 노예처럼—사물들을 **부정**할 수 있는 자신의 힘을 깨닫게 된다. 따라서 육화한 불변자와의 관계는 단순히 교류를 모색하는 관계일 뿐이 아니라, 스스로가 **욕망하고 노동하는** 자기-의식임을 아는 관계이다.[40]

하지만 주인과 노예와 달리, 이 두 번째 형식의 불행한 의식은 헤겔이 말하는 '**두 개로 쪼개진 현실**' (§219/150)과 대면한다. 한편으로, 불행한 의식은 사물들이 소비되고 작업이 가해지기 앞서 그 사물들이 부정되는 것을 본다. 다른 한편으로, 불행한 의식은 그러한 사물들 자체가 '불변자의 형태' 라는 것, 그리하여 '성스러운 세계' 를 구성한다는 것을 받아들인다. 의식은 불변자를 취해서 그것에게 개별적 표현을 제공하고, 육화한 불변자가 되게 한다. 그럼에도 의식은 또한 그렇게 함에 있어서 불변자가 그 보편성을 드러내도록 한다. 따라서 의식은 '모든 현실' —의식을 둘러싼 모든 세계—을 불변자의 '개별성' 으로 보는 것이다.

사물들을 소비하고 작업을 가함에 있어, 의식은 그 자신의 활동으로

---

40 앞의 50–51과 50 각주5를 보라.

부터 만족 혹은 '향유' (Genuss)를 얻으며, 그리하여 자기 자신에 대한 감각을 보강한다. 그럼에도 자기 자신에 대한 의식의 만족은 제한되어 있다. 의식은 그것이 이러한 사물들 속에 발현된 불변자가 그 사물들을 소비하고 변형할 수 있도록 허락했기 때문에만 그것들을 그렇게 할 수 있다는 것을 알고 있기 때문이다. 사실상 의식은 스스로 향유하고 있다. 하지만 의식은 "이러한 향유는 불변자가 스스로 자신의 육화된 형식을 포기하고 그것을 의식의 향유를 위해 단념함으로써 발생한다"(§220/151)는 것을 알고 있다. 그러므로 의식은 오직 불변자의 관용에 **의해서만** 사물들을 부정할 수 있다는 것을 알고 있다.

의식은 또한 자기 자신의 모습에 대해 불변자에게 빚을 지고 있다고 느낀다. 의식은 사물들의 실제 변화(혹은 파괴)를 불변자의 그것과 반대되는 그 자신의 개별적 행위로 본다. 이것은 **자기 자신**에게 도움을 받고 있다는 것, 즉 헤겔이 적고 있듯, '독립적(대자적)으로' 그렇게 한다는 것이다. 그럼에도 또한 의식은 스스로가 **독립적으로** 있을 뿐 아니라 '**그 자체 본래적으로**'(an sich) 있다는 것도 알고 있다. 이는 의식 자신의 두 가지 모습을 포괄하고 있다. 하나는 스스로가 책임이 없는 모습이고, 다른 하나는 **세계 속의** 가변적이고 경험적인 대상이라는 것에서 나온 의식 자신의 모습이다. 의식에게 전체로서의 세계는 불변자의 표현이기 때문에, 그것은 또한 의식이 세계에 빚지고 있는 의식 자신의 모습일 수도 있다. 이러한 의식의 모습은 의식 자신이 아니라 "피안의 불변자에 속하며", 능력들과 역량들, 즉 불변자가 사용하도록 의식에게 넘겨준 낯선 선물(eine fremde Gabe)로 이루어져 있기도 하다 (§220/151).

불행한 의식은 그것이 직면해 있는 '수동적인 현실' —세계—과의 관계에서 스스로 능동적이고자 한다. 하지만 불행한 의식은 이 관계에

서 양측 면 모두가 "불변자 속으로 후퇴해 들어갔다는 점"(§221/151)
—불변자는 욕망하고 노동하는 주체와 세계 모두 안에서 작동하는 참
된 힘이라는 점을 알고 있다. 의식은 여전히 자신이 불변자와 구별된다
고 생각하기 때문에, 의식은 자기 안에서 작동 중인 힘이 '자기 바깥에
있는' 것으로 생각하지 않을 수 없다. 그럼에도 불행한 의식은 불변자
를 자기 자신의 본질로 간주하고 그것과 하나가 되기를 모색한다. 하지
만 의식은 이제 그것이 이전에 했던 것의 정반대를 행함으로써 그러한
통일을 획득한다. 헌신하는 의식은 스스로를 직접 불변자로 고양시킬
수 있다고 하면서도 그 자신, 즉 개별적이고 가변적인 의식으로 존재하
고 존속한다고 생각했다. 이에 반해, 욕망하고 노동하는 의식은 어떤
방식으로든 자신을 부정함으로써 불변자와 교류한다.

이 의식에게, 불변자는 먼저 **자신을** 부정함으로써 자신의 힘을 행사
한다. 왜냐하면 그것은 불변자가 드러나는 사물들을 스스로 부정함으
로써, 또 그것들을 우리가 소비하고 작업할 수 있도록 우리에게 제공함
으로써 우리가 만족을 얻게 해주기 때문이다. 헤겔이 적고 있듯, "불변
적 의식은 그 육화된 형식을 **부인하고 포기한다**"(§222/151-2). 그렇게
함에 있어 불변자는 우리에게 우리 자신의 능력과 역량을 부여할 뿐만
아니라 세계의 사물들을 하나의 **선물**로 증여한다. 의식은 이러한 선물
을 그에 대한 감사의 표시로 인정한다. 그러므로 감사를 표함에 있어,
의식은 스스로가 불변자에게 빚을 지고 있다는 것을 받아들인다. 하지
만 의식은 이렇게 독립적으로 행동한다는―그 자신의 어떤 것이라는
―만족을 부정한다는 점에 헤겔은 주목하고 있다. 왜냐하면 "의식은
그 자신의 행위의 본질을 자기 자신이 아닌 바깥에 두고 있기" 때문이
다(§222/152). 이러한 의미에서, 의식은 불변자가 한 것처럼 자기 자
신을 부정한다. 그러므로 이 지점에서, 의식은 감사를 표하면서 마침내

스스로가 불변자와 하나가 된다는 것을 깨닫게 된다. 양자 모두가 똑같이 스스로 무엇인가를 '포기(Aufgeben)' 하는 행위를 보여주었기 때문이다. 불행한 자기의 첫 번째 경험은, 가변적 의식과 불변적 의식이 순수하게 그리고 단순하게 그들 자신으로 남을 경우, 그들은 결코 진정한 하나됨을 이룰 수 없음을 보여준다. 하지만 이제 두 번째 경험은, 각자가 자신을 부정하고, 그리하여 출발점은 다를지라도 자기 부정이라는 동일한 과정이 될 경우, 그러한 하나됨이 획득될 수 있다는 것을 보여준다.

그렇지만 이러한 하나됨은 즉각적으로 깨진다. 많은 측면에서 의식은 스스로를 부정하지 않았고, 그리하여 불변자와 동떨어진 채로 남아 있다는 것을 알고 있기 때문이다. 결국 의식은 자신의 소비와 자신의 노동으로부터—비록 불변자의 도움을 받기는 했어도—개별적인 자기만족을 얻었으며, 그러한 측면에서 자기 감정을 확인하는 것 외에 어떤 것도 스스로를 부정하지 못했다. 보다 걱정스러운 것은, 그것을 통해 의식이 불변자와 하나가 된 감사 행위조차 그것이 보여준 순전한 자기포기 행위가 아니라는 것을 의식이 깨닫는다는 점이다. '의식의 **감사 행위**' 는 다른 극단의 행위에 균형을 맞추는 **의식 자신의** 행위이자, 자기희생적 선행을 **유사** 행위로 반응하기 때문이다(§222/152). 이는 그러한 감사가 사실은 순수한 자기 포기 행위, 타자에 대한 자신의 부채를 진심으로 받아들이는 행위임을 부인하는 것이 아니다. 문제는 순수한 자기 포기에서조차 의식은 자신을 포기하지 않는다는 데 있다. 왜냐하면 의식이 이러한 자기 포기 행위를 (다시) 시작하고 실행하기 때문이다. 의식은 불변자에 대해 전적으로 자기 자신을 맡기지 않는다. 하지만 헤겔이 적고 있듯이, 의식은 불변자의 자기 포기를 그 **자신의** '**유사 행위**'로 반응한다. 그러므로 이 두 번째 경험의 결과는 "의식이 그 속에서 스스로를 이 특수적 개별자로 느끼며, 그 자신이 스스로의 그럴

듯한 포기에 의해 기만되지 않도록 하는 것이다. 문제의 진리는 의식이 자신을 부정하지 않았다는 점에 있다"(§222/152).

따라서 이제 의식은 자기 자신의 개별성이 **절대적으로 환원 불가능하다**는 것을 발견한다. 의식은 무언가 그 자신의 것이라는 것을 포기하는 행위에서조차 이러한 개별성을 보기 때문이다. 따라서 의식은 자신의 개별성을 자신의 불변적 본질과 절대적으로 단절된 것으로 본다. 불행한 의식의 첫 번째 두 형식은 그들이 헌신과 감사를 통해 불변자와 하나가 될 수 있었다고 생각했다. 하지만 의식은 이제 자신의 본질에 좀 더 가까이 가기 위해 시도하는 무엇이든 저 본질과 단절된 개별자로서의 자기 감정을 강화할 뿐이라는 점을 알게 되었다.

따라서 불행한 의식의 세 번째 형식은 자신에게 완전히 등을 돌려서 스스로가 '적'이라고 선언한다. 그러므로 그것은 자신의 본질로부터 분리되었기 때문이 아니라 참으로 비참하다는 점에서 불행한 것이다. 불행한 의식은 자신에 관한 일체가 자신을 분리시킨다는 점을 확신하고 있다. 따라서 불행한 의식은 그 자신의 소비와 노동에서 더는 만족을 구하지 못하는데, 그 자신의 향유 자체가 그 속에서 '비참하다는 느낌'을 자극하기 때문이다. 불행한 의식은 살아 있다는 것에 속한 '동물적 기능들'을 '자연스럽게 그리고 당황하지 않고서' 수행할 수도 없다. 사실상 불행한 의식은 이러한 기능들 속에서 무엇보다 '독특한 모습을 한' 적을 보는 것이다. 따라서 이러한 기능들은 '심각한 추구의 대상' 혹은 강박이 된다. 의식이 그것들에 더 많이 주목할수록, 의식은 그것들에 더 많이 '오염된' 느낌을 받는다. 따라서 의식은 자신에 골몰하면서 스스로를 생명의 찌꺼기로 보는 것 속에 빠져드는 것이다. "의식이 황폐해지는 만큼 의식은 비참해진다"(§225/153-4).

그럼에도 의식은 여전히 그것의 본질이 불변자 속에서 발견되고 있음을 알고 있다. 사실상, 이러한 앎이 그 자신의 개별성에 대한 의식의 증오를 근거 짓거나 혹은 **매개하고** 있다. 의식은 스스로를 불변자와 동떨어진 상태로 유지할 때만 그 개별성을 제거할 수 있다는 것을 증오하거나 소망하기 때문이다. 매개의 계기가 의식 자체에게 '봉사자'(Diener)의 모습을 하고서 분명하게 다가온다(§§227-8/154). 논의의 이 지점에서 봉사자를 끌어들인 것은 자의적으로 보일 수도 있겠다. 하지만 불행한 의식의 이 세 번째 형식의 구조를 보면 그것은 사실상 필연적이다. 한편으로, 의식은 자기 자신의 개별성에 의해 불변자로부터 자신이 단절된 것으로 받아들인다. 그러므로 불행한 의식의 첫 번째 두 형식과 달리, 그것은 그 자신의 행위를 통해 스스로를 불변자와 접촉시킬 수 있다고 생각하지 않는다. 다른 한편으로, 의식은 불변자가 그 자신의 본질임을 알고 있으며, 그래서 불변자와 하나가 될 필요를 의식하고 있다. 하지만 의식은 자신을 불변자와 접촉시킬 수 없기 때문에, 의식은 제3자, 즉 중개자를 통해 불변자와 접촉할 수밖에 없다. 이 중개자는 개별자와 접촉할 수 있기 위해 변화와 삶의 세계에 귀속해야 한다. 하지만 중개자는 또한 그것이 개별자와 나누는 상담을 통해 불변자의 '뜻'을 개별자에게 전달해야만 한다. 그러므로 칸트의 '도식'(schema)과 마찬가지로, 중개자는 가변적 의식과 불변적 의식을 자기 자신 속에 결합함으로써 양자를 연결하는 '제3자'가 되어야 한다.[41] 게다가 중개자는 이 두 대립적 의식을 결합하기 때문에, 그것은 스스로가 다른 의식이 되어야 한다. 그러므로 불행한 의식은 **성직자를 통해**(via a minister) 불변자와 연결되는 것이다. 왜냐하면 불행한 의식은 불변자를 그 자신의 본질 자체로 인정하면서도 자기와 관련된 모든 것이 불변

---

41 Kant(1929), 181(B 177)을 보라.

자 자체와 동떨어져 있다고 생각하기 때문이다.

불행한 의식의 구조 자체가 중개자의 도입을 필연적으로 만들기 때문에, 이 중개자의 상담의 내용은 불행한 의식의 관점을 반영하고 있다. 의식에게, 그 자신의 개별적 의지는 불변자와 전적으로 대립되어 있다. 따라서 불변자의 의지에 순응하는 것은 개별자 자신의 의지를 배제할 것을 요구한다. 그러므로 불변자의 이름으로, 중개자는 개별자에게 그의 의지 전체를 포기하고, 불변자의 의지에 자신을 전적으로 내맡기라고 말한다. 개별자는 불변자를 그 자신의 본질로 보기 때문에, 그는 중개자가 그에게 말한 것을 어렵지 않게 행한다.

이로써, 의식은 앞서 불행한 의식의 형식이 하지 못했던 것과 달리 자기 자신의 의지를 단념하고 그것으로부터 해방되는 데 성공한다. 이제 의식은 그 자신의 **행위**를 통해 불변자의 자비에 반응하지 않고, 오히려 그 자신의 의지가 불변자의 의지에 의해 (성직자의 인격 속에) 완벽하게 심어지도록 한다. 헤겔의 말을 빌리면, 의식은 "중매자 혹은 중개자에게 그 자신의 결단의 자유와 아울러 그 자신의 행위에 대한 책임도 투영하는데, 이로써 의식의 행위는 더 이상 '그 자신의 행위'가 되지 못한다"(§228/154). 게다가 의식은 "자신에게 아무런 뜻도 없는 것을 생각하고 말함으로써"(말하자면 라틴어로) 스스로의 '자기 의식적 **자립성**'을 포기한다. 의식은 그것이 획득한 많은 소유물들을 포기함으로써 노동을 통한 만족을 부인한다. 의식은 단식과 고행을 함으로써 노동과 삶이 가져다주는 향유를 부정하는 것이다. 이렇게 해서, 의식은 그 자신의 노동의 결실을 진정으로 제물로 바치고, 그것을 전적으로 불변자의 의지에 떠맡김으로써 자기 감정을 부인한다. 따라서 의식은 이른바 가난과 순결 그리고 복종의 '선교회'로 알려진 것에 의해 지배되는 **금욕주의**의 삶에 스스로를 떠맡기는 것이다. 『정신현상학』의 이 지점에서, 불행한 의식은 중세의 기독교에서 가장 완벽하게 실현되고 있다는 것이 분명해진다.

여기서 헤겔은 ─ 니체처럼 ─ 계보학이 아닌 현상학을 하고 있다는 점을 기억하는 것이 중요하다. 그러므로 헤겔은 **우리**가 생각하는 것이 어떻게 가고 있는지가 아니라 자기-의식이 스스로 하고 있다고 받아들이는 것에 관심을 갖고 있다. 니체는 그의 시각(혹은 시각들)에서, '금욕적 이상'이 병약하고 '타락한 삶'[42]에서 기원한다고 대담하게 선언한다. 하지만 헤겔은 그런 판단을 내리지는 않는다. 헤겔의 흥미를 끈 것은 자기-의식이 스스로를 이해하는 바의 방식이다. 감사하는 자기-의식이 선물에 대해 감사를 표할 때 그 의식은 실제로 자신의 자립성을 포기하는 것이 아니라는 것, 오히려 금욕적 자아는 스스로가 타자의 의지에 의해 완벽하게 지배되는 모습을 보기 때문에 (비록 자아는 그 속에서 자신의 본질을 볼지라도) 이 자아는 **자기 눈으로** 자신의 자립성을 포기한다는 것, 감사하는 의식은 이 점을 **자기 스스로** 본다는 것에 헤겔은 주목하고 있다.

이렇게 자신의 자립성을 포기하면서, 헤겔은 금욕주의자가 더 이상 자기를 자유로운 자기 의식으로 간주하지 못하고, 그 자신의 눈으로 보기에 불변자의 의지에 의해 결정된 하찮은 생명체 혹은 '사물'(Ding)로 환원시킨다고 논한다. 그러므로 참다운 불변자와 하나가 됨을 모색하는 과정에서, 금욕주의자는 자신의 가변적이고 개별적인 자기를 정반대의 자기로, 단순한 '객관적 현존'으로 탈바꿈시킨다. 하지만 동시에, 엄밀히 말해 그 자신의 의지를 포기함으로써, 금욕주의자는 불변자의 의지가 그 자신의 의식 속으로 들어와 그 자신의 의지가 되게 한다.

---

42 Nietzsche(1969), 119–20(Genealogy 3, §§12–13)을 보라.

그러므로 비참함이라는 극단에서, 마침내 개별자와 불변자 사이의 간극이 사라지고, 불행한 자아는 결국 "스스로의 **비참함**으로부터 구원"(§230/155)을 획득하는 것이다.

좀 더 정확하게 말한다면, 자기는 **본래적으로**(an sich) 혹은 자신의 눈에서 구원을 획득한다. 그 자신의 눈으로 보기에 자기는 불행한 의식이다. 자기는 이제 자신 속에 거주하는 불변자로부터 자신이 여전히 분리되어 있다고 받아들이기 때문이다. 의식은 불변자의 의지가 그 자신의 의지가 되게 한다. 하지만 의식은 여전히 저 불변적 의지를 자신 속에서 움직이는 **타자**의 의지로 보고 있다. 헤겔이 적고 있듯, "의식에게, 의식의 의지는 사실상 보편적이고 본래적인(an sich seiend) 의지가 되지만, 의식 자신은 스스로를 이러한 본래적 의지로 간주하지 않는다"(§230/156). 성직자는 불변자를 마음속에 영접함으로써 비참함 속에서 '축복받은 향유'가 발견된다고 의식에게 확신을 심어준다. 하지만 의식에게, 저런 향유는 오직 자신을 **넘어선** 곳으로부터만 오며, 의식은 끊임없이 자신을 비참함의 원천으로 보고 있다. 그러므로 의식은 아직 스스로에게 행복해하지 않기 때문에 아직은 행복한 의식이 아니다.

그럼에도 이것이 이야기 전체는 아니다. 의식 **자신**의 경험은 스스로가 불변자와 **통일되어 있음**을 깨닫게 하기 때문이다. 의식은 자신의 자유와 자립성을 포기해서 사물로 탈바꿈시키고 불변자의 의지에 자신을 전적으로 맡긴다. 반대로 불변자가 개별자의 가변적 의식 안으로 들어와서 그것을 떠맡는다. 하지만 개별적 의식은 단순히 이렇게 배제된 것이 아니라 불변자와 다르지만 그것에 의해 전적으로 규정된 채로 **남아 있다**. 의식이 자기와 불변자 사이의 오락가락하는 차이에 초점을 맞추는 한, 그것은 스스로 **타자**에 맡겨진 것으로 생각하고, 그래서 **자신에**

게 불행한 상태로 남아 있다. "이렇게 의식에게 다가온 보편자가 **의식 자신이 한 일로 간주되지**"(§230/156) 않기 때문이다. 그럼에도 의식이 스스로를 불변자에 의해 전적으로 규정되어 있고 그 불변자로 가득 차 있다고 생각하는 한, 의식은 자기와 불변자 사이의 심오한 통일을 본다. 이런 점에서, 의식이 자신에게 불행을 느낄 이유는 더는 존재하지 않는다. 의식은 그 **자신의 개별성 자체 속에서** 불변자와 하나가 되어 있다는 것을 알고 있기 때문이다. 헤겔이 적고 있듯, "이 개별적 의식의 것으로서의 행위와 존재가 그 본래적인(an sich) 행위와 존재임을 알고 있다"(§230/156). 이러한 통일의 의식이 불행한 의식 자체에서 불행과 긴장 상태를 이루고 그 불행에 종속되어 있다. 하지만 그것은 헤겔이 이른바 **이성**(Vernunft)으로 검토한 다음 형태의 의식에 의해 명백히 받아들여지고 인정된다.

이성은 불행한 의식과는 전혀 다른 새로운 형태의 의식이다. 하지만 이성은 불행한 의식의 경험에 의해 필연성을 얻게 된다. 따라서 이성은 불행한 의식의 경험의 결과들을 통합하고 있다. 그러므로 한편으로, 이성은 **개별적이고 가변적인** 자기에 의해 향유된 의식의 형태이다. 더욱이 이성은 스스로를 단순한 '존재'(Sein)(§231/157)로 탈바꿈한 자기, 자신을 세계 속의 단순한 경험적 사물 혹은 생명체로 간주하는 개별적 자기에 속한다. 다른 한편으로, 이성은 가변적이고 경험적인 개별자들 속에서 발견된 **불변적이고 보편적인** 의식이다. 따라서 그것은 가변자와 불변자, 개별자와 보편자의 통일이자 자신을 그렇게 인식하고 있다(§231/157).

이성은 이 동일한 통일을 그 **대상** 속에서 본다. 이성의 대상 역시 개별적 형식을 취하는 불변적 존재이기도 하다. 이러한 불변적 존재는 보편적이기 때문에, 이성은 그것을 **도처에서**—단순히 우리 자신의 개별적 자기들 속에서가 아니라 세계 전체에서—본다. 따라서 이성은 **자기 자신**을—**이성** 자신인 통일을—그를 둘러싸고 있는 현실 세계에서 본다. 이 후자의 관념이 "이성은 실재 전체라는 의식의 확신"(§233/158)이라는 헤겔의 주장 속에 포착되어 있다. 이 놀라운 주장은 이성이 세계를 단순한 자기 투영으로 환원시키는 것처럼 보이지만, 그것이 헤겔의 요지는 아니다. 이성은 의식의 대상이 되는 세계가 저 바깥에 존재한다는 것을 수용한다. 하지만 이성은 저 세계를 자신과 똑같이 육화한 보편성—똑같이 **육화된 이성**—으로 간주한다. 따라서 이성은 **자기**-의식의 한 형식이다. 하지만 이성은 우리가 지금까지 고찰했던 형태의 자기-의식과는 상당히 다르다.

이성은 불변자와 하나가 되려는 불행한 의식의 목적을 충족시킨다. 따라서 이성은 불행한 의식이 되고자 노력한 명백히 **사유하는** 의식—주체와 객체의 통일의 의식—이다. 하지만 스토아적 의식과 달리, 이성은 경험적 세계로부터 존재하는 것에 관한 추상적이고 생명이 없는 사유 속으로 **후퇴하지** 않는다. 오히려 이성은 자신을 둘러싼 경험적 세계 속에서 자신을 보는, 경험적으로 **육화된** 사유이다. 스토아적 의식은 삶으로부터 자신에게로 후퇴한다. 다른 형태의 자기-의식과 마찬가지로, 스토아적 의식은 자기 앞의 대상을 부정함으로써 자신과 자신의 자유를 주장했기 때문이다.

생사 투쟁의 주인공들은 그들의 자기-의식에 입각해 생명과 사물들에 대한 모든 의존을 완벽하게 제거함으로써 대상을 부정하고자 했다. 이렇게 함에 있어 그들은 그들을 인정하는 다른 자기와의 관계에서이기는 해도 순수한 자기-의식 혹은 대자존재가 되고자 했다. 이처럼 투쟁하는 자기들(그리고 주인과 회의주의자)과 달리, 노예와 스토아주의자는 모두 대상의 자립성과 환원 불가능성을 인정했다. 하지만 그들 역시 대상을 부분적으로 (노동 혹은 사유를 통해) 부정함으로써 그들의 자유를 주장했다. 마침내, 불행한 의식은 스스로의 가변적 개별성으로부터 자신을 해방시킴으로써 불변자와 하나가 되고자 했고, 그리하여 다른 형태가 세계를 보았던 것처럼 그 자신의 현실을 '그 자신의 본질을 부정하는 것'(§232/157)으로 본다. 그러므로 모든 형태의 자기-의식을 꿰고 있는 공동의 실마리는 각자가 "세계 혹은 그 자신의 현실을 희생하는 대가로", 다시 말해 그 자신의 세계를 부정함으로써 "자신을 위해 자신을 구원하고 유지하고자" 한다는 점이다. 이렇게 각자는, 정도의 차이는 있지만 한낱 살아 있는 **사물**이 아닌 자유로운 **자기**가 되고자 하는 것이다. 그렇지만 자기-의식의 전개는 어느 정도는 순수하고 자유로운 자기가 되고자 하는 이러한 탐색이 늘 역사적이지는 않을지라도 논리적으로 볼 때 자기 자신과의 불행에 빠질 수밖에 없다는 것을 보여준다. 나의 우연적이고 세속적인 실존은—나의 삶 자체는—결국 나를 나의 참된 불변적 자기로부터 떼어 놓는 적으로 간주되는 것이다. 이러한 불행은 자기-의식이 그 자신의 자유와 자기성을 부정하고 스스로 원치 않는 **사물**로 바뀔 때, 그리고 동시에 불변자—의식이 자신을 초월한 것으로 간주하는—가 **삶 속으로** 들어올 때 비로소 잠재적으로 극복이 된다.

  자기-의식이 이를 행할 때, 그것은 이성에 근접해 있다. 이 점에 앞서 자기-의식은, 자유로운 자기가 된다는 것은 본질적으로 사물이 된다는 것 혹은 하찮은 생명이 된다는 것과 충돌한다고 생각한다. 이성은 더 이상 이것이 참이라고 주장하지 않고, 자신을 지각 가능한 사물들 **속에서** 그리고 살아 있는 존재들 **속에서** 본다. 따라서 이성은 엄밀한 의미에서 **자기**-의식의 형태가 아니다. 이성은 이제 자기-의식과 감각적이고 지각적인 의식이 서로 간에 화해를 이루는 『정신현상학』의 새

로운 장을 여는 것이다. 간단히 말해(tout court) 이성은 더 이상 자기-
의식이 아니다. 이성은 대상과 부정적 관계가 아니라 긍정적 관계를 맺
기 때문이다. 이성은 자신을 둘러싼 사물들을 부정하고 변형함으로써
가 아니라 그것들과 공존하고 그것들을 세밀하게 탐구함으로써 자기에
대한 감각(적어도 처음에)을 심화시키고 있다. 헤겔이 적고 있듯, 이성
은 세계의 '소멸'(Verschwinden)보다는 오히려 '존속'(Bestehen)에
관심을 갖고 있다. 이성은 세계 속에서 그 자신의 **진리**와 **현존**을 보고
있기 때문이다. "이성은 거기서 오직 자신만을 경험한다는 것을 확신
한다"(§232/158).[43]

공부할 문제들

1. 스토아주의와 회의주의의 주요한 차이는 무엇인가?
2. 왜 불행한 의식은 스스로의 경험에 의해 금욕적이 되는가?

3) 이성

지금까지 나는 헤겔의 현상학적 논의를 다소 상세하게 제시했다. 하지
만 지면상의 이유로 다음에 이어지는 이성, 정신, 종교 및 절대지에 관
한 설명들에서 세부 사항들을 많이 줄여야 할 것이다. 하지만 의식의
경험을 구조 짓는 **논리**를 가능한 한 분명하게 제시하려는 나의 목적은
다르지 않다.

---

43   밀러는 Verschwinden을 'transiency'(무상無常)로 번역한다.

관찰하는 이성

이성은 "자신이 전 실재이다"라고, 이성은 도처에서 — 의식뿐만 아니라 경험적 사물들 속에서 — 발견된다고 확신하고 있다. 이성은 자기를 둘러싼 세계가 현실적이며, 또 지속적이고 자립적인 실존을 지닌다고 간주한다. 그럼에도 헤겔은 이성이 저 세계 속에서 자기 자신을 보기 — 이성 자신을 보기 — 때문에 세계에 대한 이성의 관계를 '관념론'이라고 묘사한다(§233/158).

『정신현상학』에서 헤겔은 언제나 그 직접성에서의 의식의 형태를 검토함으로써 시작한다. 그러므로 이성은 처음에는 개별성과 보편성의 **직접적** 통일로서 이해된다. 이성은 그 자체가 직접적으로 **불변하고 보편적인**, 개별적이고 가변적인 자기-의식이다. 따라서 이러한 자기는 '자기-의식의 **단순한 통일**'(§235/160), 혹은 칸트를 따라서 헤겔이 말하는 순수한 '통각의 통일'(§238/163)[44]이며 또한 자신을 그렇게 알고 있다. 이처럼 이성은 더 이상 구별이 없는 순수한 **자아**이자 자신을 그렇게 알고 있다.

이렇게 이해할 경우, 이성은 상당히 공허하고, 형식적이며 추상적이다. 그럼에도 이성은 또한 자신을 주변 세계 속에서 보고, 그리하여 "자기-의식과 존재의 단순한 통일"이라는 것을 의식하고 있다(§235/160). 헤겔은 이러한 통일을 '범주'(Kategorie)라고 명명한다. 형식적으로 — 말하자면 아리스토텔레스적 전통에서 — 볼 때, 범주는 의식과 대비된 존재의 '본질'(Wesenheit)이라고 주장된다. 한편으로 칸트의 '일면적, 의사(擬似) 관념론'에서는 — 적어도 헤겔의 견해로 볼

---

[44]   Kant(1929), 152-9(B 131-42)을 보라.

때 —범주는 의식만의 형식이다. 그렇지만 이성에게, 범주는 "자기-의 식과 존재가 **동일한 본질**"(§235/160)이라는 사유이다.

이성은 처음에는 상당히 추상적이기 때문에, 그것은 단지 **스스로를** 세계 속에서 볼 수 있다는 소박한 의식에 지나지 않는다. 이성은 "만물 이 그 자신의 것", 다시 말해, 이성은 세계 속에서 집에 있듯 편안해 한 다는 것만을 의식하고 있다(§238/162). '나의 것'이라는 이 공허한 감 각은 이성이 만나는 세계—경험적 사물들과 생명체들의 세계—에 의 해 주어진 내용이다. 그러므로 이성은 주변의 경험적 세계를 관찰함으 로써 자기 자신의 **본질**을 발견하고자 한다. 이성은 그 자체로는 전적으 로 추상적이기 때문에 그렇게 하지 않을 수 없다.

이성은 첫째로 자신을 둘러싸고 있는 감각적이고 지각 가능한 사물 들 속에서 자신을 찾고 있다. 하지만 이성은 단순히 수동적으로 사물들 을 지각하지는 않는다. 이성은 세계를 '그 자신의 것'으로 간주하고, 그리하여 사물들 속에서 이성적인 것을 발견하기 위해 "스스로 발견과 실험(Erfahrung)을 한다." 그렇게 함에 있어, 이성은 쉽게 변하고 지각 가능한 사물들의 속성들을 넘어서 가변적이고 경험 가능한 세계 속에 서 불변적 보편성 혹은 지속적인 자기 동일성을 발견하고자 한다. 헤겔 이 적고 있듯, 이런 식으로 이성은 "물성 속에서 오직 자신에 대한 의 식을 소유하고자"(§240/164) 한다. 따라서 이성은 **자신을** 발견하는 일 에 **관심**을 갖는데, 이러한 일은 감각적 확신, 지각 그리고 지성에게는 결여되어 있는 것이다. 이성과 대조적으로, 앞의 세 가지 형식의 의식 이 주목하는 것은 오로지 그 **대상들**만 향해 있다.

하지만 '관찰하는 이성'은 그것이 단순히 자기 자신에서가 아니라 그 **대상** 속에서 이성을 발견하고자 하는 한 의식과 비슷하다. 따라서 관찰하는 이성은 처음에는 바깥을 향하고 있으며, 헤겔이 '자연의 관찰'이라 부르는 것의 형식을 취하고 있다.

자연의 관찰

관찰하는 이성은 다양하게 규정된 속성들과 대면하며, 그것들 속에서 보편적 혹은 '자기 동일적인' 것을 찾고 있다(§§244-5/166). 관찰하는 이성은 첫째로 각 사물을 하나의 전체로서 인식하려고 함으로써 그러한 동일성을 찾으며, 사물의 모든 속성들을 **기술(記述)**함으로써 이 일을 하고자 한다. 하지만 언제나 사물들의 새로운 측면들이 존재하고 기술해야 할 새로운 사물들이 존재하기 때문에, 기술의 과제는 끝이 없다. 따라서 기술은 전체적이고 자기 동일적인 것을 생각할 수 없다는 것을 입증한다.

  헤겔이 이성의 '본능'이라고 부르는 것이 이제 이성으로 하여금 포괄적인 기술을 떠나 '속성들' 혹은 '징표들'(Merkmale)을 식별하게 하는 원인이 된다. 이성은 그것들을 사물의 동일성에 본질적인 것으로 간주한다. 이성이 이것들을 본질적인 것으로 간주하는 것은 사물들이 그것들 자체의 동일성을 부여받을 수 있는 바의 측면들이 곧 징표들이기 때문이다. 이를테면 "각각의 동물이 다른 동물과 분리되는"(§246/167-8) 발톱이나 치아가 그렇다. 따라서 이성은 그것이 보기에 사물들 자체에 속하는 보편자를 생각하는 것이다.

  그렇지만 유한하고 가변적인 사물들의 속성들로서, 그러한 징표들은 그 자체 변화에 종속되어 있다. 예를 들어 동물들은 치아나 발톱을 잃을 수 있다. 따라서 이성은 이러한 속성들을 더 이상 단순하고 안정된 규정성들로가 아니라 '소멸하는 계기들'(§248/169)로 간주할 수 밖에 없는 경험의 강제를 받고 있다. 그렇지만 이성으로서, 그것은 여전히 보편적이고 자기 동일적인 것을 찾고 있으며, 그리하여 속성들이 변화하는 '혼동'(§247/168-9)에서조차 분명하게 드러나는, 단순한 자기 동일성 혹은 통일성을 찾는다. 앞서 본 것처럼, 지성은 힘들을 '소멸하는 계기들'로 간주하지만, 법칙 속에서 "힘의 유희 자체의 단순한 요소"(§§141, 148/99, 104)를 발견한다. 마찬가지로, 이성은 이제 끊임없는 속성들의 변화를 지배하는 법칙을 탐구하고 있다(§248/169).

하지만 지성과 달리, 이성은 법칙을 순전히 **지성적인** 어떤 것이 아니라, 그 자체 지각 가능한 사물들 속에서 **관찰될** 수 있는 어떤 것으로 생각한다(§249/170). 따라서 이성은 '이러 저러한 상황에서 무엇이 일어나는가'를 관찰하고, 이로써 관련된 사물들을 지배하는 법칙들을 발견하기 위해 실험을 한다(§251/172). 문제는 이런 식으로 발견되는 어떤 법칙이든 '특수한 존재' —실험이 수행된 특수한 사물들— 와 '결합되고', 그리하여 법칙에 고유한 **보편성**을 결여한다는 데 있다. 그렇지만 계속된 실험들은 보다 **일반적인** 자연 현상을, 이를테면 산(酸)과 염기(鹽基) 혹은 '양전기와 음전기'를 상호 연결시키는 법칙들을 낳는다. 헤겔이 '질료들'(Materien)이라고 부른 이러한 현상은 특수한 사물들 자체가 아니다. 그것들은 그것들 사이에서 법칙이 관찰될 수 있다고 주장되는 감각적이고 경험적인 사물들 **속에서의** 일반적인 현상이다(§251/172-3). 따라서 각각은 **보편자**의 형식을 지닌 감각적 존재 혹은 헤겔이 적고 있듯 '비감각적인 감각적 존재'(ein unsinnliches Sinnliches)(§252/173)이다. 관찰하는 이성을 설명하는 과정에서, 헤겔은 린네(Linnaeus)와 벤자민 프랭클린(Benjamin Franklin)[45]을 포함한 몇몇 당대의 과학자들을 완곡하게 언급하고 있다. 그렇지만 그가 추적하는 발전 —기술에서 관찰 가능한 법칙까지— 은 이성 자체에 의해, 다시

---

45   Hegel(1988), 584-5.

말해 **관찰**을 통해 경험 세계에서 **보편적인** 것을 발견하는 일에 대한 이성의 관심에 의해 논리적으로 필연성을 띠게 된다.

헤겔은 이제 **법칙**에 대한 의식―이성이 실험을 통해 인도되었던―이 새로운 형태의 관찰하는 이성에 필요한 이행을 한다고 논의한다. 이성은 법칙이 세계 속에서 관찰될 수 있기 때문에, 그 법칙을 명백히 보편적이고 지성적인 어떤 것으로 간주하지 않는다. 따라서 이성은 그것의 명시적 대상으로서 법칙 그 자체가 아니라 법칙에 의해 결합된 감각적 보편자들 혹은 '질료들'을 갖고 있다. 그렇지만 이성의 법칙관에 잠재해 있는 것은 '감각적 사물로부터 해방되고', 따라서 **단순한 개념**(§253/173)이라고 할 보편자의 사상이다. 헤겔은 이제 다른 형태의 이성으로 이동하는데, 여전히 관찰 가능하고 경험적인 세계에 몰입해 있는 동안 그 대상은 **자유로운** 보편성, 단순성과 자기-동일성을 **명시적으로** 드러낸다. 이러한 대상이 곧 **유기체**, 다시 말해서 생명체라고 헤겔은 주장한다. 비유기적 사물들은 각각이 **하나의** 사물인 한 통일체들이다. 하지만 그것들의 본질적 특성은 그것들을 다른 사물들과 구별해주는 속성들 속에 있다. 반면, 유기체는 독립적이고, 자기-관계하는 존재이며, 그리하여 단순한 사물들보다 훨씬 분명하게 이성의 **자기-동일성**을 드러내준다.

위에서 우리가 보았던 것처럼, 자기-의식 역시 생명체들과 연결되어 있다. 하지만 그것은 생명체들을 작업이 이루어져야 할 사물들로 소모하거나 간주한다. 이와는 달리, 이성은 유기체들을 지배하는 **법칙들**을 발견하고자 한다.[46] 이성이 발견하는 첫 번째 법칙은 유기체들과 비유기적 '일반 요소들', 이를테면 공기, 물, 땅과 기후(§255/174)와 맺는

---

46   그러므로 발톱을 동물의 특징으로 보는 관찰하는 이성은 아직은 동물을 명백히 유기체로 보지는 않는다(오히려 본질적 성질들을 지닌 사물들로 본다).

관계를 지배한다. 예를 들어 '북극 지방에 사는 동물들은 두꺼운 털가
죽을 가지고 있다' (헤겔의 동시대 생물학자인 G.R. 트레비라누스(Tre-
viranus)에 의해 정식화된 원리)[47]고 진술하는 것이다. 그렇지만 이러
한 법칙들은 참다운 **법칙들**이 아니다. 그것들은 유기체들과 그 환경 사
이의 모종의 분명하고 보편적인 연관을 수립하기보다는 모든 형태들의
예외들을 경험하기 때문이다.

　이성은 유기체들과 그것들의 환경 사이의 명백한 연관을 자연 자체
속에서 관찰하지 못하기 때문에, 이성은 그것들 사이의 전적으로 **외적**
인 연관에 대한 사유를 정식화한다. 이것이 곧 '외적이고 **목적론적인**
관계' (§256/175)에 대한 사유인데, 환경은 유기체의 근거를 여기서 **목**
적적으로 준비한다.[48] 이성의 눈으로 본다면, 그러한 연관은 '외적'이
다. 왜냐하면 관찰 가능한 자연 자체 속에서는 이러한 연관이 분명하지
않기 때문이다. 우리는 풀을 뜯고 있는 소와 양을 관찰할 수 있지만, 어
떤 관찰도 자연이 목적적으로 풀을 제공하며, 그리하여 이러한 동물들
이 풀을 뜯을 수 있다는 **것**을 보여줄 수는 없다.

　그렇지만 현상학자에게, 이성이 이해하는 바의 유기체는 **그 자체로**
'진정한 목적'이다. 왜냐하면 그것은 자신의 존재 속에 내재해 있고,
자신을 보존하고 살아 있게 해주는 **목적**을 추구하기 때문이다(§
256/175). 이성이 이해하는 바의 유기체는 자신을 보존하기 위해 노력
하지 않을 수 없다. 왜냐하면 이것은 이성의 눈으로 볼 때, 유기체가 스
스로를 이성적으로 구조화된 존재로 만드는 자기 동일성을 유지하는
방법이기 때문이다. 이성 자신은 유기체들이 자신을 보존하고자 한다
는 것을 관찰한다. 하지만 이성은 이 유기체들의 행동이 명백히 **합목적**

47　Hegel(1988), 586.
48　Kant(2000), 239-41(§63)을 보라.

적이라고 생각하지 않는다. 왜냐하면 이성은 목적이 유기체들에게 외면적이라고 생각하기 때문이다(§259/177-8). 그럼에도 이성은 유기체의 내적인 목적과 그러한 목적의 현실적 충족 사이의 구별에 완전히 눈을 감고 있지 않다. 그렇지만 이성은 이러한 용어들(목적) 속에 있는 이 두 가지 계기들을 이해하는 것이 아니라 그것들을 단지 유기체의 '내면'과 '외면'으로 표상하고 있다. 이성은 그 대상이 자기-동일적이고 관찰 가능하다고 보기 때문에, 유기체의 내면과 외면을 **'직접적 존재의 형식에 있는 두 개의 고정된 계기들'**(§262/179), 관찰 가능한 두 개의 고립된 현상으로 간주한다. 동시에, 이성은 유기체를 자기-관계하는 하나의 통일체로 이해한다. 따라서 이성에게 내면과 외면은 **하나의 통일된 유기체**에서 관찰 가능한 다른 두 가지 형식들이다. 외면은 본질적으로 내면과 같은 것이기 때문에, 이성의 눈으로 볼 때 외면은 내면에 대한 외적인 **표현**일 뿐이다(§263/179).

이제 돌이켜 보면 법칙은 그 자체가 상이한 계기들 사이의 **통일** 혹은 지속적 관계이다(앞의 93-94쪽을 보라). 따라서 이성은 법칙에 의해 지배되는 유기체의 내면과 외면 사이의 관계를 유지하고 있다. 이는 유기체 **속에** 내재하는 법칙—유기체가 비유기적 영역과 맺고 있는 관계가 아니라 유기체 자신의 **자기** 관계를 지배하는 법칙이다. 이성은 유기체에서 '**외면은 내면의 표현이다**'(§262/179)를 기술하고 있다.

유기체의 내면은 세 가지 계기들을 포괄한다고 헤겔은 설명한다. 즉 **감수성** 또는 스스로 느끼는 유기체의 역량, **자극 감수성** 또는 다른 유기체들이나 사물들에 반응하는 유기체의 역량, 그리고 **재생산** 또는 그 자신의 생명(먹고 마시기를 통해)과 유(類)의 생명을 (생산과 출산을 통해) 보존하는 역량이다(§266/180). 유기체의 외면은 상이한 생물학적 체계들을 포괄하는데, 이러한 계기들은 이 체계들 속에 구현되거나 혹은 '형태화'(gestaltet)된다. 이러한 것들이 신경 체계(감수성을 위한), 근육 체계(자극 감수성을 위한) 그리고 헤겔이 '내장'(Eingeweide)(재생산을 위한)이라고 부른 것이다. 이 내장은 소화와 재생산 체계 모두를 포함한다(§267/181). 따라서 '유기체에 특유한' 법칙들은 세 가지 내면의 계기들이 서로 다른 유기체들 속에서 외적 형태를 발견하는 바의 다른 방식들을 지배한다(§268/181).

그렇지만 헤겔의 지적에 따르면, 내면과 외면은 이성에게 모두 별개의 관찰 가능한 현상이기 때문에, 내면은 그 내면이 표현된 외면적 형태와 상당히 동떨어진 그것 **자신의 직접적 외면성**을 드러내야만 한다(§274/185). 따라서 이성은 유기체의 세 가지 내적 계기들을 **서로 간에** 독립적이고 외적인 것으로 간주한다. 더 나아가서, 이성은 그것들 사이의 관계를 지배하는 법칙을 모색한다(§270/182). 그럼에도 이성은 이러한 계기들이 서로 간에 상당히 외면적이기 때문에, 이성이 정식화한 법칙들은 오로지 외적이고 **양적인** 비교에만 기초해 있다. 따라서 그것들은 예를 들어 감수성과 자극 감수성의 크기가 서로 간에 반비례 관계에 있으며, 그리하여 하나가 증가하면 다른 하나는 감소한다고 진술한다(1790년대에 C.F. 킬마이어(Kielmeyer)에 의해 정식화된 법칙).[49] 하지만 그러한 법칙은 감수성이나 자극 감수성에 관련해 특별히 어떤 것도 드러내주지 못한다. 오히려 그것은 '모든 곳에서 또 모든 것들에서 실행될 수 있는' '공식적 법칙들의 공허한 유희'(§272/184)의 산물이다. 따라서 그것은 사실상 유기체 속에 내재하는 법칙이 아니다.

지각이나 지성과 달리, 관찰하는 이성은 유기체에 대해 보다 미묘한 견해를 가지고 있다. 지각은 다른 것과 마찬가지로 유기체를 속성들을

---

49 Hegel(1988), 587.

지닌 하나의 사물로 받아들이면서, 동물은 강한 근육을 **가지고** 있을 뿐이라고 말한다. 지성은 한 발짝 더 나아가서 동물은 '거대한 **근력**(Muskelkraft)을 소유하고 있다'(§282/189)고 말한다. 이성은 근육에 특유한 '힘'을 **자극 감수성**(근육에 반응할 수 있는 역량)이라고 밝힌다. 그럼에도 이성이 자극 감수성과 감수성을 결합하기 위해 정식화하는 순전히 양적인 법칙은 양자에 **특유한** 어느 것도 포착하는 데 실패하며, 따라서 이성이 지각과 지성에 대해 갖는 우위는 사라진다. 사실상 이두 가지 계기들을 서로 간에 외적인 것으로 취급함으로써, 이성은 '감각적 지각'(§282/190)의 시각으로 다시 떨어지고 마는 것이다.

비슷한 문제가 유기체의 내면적 계기들과 그것들의 외적 표현 사이의 관계를 규정하기 위해 이성에 의해 취해진 법칙들에서도 나타난다. 앞서 보았던 것처럼, 자기-의식은 서로 다른 계기들이 지속적으로 하나가 되는 과정이 곧 생명이라는 점을 인정한다(§169/122-3을 보라). 이성은 유기체가 자기-관계적이고, 자기-보존적 통일이라는 것을 받아들이지만, 또한 이성은 유기체의 내면적 계기들이 그것들 서로 간에 분리된 상태에서 발견될 수 있다고 믿고 있다(§275/185). 더 나아가서, 이성은 이처럼 분리된 내면적 계기들이 **분리된** 생물학 체계들 속에서 표현되고 있다고 믿는다. 그렇지만 유기체를 관찰 가능한 분리 체계들로 해체시킴으로써, 이성은 유기체의 통일에 대한 시각, 따라서 그것을 **생명**체로 보는 시각을 잃어버린다. 따라서 유기체는 이성에 의해 송장—해부학의 죽은 대상(§276/186)—으로 환원되는 것이다.

이성은 관찰 가능한 세계에서 법칙을 찾고자 한다. 처음에 이성은 법칙을 비유기적 자유 속에서, 예를 들어 산과 염기의 연관성에서 발견한다(§251/172). 그렇지만 이성이 자신을—그것의 통일과 자기 동일성을—자연 속에서 가장 극명하게 구현된 것으로 발견하는 것은 유기체에서이다. 따라서 이성은 유기체의 존재 방식으로 관찰하는 바에서 법칙을 모색한다. 그렇지만 이성의 탐색은 소득이 없다는 것이 드러난다. 왜냐하면 유기체의 관찰 가능한 고립적 측면들을 연결하는 법칙은 유기체 자체를 파괴하기 때문이다(§§277-8/187). 그럼에도 이러한 경험은 이성으로 하여금 관찰 가능한 것 속에 법칙이 존재한다는 생각을 완전히 포기하게 만들지는 못한다. 왜냐하면 이성은 그것이 **자기-의식**에 대해, 다시 말해 **자기 자신**에 대해 관찰할 수 있는 것에서 그러한 법칙을 발견하기 때문이다(§298/201).

자기-의식의 관찰

앞서 보았던 것처럼, 이성은 직접적으로는 불변하고 보편적인 개별적 자기-의식이다. 그 결과, 이성은 공허하고, 형식적이고 추상적인(§235/160) '단순한 통일'이다. 따라서 이성이 자신 안에서 발견하는 첫 번째 법칙은 이 공허한 형식 속에서 자기-의식이나 혹은 사유에 속하는 것들이다. 이러한 것들은 사유가 순전히 **자기-동일적인** 것, 즉 동일성과 무모순성의 법칙 그리고 배중률(§299/201)이 되기를 요구하는 형식 논리학의 법칙들이다. 그렇지만 이성은 단순히 추상적인 것이 아니라 자신이 '전 실재'임을 알고 있다. 따라서 이성은 사유의 법칙이 그러한 실재 역시 지배한다고 이해해야만 한다. 그러므로 이성에게, 사물들 자체가 이성의 대상들이 되고자 한다면 그것들 자체는 자기-동일적이고 무-모순적이어야 한다.

비유기적 자연과 유기적 자연의 법칙은 이성에 의해 관찰 가능한 세계**에서** 발견된다. 즉 그것들은 사물들과 그것들을 구현하는 유기체들 **속에서** 존재한다. 이와는 달리, 사유의 법칙은 사유에 **대해** 사유 자체의 **형식**으로 존재한다. 그럼에도 이성은 관찰하는 이성이며, 따라서 이러한 법칙들을 서로 간에 독립된 것으로, 각각이 그 자신의 동일성을 가진 것으로 **관찰한다**(§300/202). 그렇지만 이러한 독립성은 (유기체의 독립적 측면들이 그 통일성과 모순되는 것처럼) 이성이 자기-의식과 사유가 지닌 것으로 이해하는 통일성과 **모순**된다.

　자기-의식의 통일은 '행위하는 의식'(tuendes Bewußtsein)(§301/203) 속에서 복원된다. 이러한 자기-의식은 스스로를 단순하고 직접적인 통일로 간주하는 것이 아니라 그것이 직면해 있는 것을 부정하는 활동 속에서 스스로의 통일성을 보존한다. 그렇지만 그것은 이성이기 때문에, 행위하는 의식 역시 자신과 자기 자신의 '현실성'을 그것이 대면하고 있는 것 속에서 보고 있다. 특별히 그 의식은 자신을 둘러싼 사회 세계 속에서 그 자신의 **주관적** 활동을 인도하고 알려주는 현실적이고 **객관적인** '습관, 관습 그리고 사유 방식'을 보고 있다(§302/203).

　이러한 자기-의식은 헤겔이 '관찰 심리학'(§303/203)이라 부른 새로운 형식의 관찰 이성의 대상이다. 자기-의식은 그것을 둘러싸고 있는 습관 및 관습과 이중적 관계에 서 있는 심리학에 의해 관찰된다. 한편으로, 그것은 그 자신의 현실성을 그러한 습관과 관습 속에서 보기 때문에, 자기-의식은 스스로 그것들에 점점 더 분명하게 순응하고자 한다. 다른 한편으로, 자기-의식은 스스로를 '그것들에 직면해서 능동적으로 행위하는 것'으로 알고 있기 때문에, 그것들을 자신에게 순응하게 만들려고(그것들을 똑같은 방식으로 부정하고 변화시키려고) 한다(§302/203). 두 가지 경우 모두에서 심리학이 흥미로워하는 것은 그것이 행위하는 의식에서―관찰을 통해―**발견하고**, 적어도 그 자신의 시각으로 볼 때, 후자의 행동을 지배하는 '역량들과 경향들 그리고 열정들'이다(§302/203).

관찰하는 이성 역시 자기-의식과 그것을 둘러싸고 있는 사회 세계 사이의 관계를 지배하는 **법칙들**을 발견하고자(또 후자가 자기에 미치는 '영향'을 규정하고자) 한다(§306/204-5).[50] 그렇지만 관찰하는 이성의 이러한 시각은 그것의 대상과는 다르다. 이성은 자기-의식과 그 세계를 서로 간에 법칙에 의해 지배되는 관계 속에 있는 것으로 **발견되는 두 개의 독립적인** 요소들로 간주한다. 이에 반해 자기-의식은 세계를 자신과 독립적인 것이 아니라 그 자신의 행동을 알려주는 습관과 관습을 담고 있는 것으로 이해한다. 더 나아가서, 자기-의식은 세계와 자신의 관계 전체를 규정하기 위해 **능동적으로** 처신한다. 그 자신의 관점에서 볼 때, ─적극적으로 그 세계에 순응하고자 함으로써 ─ '개인은 자신에게 넘실거리는 현실 세계의 물결과 자유롭게 유희(遊戲)하도록 허락하거나', '혹은 그것을 파괴하거나 변형함으로써' ─ 적극적으로 세계가 자신에게 순응하게끔 만든다(§307/206). 그러므로 개인 자신의 입장에서 볼 때, 법칙-지배적 관계 속에 있는 것으로 단순히 발견되는 두 개의 요소들이 아니라 그 **자신의 행동으로 이루어진 하나의** '원환'(Kreis)(§308/206)이 존재하는 것이다.

그럼에도 자기-의식 역시 그 자신의 행동의 어떤 측면은 그것만에 기인한 것이 아니라 습관과 관습에 뿌리를 두고 있다는 점을 알고 있다. 사실상 자기-의식은 이러한 것들에 의해 그 자신이 둘러싸여 있다는 것을 **발견**한다. 따라서 자기-의식은 자신과 그 자신의 활동을 '**발견되거나 주어진**(vorhanden) 존재'와 '그것이 만든 존재'(§308/206)의 통일로 간주한다. 관찰하는 이성의 다음 대상은 자신을 자기 안에서 그리고 자신을 둘러싼 세계와 독립적으로 오로지 그 자신의 개체성 안에

---

50 심리학 역시 자기-의식과 자연의 관계를 연구할 수 있지만, 여기서 기술된 관계는 이성에 의해 필연화가 된 관계이다.

서의 이러한 통일로 받아들이는 자기-의식이다.

이러한 자기-의식은 그 자신의 신체를 그것의 **본래적 측면**, 말하자면 그것 스스로 아무런 책임이 없고, 단순히 스스로를 발견하는 바의 측면으로 간주한다. 그럼에도 개인 역시 스스로를 '그가 **했던** 것'으로 받아들이고 그의 신체를 '그가 스스로 **생산했던**' 것으로 전환한다. 그러므로 자기-의식은 그의 신체를 단순히 주어진 것으로 간주하지 않고, 오히려 그것을 하나의 **기호**(Zeichen)로 본다. 이 기호는 **그에게** '참으로 그 자신인 바를 알게 해준다'(§310/207). 그의 눈으로 볼 때, 주어진 것이자 현실적이고 자유로운 활동**이기도** 한 이 개인 ─ **존재와 행위**의 통일 ─ 이 지금 이성이 고찰하는 바이다.

이성은 개별자를 그 자신의 자기-의식 **안에서** 그리고 그의 신체의 **외적** 형식 속 모두에서 존재와 행위의 통일로 받아들인다. 개별자의 내적 자기는 '규정된 본래적 성격' 혹은 '생득적 특수성'(§§311, 316/208, 211)이기 때문에, 이러한 자기는 존재와 행위를 통일하고 있다. 이러한 특성이 개별자 자신인 바를 결정하지만, 그럼에도 그것은 또한 본질적으로 **행동**이다. 마찬가지로, 그의 신체는 그의 내적 자기에게 가시적인 형태와 존재를 부여한다. 그럼에도 그렇게 할 때, 상응하는 신체 기관 역시 내적인 자기의 행동을 가시적으로 만든다. 예를 들어 '행위로서의 자기의 행위 혹은 내면 그 자체'가 '말하는 입'이나 '일하는 손'에서 구현된다(§312/208).

그러므로 이성에게, '활동 **기관** ─ 입이나 손 ─ 은 '그 속에 **행동**(Tun)이 있는 만큼 **존재**(Sein)이기도 하다'(§316/210). 이로써 그것은 행동하는 개인의 내적 자기에 직접적이고 외적인 표현을 부여한다. 그렇지만 이성 역시 내면적 자기를 표현하는 과정에서 기관이 그러한 자기의 표현을 **중단한다**는 점을 알고 있다. 일단 자기의 행위가 완성이 되면서 더 이상 자기의 계속적인 행위가 되지 않을 경우, 이러한 행위의 표현으로서의 '발화된 말'이나 '완성된 행위'는 더 이상 자기에 속하는 것이 아니다. 오히려 그것들('발화된 말'이나 '완성된 행위'-옮긴이)은 타인들에 의해 그 개인 자신이 염두에 두고 있던 것과 전혀 다른 어떤 것으로 '왜곡' 될 수 있다(§312/208).

이성은 다양한 표현 행위들 속에 불변적인 것으로 남아 있는, 입이나 손으로 하는 표현의 양상들 속에서 내면적 자기의 보다 지속적인 표현을 발견한다. 이런 것들은 '목소리의 소리와 범위' 혹은 특정인의 필적(筆跡)이라는 특성을 담고 있다. 설령 우리의 말들에 우리가 의도하지 않았던 의미가 주어진다 할지라도 이런 것들은 내면에서의 **우리** 자신이 누구인가를 끊임없이 드러내줄 것이다(§316/211). 그러므로 이성의 눈으로 본다면, 본질적으로 행동이라고 할 우리의 내면적 자기는 신체 행위 그 자체가 아니라 다양한 행동들을 가로지르면서 그것들의 정체성을 감당하고 유지하는 신체 행위의 특성들 — 우리의 신체들이 무엇을 **하든** 그들이 누구**인가**를 **드러내주는** 그런 특성들 — 속에 가장 잘 표현이 되는 것이다.

이성 역시 내면적 자기가 '행동에 전혀 관여하지 않는 얼굴과 풍채(風采) 전반의 운동과 형식 속에'(§317/211) 표현되어 있음을 본다. 이성의 주장에 따르면, 이렇게 표현된 것은 자기의 행동 자체가 아니라 오히려 그 행동에 대한 '자기 자신의 통제와 관찰', 자신의 행동에 대한 자기 자신의 내적인 **반성**이다. 그러므로 우리의 얼굴 표정과 신체의 자세에서, **우리**의 행동에 **대해** 우리 스스로 행하는 개인의 대화는 타인들에게 외부적으로 보일 수 있다. 따라서 우리는 '한 인간의 얼굴로부터 그가 말하고 행동하는 것이 진지한지의 여부를 알' 수 있다(§318/211-12).

『정신현상학』의 이 부분을 비난하는 많은 개인적인 논평들 중의 하나에서, 헤겔은 외적인 것과 마찬가지로 얼굴 표정이 자기 안에 들어 있는 것을 표현하는 만큼이나 다를 수 있다고 지적한다. 다시 말해 자기에게, 얼굴 역시 '그것이 드러낼 수 있는 것의 가면' (§318/212)이 될 수도 있다고 헤겔은 적고 있다. 그렇지만 관찰하는 이성은 외부의 얼굴 표정에서 자기 내부에 있는 것을 언제나 잘 읽을 수 있다고 생각한다. 이러한 확신은 우리가 매일같이 타인들의 성격을 처음 보고서 내리는 판단의 근거를 이루고 있다. 그것은 또한 (헤겔의 견해로는) 1770년 J.C. 라바타(Lavater)에 의해 대중화된 **관상학**이라는 사이비 과학의 근거에 놓여 있기도 하다.

헤겔의 설명에 따르면, 관상학자는 얼굴 표정 속에서 자기의 가장 내밀한 내면성을, 다시 말해 단순히 자기가 무엇을 하는가가 아니라 그것이 **의도하는** 것과 그것이 **할 수 있는** 것을 관찰할 수 있다고 생각한다. 사실상 관상학자는 내면적 성격과 얼굴 표정을 연결하는 법칙들을 수립할 수 있다고 생각한다. 그렇지만 그가 현실적으로 관찰할 수 있는 유일한 것은 얼굴인데, 그는 이것을 관찰 불가능한, '추정된' (gemeint) 내면적 자기와 연결시키고 있다(§320/214). 관상학은 그러므로 진정한 과학이 아니라 어떠어떠한 경우라고 추정하는 바에 대한 '**자신의 의견**(Meinung)을 말한 것이다' (§321/214). 역사에서는 아닐지라도 논리적으로 볼 때, 관상학은 이 점에 대해 알아야 할 것이다.

헤겔이 제시하는 바와 같이, 관상학은 말하고 행동하는 인간의 얼굴 양상들 — '그 자체 하나인 **운동**인 신체적 표현' (§323/216)의 **지속적** 양상들 — 을 언급한다. 관찰하는 이성의 마지막 형태는 지속하는 것 — 존재하는 것 — 에 대한 이러한 초점을 논리적 결론으로 받아들여서, '전적으로 **부동의** 실재' 혹은 '단순한 사물' (§323/216)인 한에서 신체

를 검토한다. 이성은 이제 이런 식으로 신체를 고려하기 때문에, 그것
은 신체가 더 이상 내면적 자기의 활동을 직접적으로 표현한다고 받아
들이지 않는다. 오히려, 이성은 내면과 외면 사이의 법칙-지배적이고
인과적인 관계를 모색한다. 그렇지만 신체에 작용을 가하고, 거기서 관
찰 가능한 효과를 갖는 내면의 자기에게, 자기-의식의 신체적 표현은
살아 있는 뇌(腦)이다(§325/217). 뇌가 그 효과를 산출하는 바의 '단순
한 사물'이 뼈이다(§§327-8/218-19). 따라서 관찰하는 이성은—헤겔
의 동시대인인 D.F.J. 갈(Gall)에 의해 발전된—골상학(phrenology)
의 형식을 취하고 있다. 이 골상학에 따르면, 뇌는 다양한 방식으로 뼈
를 형태 짓는다. 따라서 뇌의 형태 속에서 표현되는 내면적 자기의 특
성은 머리에서 분명하게 보이는 패이고 튀어 나온 부분에서 읽힐 수 있
다(§336/225).

　헤겔은 골상학을 '어리석은'(§346/232) 것으로 간주한다. 그렇지만
이성은 **관찰**을 고집하기 때문에 이 '어리석은' 견해를 채택하지 않을
수 없다. 왜냐하면 관찰은 논리적으로 내적 자기가 지각 가능한 사물,
즉 두개골(頭蓋骨)을 **관찰함**으로써 알려질 수 있다는 결론에 도달하기
때문이다(§331/222). 그렇지만 우리로 하여금 관찰을 넘어서 이성의 새
로운 형식으로 이끄는 골상학에도 모순이 존재한다. 골상학의 주장에 따
르면, 뇌와 뼈 사이에는 관계를 지배하는 법칙들이 존재한다. 이로 인해
우리는 **이처럼 패이고 튀어나온 부분**이 **이러한** 유의 뇌와 내면적 특성에
의해 야기되었다고 결론지을 수 있다. 그럼에도 내면적 자기와 뼈는 이성
자신에게는 별개의 실재들이며, 그것들의 연관이 때때로 골상학의 법칙
과 충돌하는 것처럼 보인다. 이러한 법칙들을 보존하기 위해, 골상학자
는 이 관찰된 돌출부가 이 경우 그런 일을 하는 것으로 관찰되지 **않을**지
라도 이러한 특성을 가리켜야 **한다고** 주장한다(§337/226). 그렇지만 이

렇게 논증함으로써, 골상학자는 적어도 여기서는 내면적 자기가 뼈에서는 결코 관찰될 수 없음을 인정한다. 이러한 인정 속에 함축된 것은 단순히 관찰 가능한 **사물**만으로는 자기-의식이 실제로 무엇인가를 보여줄 수 없다는, — 단순한 '존재 그 자체는 정신의 진리가 아니다' (§ 339/227)라는 광범위한 사유이다. 이성의 다음 형태는 이러한 생각을 분명하게 인정하며, 따라서 단순히 **관찰하는** 이성이기를 멈춘다.

공부할 문제들

1. 왜 관찰하는 이성은 유기체를 해부학의 죽은 객체로 환원하는가?
2. 왜 관찰하는 이성은 논리적으로 골상학으로 인도하는가?

행위하는 자기-의식적 이성

새로운 형태의 이성은 자기-의식이 단순한 사물로 환원될 수 없다는 점을 명백히 자각하고 있다. (우리가 앞서 본 것처럼) 이성은 **행동**, 사물들을 **부정하는** 행동이기 때문이다. 그러므로 이러한 이성은, 그것이 자신을 관찰할 때가 아니라 그것과 다른 것을 부정하고 변화시킬 때 — 그것이 '타자에 대한 부정성'(§359/239)일 때 — 스스로 자기 의식적이라는 것을 실현한다. 따라서 이성은 이제 관찰에 등을 돌리고, 그것이 처음 등장할 때를 떠나서 자기-의식의 '부정적' 성격을 받아들인다. 그럼에도 이성은 이성으로 남아 있으며, 따라서 그것과 다른 것 **속에서** 자신을 찾고 있다. 따라서 타자 속에서 이성이 가져온 변화를 통해 이성은 저 타자 속에서 자신을 볼 수 있게 된다. 그렇지만 이성이 타자 속에서 그 자신의 자기-의식을 보고자 한다면, 저 타자는 단순한 사물이 될 수는 없고 자기-의식 자체가 되어야만 한다. 그러므로 이성은 이제 다른 자기와 관계를 맺고 있는 자기-의식 —자기-의식의 이중화 속에서 그리고 양자의 자립성 속에서 자기 자신과의 통일을 확신하는 '정신' —이 되어야 한다(§347/233).

최초의 직접성 속에서, 이 새로운 형태의 '행위하는' —실천적인— 이성은 무엇보다 개별적인 자기-의식이 된다는 것을 의식하고 있다 (§348/234). 그렇기 때문에, 이 이성은 그 자신의 개별적인 현실에, 즉 그 자신의 느낌과 삶, 자기 감각에 관심을 가지고 있다. 그러므로 그것의 최초의 목적은 그것이 관계하고 있는 "다른 자기-의식 속에서"(§362/240) 자신을 개별자로—이 특별한 개별자로—자각하는 것이다. 이성은 다른 자기를 '부정' 함으로써 이러한 목적을 충족시키며, 이러한 측면에서 그것의 행위는 '**욕망**의 행위'(§362/240)이다. 그럼에도 이성은 자신을 타자 **속에서** 보기를 원한다는 엄밀히 그런 이유 때문에, 그것은 —순수한 욕망과 마찬가지로— 타자를 파괴하고자 하는 것이 아니라 단순히 타자의 자립성을 박탈해서 그것을 **자기의 확장**으로 전환시키고자, 다시 말해 그것은 "이 타자를 자기 자신으로 만들고자"(§360/240) 한다. 이렇게 개별자는 어떤 것을 소비하는 덧없는 향유만이 아니라 타자 속에서 그 자신, 그 자신의 삶과 그 자신의 감각만을 느끼는 무한한 **쾌락**(Lust)—**자신**이 '전 실재' 라고 인식하는 쾌락 —을 획득한다. 이러한 쾌락의 포괄적인 특성은 쾌락을 단순한 자기-의식의 경험보다는 이성의 경험으로 만드는 것이다.[51]

그럼에도 개인의 쾌락 자체는 생명이 짧다. 자기는 타자 속에서 다만 자신을 보는 것이 아니라 실제로 "자기 자신과 다른 자기-의식의 통일"(§362/241)을 대면한다. 게다가 자신의 쾌락을 상실하면서, 자존감

---

51 헤겔은 §360/240에서 괴테의 『파우스트』를 기억에 의해 부정확하게 인용하고 있다. 이것은 『파우스트』 제1부(1808)에서 메피스토펠레스가 하는 말이다.

전체가 파괴된다. 성숙한 자기는 타자 — 친구 혹은 연인 — 가 자신의 일부가 되는 것을 허용한다. 하지만 우리가 고찰하고 있는 자기는 자신의 쾌락과 자존감을 자신이 **모든 것**이라는 느낌 속에, 타자 속에서 오직 **자신**만이 있다는 느낌 속에 위치시킨다. 따라서 타자의 현존을 자각하는 것은 자기라는 개별자의 감정을 완전히 파괴하는 것이다.

쾌락을 추구하는 개별자(개인)가 더 이상 자신이 모든 것이 아니라고 느낄 때, 그는 그가 아무것도 아니라는 것, 그는 그 자신을 이루는 모든 것을 상실했다고 느낀다. 그러므로 그는 그 자신이 다른 자기에 의해서 뿐만 아니라 자신을 단순히 부정한 어떤 것, 즉 "개체성이 아무것도 아니라는 것"(§363/242)에 의해서도 무너진다고 느끼는 것이다. 이 어떤 것은 개별자가 아닌 모든 것, 개별적이고 구체적이고 살아 있는 것이 아닌 보편적이고 추상적이며 생명이 없는 것이다. 그러므로 개별자는 "부정적이고 이해되지 않는 **보편성의 위력**" 혹은 단순한 '**추상적 보편성**'(§365/243)에 의해 '박살난다'고 느낀다. 개별자가 전면적인 쾌락을 추구하는 과정에서, 자기는 "생명을 잡아보지만," 그러나 "실제로는 죽음을 잡은 것"이다. 자기는 이러한 상실의 냉혹한 필연성을 느낄 뿐이다(§364/243).

이러한 필연성은 쾌락에 대한 자기 자신의 탐색에 의해 산출되며, 따라서 자기가 저 필연성을 전적으로 자신에게 '**낯선**' 것으로 받아들인다 할지라도 실제로 자기에게 속한다. 그러므로 이러한 필연성을 의식함에 있어, 자기는 '그 자신의 본질'(§366/244)을 암묵적으로 자각하고 있다. 이성의 다음 형태는 자기 자신 안에 필연성과 보편성이 존재한다는 점을 냉시석으로 인징히고 있다. 이러한 형태는 여전히 자기 자신을 개별적인 자기-의식으로 간주하지만, 그러나 이제 그것은 스스로 보편자가 — 법칙의 형식에서 — 자신 속에 직접적으로 현존한다는 점을 알고 있다. 이러한 법칙이 개별자 자신의 법칙, 즉 **마음의 법칙**'(§ 367/ 244)이다.

이러한 개별자들과 마주한다는 것은 보편자와 쾌락을 추구하는 이성의 경험 속에 함몰된 개별자 사이의 모순을 보존하는 하나의 현실이다. 이러한 현실은 개인들의 마음과 충돌하는 법칙, 즉 개인들이 '냉혹한 필연성'(§369/245)에 의해 억압받는 바의 법칙에 의해 지배된다. 스스로의 마음의 법칙에 의해 이끌린 개인은 이제 현실 속에서 이러한 모순을 제거하기 위해 행동한다. 그렇게 함에 있어, 그는 그 자신의 법칙이 현실이 되고, 현재 그들을 억압하는 법칙들로부터 타인들을 해방시킴으로써 '인류의 복지'(§370/245)가 제고되는 이중의 쾌락(Lust)을 보고 있다. 그러므로 그 자신의 법칙을 보완함으로써, 개별자는 타인들이 그들 자신의 마음의 법칙이 구현된 것을 보게 될 현실을 창조하고자 한다. 따라서 이러한 개인은 그의 마음의 법칙이 사실상 만인의 마음의 보편적 법칙이며, 그의 쾌락은 보편적 쾌락일 수 있다고 가정한다.

하지만 실현되면서, 법칙은 **이** 개인의 마음의 법칙이기를 멈추고 모든 개인들에게 공평하게 타당한 참으로 **보편적인** 법칙이 된다. 그러므로 그의 기대와 반대로, 개인은 더 이상 법칙을 특별히 그 자신의 것으로 보지 않는다(§372/246). 비록 그 법칙이 개인이 본래 그에게 제공했던 내용을 보유하고 있을지라도, 일단 그것이 실현되었다면 법칙은 더 이상 그의 마음의 법칙이 아니라 **보편적인** 법칙 그 자체이며, 그리하여 개인은 이제 그 법칙의 형식에 대해 불편을 느끼는 것이다.

더 큰 문제가 있다. 즉 개인은 그 자신의 법칙이 현실이 되기를 원하는데, 부분적으로는 타인들이 그들을 억압하는 법으로부터 해방되어 **그들** 자신의 마음의 법칙이 그들을 둘러싸고 있는 세계 속에 실현되는 것을 본다. 하지만 그런 타인들의 시각에서 볼 때, 내가 실행하는 법칙은 그들의 것이 아닌 나의 특수한 마음의 법칙이다(§373/247). 따라서 타인들은, 그들이 앞서 그 밑에서 살아왔던 법칙에 등을 돌리는 것처럼 내가 수립했던 법칙에 등을 돌리는 것이다.

따라서 개인의 마음은 이제 그것이 설정한 법칙의 형식과 그것이 해방시키려고 했던 다른 개인들의 마음 모두와 불편한 상태에 있으며, 따라서 그것이 창조했던 현실로부터 '소외되어 있다'(entfremdet)고 느낀다(§374/247). 하지만 개인은 이에 대해 자신을 비난하지 않으며, 오히려 저 현실이 그들 자신의 마음의 법칙들을 실행하고자 하는 다른 모든 개인들에 의해 '교란되어 있다'(verrückt)고 간주한다(§§376-7/249). 그가 보기에, 그의 목적은 만인에 대한 만인의 홉스적인 투쟁에 의해 좌절되었으며, 여기서 '각인은 그 자신의 개별성을 위해 타당성을 주장한다.' 참으로 여기에는 보편성의 외관만이 존재한다(§379/251). 따라서 개인의 마음은 타인들의 복지를 위한 관심으로 고동치는 것이 아니라 이제는 '광기에 찬 자기-기만의 헛소리'(§377/249)에 굴복하는 것이다. 왜냐하면 그는 그 자신의 마음만이 참으로 보편적인 법칙에 뿌리를 두고 있다고 생각하기 때문이다. 그는 스스로 '세태(世態)'(Weltlauf)—개별적인 자기 이익에 의해 지배되는—에 거역하고 분노한다(§379/251).

이러한 광기에 함축되어 있는 것은 **개체성** 자체가 도착(倒錯)의 원천이라는 생각이다. 이성의 다음 형태는 이러한 생각을 명시적으로 취하며, 개체성이 **희생될** 경우에만 우리 안의 법칙이 도착 없이 실현될 수 있다고 결론짓는다. 이러한 형태가 곧 **덕성**(virtue)의 형태이다. 덕성에게, 본질적인 것은 보편적인 것   그것이 '본래적으로 참이고 선한 것'으로 보는 **법칙**—이다. 덕이 있는 사람은 그 자신의 개별적인 이해를 포기해야만 하며, 사실상 이러한 보편자를 위해 그의 '전 인격'을

희생해야만 한다(§381/252). 덕성을 대면하는 것이 ‘세태’인데, 우리
가 살펴보았듯 이것은 개인적인 자기-관심에 **의해** 지배를 받고 있다.
‘행위하는 이성’의 한 형식으로서, 덕성은 세계로부터 이러한 개인적
자기-이해를 말소함으로써 선을 그 세계로 옮기는 일을 떠맡고 있다.

　하지만 이성의 한 형식으로서, 덕성 역시 그것이 대면하고 있는 세계
속에서 오히려 자기 자신을, 말하자면 자기 안의 선을 보고 있다. 그럼
에도 그 세계는 명백히 개인적인 자기-이해의 영향하에 있으며, 따라
서 **현실적으로** 선하지는 않다. 그러므로 덕성은 선이 세계의 ‘내적 본
질’ 혹은 ‘즉자’—개인들에 의해 왜곡되지 않을 경우 세계가 드러내게
될 본질—라고 믿고 있다(§381/252). 설령 암시적이라 할지라도 선이
이미 세계에 속하는 것이라면, 그것은 덕성에 의해 외부로부터 세계 **속
으로** 들여올 필요는 없을 것이다. 덕성의 주장에 의하면, 내부적으로
개인적인 자기-이해를 억제하고 세계 속에서 그것과 싸움으로써, 현실
적으로 덕성은 세계 속에 내재하는 선이 스스로 생존할 수 있는 여지를
만드는 것 이상을 하지 않는다.

　덕이 있는 사람은 그 자신의 개체성을 억제하려고 하기 때문에, 그는
그에게 특별한 것이 아니라 보편적인 무기들을 가지고 세태와 싸워야
한다. 그가 자기 안에서 발견하는 일반적인 ‘선물들과 역량들 그리고
힘들’이 곧 이러한 무기다. 그는 이러한 것들을 보편적인 것으로 간주
하기 때문에, 덕이 있는 사람은 그것들을 그 자신에서뿐만 아니라 세계
속에서도 발견한다. 그는 그러한 역량들과 힘들이 세상에서 ‘오용’되
고 있는 반면, 그 자신은 그것들을 ‘선용’한다고 생각한다. 헤겔은 이
제 덕성이 생각하듯 스스로 세계보다 우월하지 않다는 것을 보여주고
있다.

　문제는 덕이 있는 사람은 자신을 포함한 개체성을 완벽하게 억제함

으로써 세계가 선해지도록 돕기를 원한다는 데 있다. 하지만 그 역시 자기 안의 역량과 힘을 '선용'하는 바의 어떤 행위도 **개인으로서의** 그 자신의 행위라는 것을 의식하고 있다. 그러므로 만일 그가 참으로 그의 개성을 억제하고자 한다면, 그는 그 자신의 유덕한 행위조차 억제하고, **그가** 선을 위해 **어떤 일이든** 하고 있다는 것을 부정해야만 한다. 따라서 '덕성의 기사'는 선을 대표하는 그 자신의 투쟁을 스스로 진지하게 받아들일 수도 없고 받아들이지도 않을 '위선'으로 간주해야만 한다. 당연히 그 결과 '그의 참다운 힘'은 그가 추구하는 선이 **스스로** '성취된다'는 사실에 놓이게 된다(§386/255). 만일 내가 참으로 겸손하고 유덕한 인간이라면, 나는 선이 **스스로를** 실현하지 그것을 실현하기 위해 나의 도움을 필요로 한다고는 믿지 않을 것이다.

그렇지만 이것의 논리적 결과 덕성은 세계 속에 **이미** 선이 존재한다는 것을 받아들이지 않으면 안 된다. 반대로 이것은, 개인적인 자기-이해—이것이 '세태'이다—가 선이 출현하는 것을 결국 방지하지 못하며, 오히려 그 자체가 선의 견인차임을 함축한다. 또한 그것은 개인으로서 유덕한 인간의 자기 활동 역시 선의 견인차가 될 수 있음을 의미한다. 그렇지만 사정이 이럴 경우 덕성은 스스로에 관해 어떤 것도 억제하지 않거나 혹은 **스스로 선에 봉사하는 경우에서처럼** 세계 속에서 어떤 것도 공격하지 않을 것이다. 즉 '그 자신의 것을 희생한다거나 그에게 낯선 것을 위반할 수 없는 것이다'(§386/255). 따라서 덕성의 논리는 세계를 대면해서 그 자신을 극도로 **무능하게** 만든다. 헤겔이 적고 있듯, 덕성은 '교화하지만 누구도 교화시키지 못하는'(§390/257), '공허하고 별 효과가 없는 말들'을 말한다. 그러므로 세태는 필연적으로 덕성에 승리하지 않을 수 없다. 왜냐하면 선에 대한 덕성의 '화려한 담론'은 세계 자체에 어떤 변화도 야기하지 못하기 때문이다.

자신의 무능을 경험한 덕성은 선이 '개체성의 희생'을 요구한다는 생각을 포기하고, 개체성 자체가 선을 **실현한** 것으로, '보편자의 현실'로 간주한다(§391/258). 그렇게 함으로써, 덕성 역시 **세상은** 그것이 생각하는 것(세상 자체)보다는 낮다는 것을 배운다. 왜냐하면 덕성은 세상을 지배하는 개별적인 자기-이해가 마침내 법칙 및 선과 불화하는 것이 아니고 실제로 선을 촉진한다는 것(이는 모종의 이기심이 철저히 파괴적일 수 있다는 점을 부정하지 않는다)을 배우기 때문이다.

이성의 다음 형태는 개체성 **자체**가 보편적인 것을 실현한다는 생각을 받아들인다. 이성은 자신을 그 자신의 행위의 원리로 만든다. 따라서 그러한 이성은 자신을 알기 위해서 더 이상 **어떤 다른 것**에 의해서 행동하지 않는다. 혹은 그 이성의 내면의 법칙이 저 타자 속에서 하나의 현실이 된다. 하지만 그것은 보편자를 그 자신의 개인적인 행위 안에서만 또 그것을 통해서만 실현한다. 그러므로 이성은 주변의 세계를 변화시키려 하지 않고, 오히려 보편자를 자신의 단순한 '**제시** 혹은 **표현**'으로 실현하고자 한다(§394/260).

공부할 문제들

1. 자신의 마음의 법칙을 수행하는 데 무엇이 모순인가?
2. 왜 '덕성의 기사'는 '세태'와 부딪히면서 무능함을 드러내는가?

즉자 대자적으로 현실적인 개체성

이 새로운 형태는 개별적인 것과 보편적인 것의 철저한 '융합'(Durchdringung)(§394/259)이다. 그것은 또한 개체성과 현실의 융합이기도 하고, 이 두 가지 의미에서 융합이다. 개별자는 현실적인 어떤 것이다. 그는 자신의 행위를 통해 현실적인 어떤 것을 야기한다. 따라서 그는 '존재'와 '행위'(혹은 '행동')의 복합적 융합이다(§401/264).

그러므로 첫째, 개인은 자신이 특정한 방식으로 존재한다는 것을 알고 있으며, '본래적인 규정성'을 지니고 있다(§398/261). 관상학에서 연구된 자기 역시 '본래적인 규정성'(§311/208)을 지닌 것으로 알려졌다. 하지만 그 경우 이성에 관심을 가졌던 것은 그러한 본성이 어떻게 신체 속에서 (특히 얼굴에서) **관찰 가능한** 표현을 발견했는지였다. 이제 자기는 더 이상 관찰의 객체가 아니라 자기-표현의 독립적이고 자기-의식적인 행위이다. 따라서 자기에게 본래적으로 주어진 본성은 행위 자체가 아직은 명시적인 행위가 아니라 존재의 상태, 말하자면 자기의 타고난 행위 능력, 자기의 '역량, 재능, 성격 등'(§401/263)인 한에서 그 행위 자체이다. 역량은 보편적인 어떤 것 — 모든 자기들 속에서 발견되는 '보편적 요소'(§398/262) — 이다. 하지만 이러한 개별자 속에서 그것들은 특정한 배치 — 그를 다른 개인들과 구분 짓는 — 속에서 발견된다.

둘째, 개인의 **행동**은 그의 독특한 역량을 실현하고자 한다. 그러한 행동은 개인이 누구이고 무엇을 하는가를 표현하는 **작품**(Werk) 속에 나타난다(§402/265). 사실상, 엄밀히 말한다면, 그러한 작품을 통해서 개인은 자신의 역량이 실제로 무엇인가에 대해 **충분히** 깨닫게 된다고 헤겔은 적고 있다(§401/264). 그러므로 그의 현실적 행동을 통해, 개인은 그의 현실적 역량들이 표출된 현실적 작품을 창조하는 것이다. 이러한 역량들은 이 개인 속에서 특별한 방식으로 현존하는, 인간의 보편적 역량들이다. 따라서 개인의 행동은 그 자신의 개체성과 보편적인 것 **모두를** 실현하는 과정이며, 그리하여 개체성과 보편성 및 현실성의 철저한 융합이다.

작품 속에는 그 **자신의** 작품이 아닌 것이 아무것도 없기 때문에, 자신을 표현하는 개인은 지금까지의 다른 어떤 이성의 형태보다 완전하게 그의 대상 속에서 **스스로를** 보는 목표를 달성한다. 따라서 그의 작품을 성찰하면서 개인은 '**자신 속에서 오직 기쁨**(Freude)**만을 경험할 수**' 있다(§404/266). 우리는 분명히 순수한 자기-의식이 정점을 이루었던 불행으로부터 멀리 왔다. 그럼에도 이 개인의 경험은 그가 처음에 생각한 것보다 훨씬 문제가 많은 것으로 판명되고 있다.

하나의 작품을 창조하면서 나는 그것을 세상에 내놓고 **다른** 개인들이 그 작품과 대면하게 한다는 데 문제가 있다. 그들은 나의 작품 속에서 나의 특수한 개성의 표현을 본다. 하지만 물론 그들은 **그들의** 개성을 표현한 실재를 보고 싶어 한다. 따라서 그들은 나의 작품에서 '**그들의** 행위를 통해 실재와 **그들의** 통일에 대한 의식을 획득하기 위해 그들 자신의 것으로 대체할 수밖에 없는 낯선 실재'를 본다. 반대로 나 역시 나 자신과 나의 작품 사이의 균열을 자각하게 된다. 나는 나 자신이 자유롭고 무제한적인 자기-표현의 활동으로 보고 있지만, 나의 작품 속에서 내가 보게 되는 것은 '**다른** 힘과 이해의 반-작용'(§405/268)에 의해 대체되고 모호해진 '일시적인 것'이기 때문이다. 그러므로 나는 스스로를 자유롭게 표현하기 위해 자유롭게 창조했던 작품이 자신만 고려하는 '정신적 동물의 왕국의 시기심'에 어쩔 수 없이 굴복한다는 점을 깨닫게 된다.[52] 그렇지만 이는 나의 기쁨에 종말을 고하는 것은 아니다. 나의 작품들의 안타까운 운명에도 불구하고, 나는 나의 행동을 통해 자신을 표현하는 데 **성공했다**―그리고 늘 성공했다―고 확신하기 때문이다.

52　Stern(2002), 127.

그렇지만 이러한 확신은 나의 활동에 대한 이해를 스스로 변경할 것을 요구한다. 만일 나의 활동이 언제나 성공적이라고 내가 생각한다면, 나는 그것을 특별한 작품들을 창조하는, 궁극적으로 성공하지 못하는 활동과 동일시할 수 없기 때문이다. 나는 그것이 보다 보편적인 목적을 수행하는 것으로 받아들여야 한다. 그러한 목적은 내가 **무엇을 하든** 그 것이 나의 목적으로 남아 있기 때문에 보편적인 것이다(§409/270). 그러므로 내가 보기에, 개인으로서의 나의 '진정한 작품'은 특수한 작품들을 창조하는 데서보다는 이러한 보편적 작품을 창조하는 데 있어야 한다. 헤겔은 이러한 보편자를 '사태 자체'(die Sache selbst), 혹은 라우어(Quentin Lauer)가 번역했듯 **참으로 중요한 것** (§409/270)[53]이라고 명명한다. 나는 나의 목적을 달성하지 못할 수가 없다. 왜냐하면 나는 나의 모든 활동 속에서 언제나 **참으로 중요한 것**을 하고 있다고 알고 있기 때문이다(§412/272).

하나의 작품은 한 개인(개별자) 속에서 특수한 보편자—특수한 역량들과 재능들—를 표현하고 있다. 반면, '참으로 중요한 것'은 참으로 보편적인 어떤 것이다. 그렇지만 의식의 이 새로운 대상은 그 자체의 특이한 내용을 가지고 있지 않다. 그것은 모종의 행동이 취할 수 있는 하나의 **형식**이기 때문에 보편적이다. 다시 말해 헤겔이 적고 있듯, 그것은 의식이 행하는 어떤 것에 부착할 수 있는 하나의 '술어'이다(§411/271). 의식의 주장에 따르면, 의식은 자신이 무엇을 하든 '참으로 중요한 것'을 하고 있다. 이렇게 해서 의식은 자신이 언제나 자신의 내적 보편자를 실현하고 있고 또 그것을 표현하고 있다는 생각을 간직하고 있다. 따라서 의식은 자신의 행동이 현실적 작품을 생산하지 못한다

---

53   Lauer(1976), 169. 밀러는 '질료의 심장'이라고 번역한다.

할지라도 그 행동 속에서 언제나 즐거움과 만족을 발견할 수 있는 것이다(§413/272).

의식은 자신이 언제나 '참으로 중요한 것'을 행한다고 성실하게 생각하고 있지만, 그 새로운 대상 속에 애매성이 존재한다는 것을 알아채지 못하고 있다. 한편으로 '참으로 중요한 것'은 **나의** 행동이 무엇이든 **내가** 중요하다고 받아들이는 것을 지향하고 있다. 그러므로 내가 보기에, 나는 중요한 것을 행하는 사람이고, 중요한 것은 그것을 하나의 현실로 만들어줄 나의 **행위**를 요구한다. 다른 한편으로, '중요한 것'은 참으로 **보편적인** 어떤 것, 다시 말해 "본질적 가치를 지닌 자유롭고, 단순하고, 추상적인 '현안'"이다(§411/271). 그러므로 중요한 것을 함에 있어서, 나는 **그 자체**로 참으로 중요한 것과 그 자체를 위해 행해지기를 요구하는 것을 행하는 것으로 받아들인다. 이러한 생각은 모두가 똑같이 의식에게 중요하며, 의식은 그것을 실현하지 못한 상태로 한 생각에서 다른 생각으로 옮겨 간다(§415/273). 그렇지만 의식이 다른 개인들을 만날 때 그들의 생각 속의 애매성이 분명해지는 것이다.

한 개인이 그는 '참으로 중요한 것'을 행하고 있다고 선언할 때, 다른 개인은 처음에 그가 그 자체로 중요한 것을 행하고 있다고 받아들이고, 누구에 의해서건 그는 단순히 **그것**이 행해지기를 원한다고 말한다. 그러므로 그들이 이미 중요한 일을 했다고 주장하거나 혹은 이 일을 하는 데 그들이 도움을 주었다고—이러한 도움이 앞서의 개인을 즐겁게 할 것이라는 가정하에서—그들은 주장한다. 그렇지만 그들은 곧 앞서의 개인이 만족하지 않는다는 것을 발견한다. 왜냐하면 그는 실제로 **그 자신에게** 중요한 것을 하고자 하기 때문이다. 그들이 이것은 그 개인에게 참으로 중요한 것이라고 볼 때, 그들은 기만당했다고 느낀다(§417/274). 그렇지만 당연히 그들 역시 중요한 것을 하는 **사람**이 되기를 원하며, 그리하여 중요한 것이 **행해지는** 것을 단순히 보는 일에는 첫 번째 개인만큼이나 관심이 없다.

그러므로 각각의 자기에게 참으로 중요한 것은 '그 자신의 행위와 노력, 그 자신의 힘의 발휘'(§417/275)라는 것이 만인에게 분명해진다. 따라서 각 개인은 이제 타인들이 그들에게 중요한 것을 독자적으로 추구할 것이고, 그에게 중요한 것을 그가 스스로 하도록 내버려 두게 할 것이라고 생각한다. 그럼에도 그들은 또 다시 기만을 당한다. 왜냐하면 각인(各人)은 그에게 중요한 것이 아니라 보편적으로 중요한 것, 만인에게 중요한 것을 하기를 원하기 때문이다. 그러므로 각인은 만인에게 중요한 것을 사람들이 하고 있는 곳에서는 어디든지 참견하고자 한다. 각인은 타인들의 행위에 간섭하거나 혹은 적어도 그것에 '승인과 칭찬의 낙인'(§417/275)을 찍는다. 그리하여 문제를 열어 놓은 개인은 '싱싱한 우유 잔에 파리들이 날아들 듯 모두가 서둘러 모여들어 그 문제에 골몰하기를 원한다는 것을 곧 배운다'(§418/275).

하지만 이러한 경험에서, 의식은 그 대상의 양측 면이 본질적이라는 것을 배운다. 즉 '중요한 것'은 개인 자신에게 해당되고, 그에게 보편적인 어떤 것으로 이해된다. 모든 개인은 **그가** 중요하다고 생각한 것을 행하지만, 그 역시 궁극적으로는 그것이 **만인에게** 중요하다고 생각한다. 그러므로 각인은 명시적으로는 아닐지라도 묵시적으로 '중요한 것'은 단지 그에게가 아니라 만인에 **대한** 문제라는 점 ― '중요한 것'은 **각인과 만인**의 행동을 요구한다는 점을 인정한다(§418/276). 이성의 다음 형태는 이 점을 명시적으로 인정하고 있다.

그러므로 이 새로운 형태에서, '중요한 것'은 충분히 그리고 명백히 **보편적**이다. 이는 한편으로 그것이 만인에게 무조건적이고 보편적으로 중요함을 의미한다. 그 자체로, 그것은 '절대의 가치'를 지니고 있다.

즉 그것은 개인들에게 절대적으로 '권위'가 있는 것이다(§420/277). 다른 한편, 그것은 **만인**의 **합동** 행위의 대상이다. 이전의 이성의 형태와 다르게, 개인들은 이제 서로 경쟁을 하는 것이 아니라, 힘을 합쳐서 그 중요한 일을 행한다. 이런 식으로, 그들은 헤겔이 '인륜적 의식'이라고 부른 **공동체**를 형성한다. 이러한 개인들은 서로 다른 상태로 있기 때문에, 그들은 차이의 원리를 그들의 공동체 속으로 또 보편자 자체 속으로 끌어들인다. 따라서 보편자 자체는 공동체의 각기 다른 법들로 나누어진다. 이러한 법들은 즉각 만인들에게 중요한 것이자 권위가 있는 것으로 이해된다. 헤겔이 적고 있듯, '**건전한 이성**은 옳고 선한 것을 즉각 안다'. '법은 건전한 이성에게 즉각적으로 타당하다'(§422/278). 따라서 그러한 이성은 공동체를 위해 법을 창조할 필요가 없다. 오히려 이성은 법을 만인이 경청해야 할 것으로 선언함으로써 그 법을 명시적으로 해석할 필요가 있다. 이성이 그렇게 할 때─개인의 형태에서─이성은 '입-법적'(gesetzgebend) 이성이다.

그렇지만 이성이 선포한 법들에는 문제가 있다. 한편으로, 그 법들은 보편적이고 형식에서 무조건적이다. 즉 '만인은 진리를 말해야만 한다'거나 혹은 '네 이웃을 네 몸처럼 사랑하라'이다. 다른 한편으로, 법들은 다른 성격을 가지고 다른 상황 속에서 개인들에게 적용이 된다. 그러므로 법들은 그것들에 따라 행동하는 다른 개인들로부터 그것들의 내용을 도출한다. 다시 말해 내가 진실을 이야기할 때 내가 말하는 것은 내가 알고 있는 것에 달려 있다. 또 내가 이웃들에게 나의 사랑을 어떻게 보여주는가는 나의 특수한 상황에 달려 있다. 따라서 법은 보편성의 **형식**을 지닌 반면, 어떤 보편적 **내용**도 없다는 것이 드러난다(§426/281).

이성의 다음 형태는 보편성의 순수한 형식**만**을 자신의 이해의 명시

적 대상으로 만든다. 따라서, 이성은 그것들 자신의 보편적 내용을 지
녔다고 하는 (그러나 그렇게 하는 데는 실패한) 법들을 더 이상 선포하
지 못한다. 반면, 이성은 주어진 내용들이 법이 될 만한지 여부를 파악
하기 위해 주어진 '내용들' ― 개인들이 선호하는 원칙들 ― 을 검증하
는 하나의 표준 혹은 '기준'으로서 보편성의 순수한 형식을 활용한다
(§428/281). 입-법적 이성과 마찬가지로, 사-법적 이성은 보편적이라
는 것을 자기-동일적이라는 것과 무-모순적이라는 것을 의미하는 것
으로 이해한다(§419/277을 보라). 그러므로 칸트와 마찬가지로(헤겔
의 해석에 비추어), 이성은 하나의 원칙이 보편자의 형식을 취할 때 그
것이 무모순적인지 여부를 검사한다. 원칙은 타당한 법칙이 되기 위해
그렇게 무모순적이 되는 것들만을 존중한다.[54]

  이것이 그 **순수한 형식**에서의 이성이다. 하지만 그처럼 순수한 이성
은 원칙의 모든 방식이 상호 모순적인 것을 포함해서 모순 없이 하나의
법칙의 형식을 취할 수 있다는 점을 발견한다. 만인이 재산을 소유해야
한다는 것과 누구도 재산을 소유해서는 안 된다는 원칙은 모두가 이성
의 검사를 통과하고, 그리하여 타당한 법들로 간주된다(§430/282).[55]
그러므로 이성의 경험은 '이성이 자기 안에 소유하고 있는 법의 기준
이 모든 경우들에 똑같이 잘 들어맞는다는 것과 따라서 사실상 전혀 기
준이 아니라'(§431/284)는 것을 보여준다. 다시 말해, 보편성의 순수
한 형식이 그것에 상정되는 **권위**를 입증하는 것은 아니다. 왜냐하면 어
떤 것도 그것을 심사하는 데 실패하고 있으며, 따라서 모순으로부터 자
유로운 법 자체의 영역을 견지할 수 없기 때문이다.

---

54 Hegel(2008), 130-1(§135와 주석)을 보라.
55 두 가지 원리 역시 적절한 의미로 취한다면 자기-모순적인 것으로 보일 수 있다
(§431/283).

이성의 마지막 두 가지 형태는 '즉자 대자적으로 권위 있는'(§ 420/277) 보편자를 의식하고 있다. 하지만 이성에 의해 선언된 두 가지 법칙은 진정한 보편성을 결여하고 있다. 그것들의 내용은 개별자들에 대한 인식과 상황에 우연적이기 때문이다. 우리가 방금 보았던 것처럼, 순수이성이 두 법칙을 검사하기 위해 채용한 순수한 보편성의 형식은 진정한 힘과 권위를 결여하고 있다. 그렇지만 이 두 가지 형태의 실패가 참으로 권위 있는 보편자라는 근본 사상을 이성이 포기하게 만들지는 않는다. 오히려 실패는 입-법적 이성**이나** 사-법적 이성 어느 편의 대상도 **아닌** 보편자라는 생각을 이성에게 심어준다. 다시 말해 그것은 의식을 '보편자로의 복귀'(§435/285)로 인도하는데, 여기서 이성의 마지막 두 가지 형태가 '지양' 되었다. 하지만 이는 이성이 갈 수 있는 한에서이다. 왜냐하면 더 이상 이성의 대상이 되지 못하는 보편자에 대한 관념이 이러한 생각 속에 잠재되어 있기 때문이다. 그러한 보편자가 어떠해야 하는지를 알기 위해서, 우리는 우리가 접해 왔던 이성의 형태들에 공통적인 것이 무엇인가를 간략하게 되살펴 보아야 한다.

이성의 전개를 통해서 볼 때 **개별자**는 보편자를 실현하는 것으로 이해되어 왔다. 첫째, 관찰하는 이성은 경험적 사물들의 영역 속에서 법칙을 탐구한다. 둘째, 자기-의식적 개인은 자신의 '마음'의 법칙을 세계 속의 현실로 만들고자 한다. 셋째, 개인은 그 자신의 행동 속에서 또 그 행동을 통해 ('정신적 동물의 왕국'에서) 보편적인 것을 실현하는 자로 스스로를 이해하고 있다. 마침내 경험을 통해 이성은 보편자가 그 자체로, 다시 말해 '즉자 대자적으로' — '절대의 가치'(§420/277)를 갖는 것으로—권위 있는 어떤 것으로 이해하게 된다. 그럼에도 개인은 여전히 스스로 저 보편자에 현실성을 부여한 자로 받아들이고 있다. 다시 말해 그는 공동체를 지배하는 법을 그 공동체에 선언하기 위해 법을 스스로 받아들이는 것이다. 사실상 심지어 **순수**이성에서, 개인이 자신의 원칙으로서 보편성의 순수한 형태를 받아들일 때, 그는 법들이 모순을 담고 있는지 여부를 판단한다(§420/277). 더 나아가, 두 가지 경우에서 관련 법들의 내용은 개인들에 의해 결정된다(§§424, 434/279, 285).

따라서 더 이상 이성의 대상이 아닌 보편자는 처음에는 개별자에 **의해** 실현되지 않은 것이다. 이러한 보편자는 진정으로 현실적이고 권위적이다. 왜냐하면 그것은 비록 개별자들 속에서 또 그 개별자들을 통하기는 해도 **자기 자신을 실현하기** 때문이다. 이러한 보편자를 자신의 대상으로 갖는 의식의 형태가 곧 정신(Geist)이다.

정신은 보편자 ― 법 ― 가 존재하고 '즉자 대자적인'(§436/285) 타당성을 지닌 것으로 받아들인다. 따라서 법은 그 자신의 고유한 내용을 지니고 있는 것이지 그것을 법에 따라 행동하는 개인들로부터 도출하지는 않았다고 한다. 사실상, 법은 개별자들에 선행한다고 주장되는데, 예를 들어 ― 소포클레스의 『안티고네』에서처럼 ― '쓰여지지 않았고 오류도 범하지 않는 신들의 법'(§437/286)으로 간주된다. 그럼에도 정신은 법을 단순히 그가 복종할 수밖에 없는 낯선 권위로 간주하지 않는다. 다시 말해 정신은 법 속에서 그 자신의 정체성의 근거를 보며, 따라서 이성과 마찬가지로 법 속에서 자신을 본다. 사실상, 정신은 스스로를 법으로, 다시 말해 **자기 자신을 의식하게** 된 '인륜적 실체'(§436/286)로 알고 있다. 그러므로 정신의 영역에서, 개별자들은 그들의 자기-의식 속에서 법을 그 자신의 '현실'과 '실존', '자기'와 '의지'를 획득하는 것으로 이해한다(§437/286). 그들은 법이 **만인의 순수의지**로서의 세계 속에서 현실적이고 유효하다고 이해한다(§420/277).

공부할 문제들

1. '참으로 중요한 것' (사태 자체)이라는 이성의 관념에서 무엇이 애매한가?
2. 입-법적 이성과 사-법적 이성 사이의 차이는 무엇인가?

4) 정신

정신은 '**즉자 대자적으로** 존재하는 본질' (§438/288)이다. 정신은 즉자적으로 타당한 법이다. 또 이 법 역시 개별자들 속에서 '대자적으로' — 혹은 자신을 의식하는 — 존재한다. 따라서 정신은 하나의 공동체 혹은 법에 의해 결합된 개인들의 '세계'를 구성한다. 법 자체 혹은 '**인륜적 실체**'는 '만인의 행동의 근거이자 출발점' 이다. 반대로 이러한 법은 그것을 행동의 '**목적이자 목표**'로 만든 각기 다른 개인들 속에서 또 그들을 통해 현실적인 어떤 것이 된다(§439/288-9). 따라서 법이 지배하는 공동체는 무기력한 통일체가 아니라 그것에 속하는 개인들 속에서 '현실적이고 살아 있는' 통일체이다. 그것이 곧 '**인륜적 현실**' (§439/ 288-9)이다.[56]

　의식이 이러한 공동체로 전환됨에 따라, 헤겔의 현상학은 마침내 **정신**의 현상학이 된다. 앞으로 이어질 정신의 모든 형태는 그것들이 사변적 사유를 특징짓는 주체와 객체의 동일성에 미치지 못하는 한 넓은 의미에서 의식의 형태로 남아 있다. 그럼에도 그것들은 좁은 의미에서 (혹은 자기-의식이나 이성의) 의식의 형태들이 아니라 '세계의 형태들' (§441/290)이다. 반대로 이전의 모든 형태들은 이제 정신의 계기들

56　밀러는 'sittliche Wirklichkeit' (인륜적 현실)를 'the actuality of that substance' 로 번역한다.

로—그 자체의 독립적 실존이 없는—이해되어야 한다.

참다운 정신

인륜

정신은 개별성과 보편성의, 자기-의식과 인륜적 실체(혹은 법)의 통일이다. 사-법적 이성의 형식적 보편자와 달리, 정신은 스스로 분화함으로써 스스로에게 그 자신의 내용을 부여하는 구체적 보편자이기도 하다. 정신은 그것을 포괄하는 두 계기들, 즉 개체성의 법과 보편성의 법으로 분화되고 각각의 법은 공동체의 다른 '집단' 혹은 영역을 지배한다(§§445-6/291-2). 하지만 각각의 법은 전체 정신의 상이한 표현이며, 따라서 자기 안에서 개체성과 보편성 양자의 원리를 결합하고 있다.

첫 번째 법은 정신의 영역에서의 법이 개별자들 속에서 자신을 의식하게 되는 사실을 표현한다. 헤겔은 자기-의식적 정신의 법을 '인간의 법'(§448/293)이라고 부른다. 이 법은 그것이 만인에 의해 인식되는 한 보편적인 것이고, 만인의 관습을 이룬다. 다시 말해 그것은 시민들과 공동체의 통치자 속에서 개별적인 구현으로 주어진다(이를테면 소포클레스의 『안티고네』에서 고대 테베의 신비적 통치자인 크레온). 우리는 이러한 인간의 법이 개인들의 삶을 지배하기 때문에 앞서 언급된 개체성의 법에 해당한다고 생각할 수 있다. 그렇지만 이러한 개인들의 공통의 목적은 법-치 **공동체** 혹은 **국가** 속에서 더불어 살아가는 것이다. 국가는 '참으로 보편적인 것'(§451/294), 만인이 그 속에서 살아가고 있는 전체라고 헤겔은 적고 있다. 따라서 인간의 법은 사실상 **보편성**의 법이다.

이 인간의 법과 대조해서 정신의 영역에서의 법이 존재하고 그 나름대로 권위가 있다는 사실을 표현하는 법은 그 자체 절대적으로 타당하다. 따라서 이 법은 헤겔에 의해 '신의 법'(§449/293)이라고 명명된다. 신의 법은 국가의 궁극적 근거 ― '인륜 자체의 일반적 가능성'(§450/293) ― 를 구성하지만, 그럼에도 이 법 역시 국가와 다르면서도 국가 안에 소속되어 있는 공동체, 즉 가족의 밑바탕에 놓여 있다. 국가를 하나로 묶는 법은 시민들 속에서 스스로에 대한 분명한 의식을 획득한다. 이와는 대조적으로, 가족을 묶는 법은 직접적으로 존재하는 실체라고 주장된다. 따라서 가족 구성원들 사이에서의 유대는 그 자체가 직접적이다. 다시 말해 그것들은 사람들이 존재에 관해 의식하고 있는 것보다는 사람들이 무엇인가라는 것에 기초해 있다. 말하자면 가족 유대는 사람들이 스스로의 존재에 대해 발견하는 바에서, 자연(nature) 덕분에 ― 남자와 여자, 부모와 자식, 그리고 오라버니와 누이 사이의 자연적 차이들에 기초해 있다(§450/293-4).

그럼에도 가족은 오직 자연에 의해 결정되는 것이 아니라 자기-의식적 인간들 사이의 인륜적, 정신적 관계이다. 더 나아가서, 국가와 마찬가지로, 가족은 공동의 목적을 지닌 하나의 공동체이다. 국가가 '참으로 보편적인 것'을 ― 말하자면 자신을, 전체로서의 국가를 ― 유지하려는 데 반해, 가족은 '개인 자체', 특히 개별적인 가족 구성원에 관심이 있다(§451/294). 그러므로 가족을 지배하는 법은 개체성의 법이다.

그렇지만 동시에 정신의 한 형식으로서, 가족과 그 구성원들 역시 보편적인 것에 관심을 갖고 있다. 이 두 가지 관심은 가족이 자신의 인륜적 행위를 '전체 개인' 혹은 '보편자로서의 개인'(§451/295)에 향할 때 하나로 합쳐진다고 헤겔은 주장한다. 그렇지만 이는 놀라운 결론이다. 왜냐하면 '총체적 개인'은 그의 생애 전체를 완성한 개인 ― 더 이상 살아 있지 않고 죽은 개인 ― 이기 때문이다.

죽음은 순전히 자연적인 상태, '순수 존재'(§452/295)의 상태이다. 가족의 인륜적 행위는 저 자연 상태를 의식에 의해 의욕되고 승인된 것으로 전환하는 데 있다. 그러므로 가족은 죽은 가족 구성원이 자연적으로 부패하도록 버려두는 것이 아니라 적극적으로 그를 매장하고 그를 (인간 공동체로부터—옮긴이) 해방시켜줌으로써 땅과 '혼인시킨다'(§452/296-7). 가족 역시 살아 있는 그 구성원들을 배려하고 교육시킨다. 하지만 신의 법에 의해 가족에게 부과된 중요한 의무는 죽은 자를 매장할 의무이다. 이러한 의무는 정신의 이 최초의 형태에서 가족의 **논리**에 의해 필연적인 것이 된다. 왜냐하면 죽은 가족 구성원만이 자신의 삶을 완성했고, 그리하여 '보편자'가 된 개인이기 때문이다.

우리가 지적했듯, 가족은 개인들의 자연적이고 인륜적인 통합체이다. 그것이 인륜적인 통합체인 한, 그 구성원들은 국가에서 시민들이 서로를 법 앞에 평등한 자로 인정하는 것처럼 서로 간에 자유롭고 평등한 자로 인정한다. 그렇지만 가족 내의 한 관계는 이러한 인륜성을 다른 관계보다 훨씬 순수하게 드러내고 있다. 남편과 아내의 관계는 '자연적 인정'의 관계이다. 하지만 그것은 부분적으로 성(性)들 간의 자연적 유대에 의해 규정되어 있기 때문에 전적으로 자유롭지가 않다. 다른 한편으로 부모와 자식은 상호 평등한 존재로 인정하지 않는다(§456/298-9). 하지만 오라버니와 누이는 성적으로 상호 간에 유착됨이 없이 서로를 '자유로운 개체들'로 간주한다. 이는 그들이 이미 피에 의해 통일되었으므로 자연에 의해 한 몸이 **되지** 않기 때문이다. 따라서 자연적으로 차이가 있을지라도 오라버니와 누이는 상호 간에 순전히 인륜적 관계를 누리고 있다.

이제 이 최초의 형태에서, 정신은 '자기-의식과 실체'—혹은 법—의 '직접적 통일'(§459/301)이다. 그 결과, 정신은 두 가지 법 각각이 두 자연적 성(性)들 중의 하나와 직접적으로 연결되어 있다는 것을, 즉 인간의 법은 남자, 그리고 신의 법은 여자와 연결되어 있다는 것을 발견한다. 따라서 오라버니는 국가에 참여하기 위해 가족을 떠나는 데 반해, 누이는 '신의 법의 수호자'(§459/301)가 된다. 그러므로 죽은 가족 구성원을 따르는 신적 의무는 누이에게 귀속된다고 헤겔은 주장한다. 누이는 들판에 버려진 그녀의 오라버니를 매장해야만 한다. 죽은 오라버니에 대한 누이의 이러한 관심은 헤겔의 견해에서 볼 때 『정신현상학』의 이 단계에서 가족에 내재하는 것이다. 물론 동시에, 그것은 소포클레스의 『안티고네』에 등장하는, 죽은 오라버니 폴리네이케스에 대해 안티고네가 보여준 관심에 대응한다.

가족과 국가는 상이한 법들을 인정하고 있지만, 그것들은 본래 서로 다른 것이 아니다. 사실상, 그것들은 '어떤 내부 불화에 의해 훼손된'(§463/303) 단일한 세계—'인륜적 영역'—이다. 그렇지만 이 법들은 각자 이름을 걸고 행동하는 개인들에 의해 상호 적대적으로 설정되었다(§464/304). 이러한 개인들은 법을—이 법의 이름으로 그들은 행동한다—본래적이고 직접적 의미에서 권위 있는 (따라서 그것들이 법으로 간주될 수 있는지 여부를 먼저 조사할 필요가 없다) 것으로 인정한다. 게다가 앞서 언급했던 것처럼, 그런 법들에 대한 그들의 연관은 그 자체가 직접적이고, 그리하여 자연에 의해 규정되어 있다. 다시 말해 남자는 인간의 법에 의해, 여자는 신의 법에 의해 지배되는 것으로 받아들인다(§465/305). 이러한 법들은 남자와 여자 역시 그들이 존중하는 법에 대한 충성을 직접적이고 **배타적으로** 받아들이고 있기 때문에 상호 **대립적으로** 설정되어 있다(§466/305-6). 그러므로 각인(各人)은 그/그녀 자신의 법을 법 **전체**로 만들기 위해 행동하고, 따라서 타인의 법을 그/그녀의 법에 종속시키고자 한다. 예를 들어 크레온은 가족의 법에 반대되는 국가의 법을 주장하며, 따라서 안티고네가 그녀의 죽은 오라버니를 매장할 권리를 부정한다. 반면 안티고네는 국가의 법에 반대되는 신의 법에 기초해서 그녀의 권리를 주장하는 것이다.

그러므로 그/그녀의 권리를 주장함으로써, 각 개인은 타인의 권리와 법을 부정하고 **죄**(Schuld)를 짓는다(§468/308). 각인은 타인이 권리와 권위를 결여하고 있다고 간주하며, 그리하여 부당한 '폭력'을 행사하거나 혹은 완고하고 순종하지 않는 태도를 취한다(§466/306).[57] 그럼에도 각인은 타인 속에서 그/그녀가 존중해야 할 법과 대면한다. 왜냐하면 그 법은 그들 모두가 속한 정신적 전체의 다른 측면을 형성하기 때문이다. 그러므로 논리적으로 볼 때, 각 개인은 그/그녀의 죄(크레온이 하고 있듯, 그리고 안티고네가 하고 있다고 헤겔이 **생각하듯**)를 '인정(anerkennen)해야만' 한다.[58] 이러한 인정을 통해, 각 개인은 법 전체가 타당하고 하나의 법에 대한 일면적 충성은 **종식**되어야만 한다는 점을 받아들인다. 그럼에도 각 개인은 자연적으로 존재하며, 따라서 돌이킬 수 없을 만큼 하나의 법에 유착되어 있다. 그러므로 각인은 그/그녀가 종말에 이르러야 한다고 말한다. 다시 말해, 각인은 그/그녀가 몰락하거나 **죽음** — '전능하고 공정한 **운명**'(§472/311)의 작품으로 경험되는 **부정**—에 이른다는 것을 받아들인다.

다음 장으로 넘어가기 전에, 세 가지 점을 분명히 할 필요가 있다. 첫

---

57 헤겔은 여기서 명백히 안티고네와 크레온이 서로를 보는 방식을 염두에 두고 있다.

58 안티고네의 선언은 현실적으로 헤겔이 생각하는 것보다 훨씬 모호하다. "나는 불경(不敬)하다는 의심을 사고 있어요. 경건한 나의 의무가 한 증거. 신들이 이것이 옳바름이라고 생각한다면, 고통 속에서 나는 나의 잘못이 분명하다고 볼 거예요. 하지만 잘못한 사람은 다른 사람들이라면, 나는 그들에게 내가 받은 처벌보다 큰 것을 바라지 않을 것이에요." Grene and Lattimore(1960), 1:212(*Antigone*, *ll.* 924-9)을 보라.

째, 인류에 대한 설명에서, 헤겔은 소포클레스의 『안티고네』를 명시적
으로 언급하고, 아이스퀼로스(Aeschylus)의 『테베를 공격한 일곱 장
수』와 소포클레스의 『오이디푸스 왕』[59]을 묵시적으로 언급하고 있다.
그렇지만 그의 목적은 그러한 극작품들을 검토하는 데 있는 것이 아니
라, 직접적인 인류에 내재하는 **논리**와 그것이 겪어야 하는 경험을 드러
내는 데 있다. 헤겔은 인류의 양상들을 예시하기 위해서만 이러한 작품
들을 언급한다. 둘째, 헤겔은 여기서 비극을 **겪는** 인류적 세계에 대해
설명하는 것이지 비극적 드라마들을 **창조하는** 예술적 정신에 대해 설
명하는 것이 아니다. 후자에 대한 그의 현상학적 설명은 종교에 관한
『정신현상학』의 7장에 담겨 있다. 그의 철학적 설명은 그의 미학 강의
들 속에 담겨 있다.[60] 셋째, 헤겔은 여기서 가족과 국가에 대한 사변적
이며 철학적인 설명을 제공하고 있지 않다. 이러한 설명은 그의 『법철
학』[61]에서 발견된다. 그는 단순히 가족과 국가가 현상학의 이 단계에
서 어떻게 이해되어야 할 것인지를 보여주고 있을 뿐이다. 그가 묘사
하는 세계는 소포클레스의 『안티고네』에 나타날 것이다. 하지만 그 세
계는 철학이 이해하는 자유의 본성에 따라 우리가 살아가야 할 세계는
아니다.

법의 세계

정신의 다음 형태는 이전의 형태의 경험에서 암시적으로 존재하는 것
을 명시화한다. 따라서 보편자는 이제 **하나의** 미분화된 통일 혹은 보편
자로 이해된다. 이러한 보편자가 그 속에서 자기-의식적이 되는 바의

---

59 § 469/309(『오이디푸스 왕』) 및 § 473/311-12(『테베를 공격한 일곱 장수』)을 보라.
60 Houlgate(1998), 448-82를 보라.
61 Hegel(2008), 162-80, 228-304(§§ 158-81, 257-320)을 보라.

개별자들은 반대로 서로 간에 더 이상 구별이 되지 않는다. 그것들은 본성상 해석의 측면에서 제한되어 있지만, **인격들**(persons)로서의 그들의 **평등**을 의식하고 있다(§477/316). 그것들이 더 이상 자연의 직접성 속에 기반하고 있지 않듯, 인격들도 기존의 신의 법의 직접성에 기반하고 있지 않다. 따라서 보편자는 **법**이 되기를 중단하는데, 그 법의 '실체'와 내적 권위가 자기-의식을 선행한다. 그것은 자기-의식적 인격들에 의해 인정되면서 그 권위를 갖는 권리(right)가 된다(§478/316). 더 나아가서, 권리는 인격들에 의해 인격들 속에서 실현되는 것으로 인정되며, 그리하여 인격들은 스스로를 불가침의 권리의 담지자로 인식한다.

따라서 새로운 세계는 **개인들**로서의 그들의 본래적인 권리를 의식하는 인격들의 집합체이다. 그 자체로 그것은 인륜적 통일에 대한 명시적 의식을 결여하고 있으며, 따라서 이전의 의미에서의 국가를 구성하는 것이 아니라 '영혼이 **없는** 공동체'(§477/316)[62]이다. 게다가, 각 인격은 자신을 상당히 추상적으로 단순한 권리-담지자적 자기 — '순수한 자기' — 로 파악하는데, 이러한 측면에서 스토아주의자를 닮아 있다. 그렇지만 인격은 자기-의식적 개인(스토아주의자와 같이)일 뿐만 아니라, 권리의 '현실 세계'(§479/317)의 일원이기도 하다. 이러한 권리의 세계 — 헤겔이 로마 제국과 연결시키고 있는 — 는 사실상 스토아주의 자체의 적절한 고향이라고 할 세계이다.

인격은 스스로를 순수하고 추상적인 권리-담지적 **자기**[63]로 받아들이

---

62 밀러는 '영혼부재'(soulless)라고 번역한다.
63 헤겔은 정신의 특수한 형태를 지칭할 때만 '자기'(Selbst)라는 용어를 사용한다. (§633/416을 보라.) 그렇지만 나는 자기-의식을 일반적으로 지칭하기 위해서 좀 더 느슨하게 그 말을 사용한다.

고 있음에도 불구하고, 그 역시 정신의 영역—몰 정신적 형태이기는 하지만—에 속한다. 정신은 자기-의식과 존재의, 스스로에 **대해** 존재하는 것과 그 자체 **안에** 존재하는 것의 통일이다. 그러므로 인격은 스스로가 다른 인격만이 아니라 존재나 현실과도 관계를 맺고 있다는 것을 받아들이지 않을 수 없다. 그렇지만 보편성이나 법은 이제 오로지 권리로서의 자기-의식 속에 또 그것에 대해서 존재하기 때문에, 인격이 대면하고 있는 존재나 실재는 명백히 법이 **부재**하는 것이고, 따라서 '자유롭고 비유기적인 것'(§480/317)이다. 따라서 이러한 현실은 순전히 무법적인 우연성과 자의성에 의해 지배되고 있다. 이러한 현실은 인격으로 하여금 그의 권리를 실현하게 해주는 것이다. 왜냐하면 그것은 인격이 정당한 소유로 받아들일 수 있는 다양한 사물들을 제공하기 때문이다. 따라서 인격이 직면하고 있는 우연성의 공간은 그대로 둔다면 공허해질 권리의 **형식**에 **내용**을 부여하는 것이다. 나는 타인의 소유가 아니라면 무엇이든 소유할 권리가 있다. 하지만 '자의적이고 변덕스러우며' 나와 다른 모든 인격들을 넘어선 곳에 있는 '권력'이 **현실적으로** 소유될 수 있는 것을 규정한다(§480/318).

그렇지만 정신의 영역에서, 존재나 현실은 자기-의식과 분리가 될 수 없다. 따라서 인격 자체와 맞서 있는 변덕스러운 권력은 다른 자기-의식, 또 다른 인격의 형식을 취하고 있다. 이러한 인격—'세계의 지배자이자 주인'(Herr der Welt)—은 다른 인격이 그의 권리를 실현하는지 여부와 그 방법을 결정하는 '보편적 권력이자 절대적 현실'이다(§481/318). 그렇지만 로마의 황제라는 인물에 구현되어 있는 이러한 주인은 인격화된 **우연성**과 **자의성**이다. 그러므로 군주가 그의 권력을 행사할 때, 자기-의식적 인격은 그 자신의 무력과 '실체의 결여'(§482/319)를 체험하게 된다. 따라서 인격은 이중적 모순에 사로잡힌다.

한편으로 인격은 그의 권리를 실현했다고 간주되는 현실에 직면해 있다. 하지만 인격은 현실에 의해 무력화되고 그 현실로부터 '소외되었다'(entfremdet)고 느낀다. 한편으로 그는 그 자신의 '타당성'과 권리를 순수한 자기-의식으로 의식하고 있다. 그럼에도 그는 군주에 의해 그의 '본질'이 박탈당했다고 느낀다(§483/320). 정신의 다음 형태는 ─적어도 어느 정도는─ 처음부터 자신의 세계와 자기 자신으로부터 소외되어 있다.

공부할 문제들

1. '참다운 정신'에서 국가와 가족은 서로 어떻게 다른가?
2. 왜 인격은 소외감을 느끼는가?

자기-소외된 정신

문화(교양)

'자기-소외된 정신'은 두 가지 측면을 지니는데, 이는 그 정신이 앞선 형태에 의해 필연성을 띠게 된다는 사실을 반영하고 있다. 첫째, 그것은 '현실적'(wirklich) 의식이다. 그 자체로서, 정신은 현실 세계 혹은 실재를 의식하고 있는데, 정신은 그것을 자기 자신의 세계 ─ '자신의 실체'(§490/325) ─ 로 의식하지만, 그러나 정신은 또한 그것을 그 나름대로 '자유롭게' 존재하는 것으로, 그런 의미에서 자신에게 **낯설게** 존재하는 것으로 받아들인다(§485/321). 둘째, 정신은 자신이 참으로 존재하며, 보편적이고 실체적인 것과 통일되어 있다는, 말하자면 '자기와 본질의 통일'(§485/321)이라는 '순수한' 의식이다. 이러한 순수의식은 현실적 의식의 한 계기이다. 그럼에도 정신 역시 스스로를 현실

적 의식과 **동떨어지게** 정립한다. 이 나중의 측면에서, 정신은 **신앙과 순
수 통찰**이라는 두 가지 형식을 취한다. 헤겔은 먼저 자기-소외된 정신
을 그 직접성 속에서, 다시 말해 현실적으로 존재하는 세계에 대한 현
실적 의식으로서 검토한다.

인격은 권리의 단순한 담지자로 시작했지만, 이어서 스스로의 경험
을 통해 자신의 소외된 조건을 **의식**하게 되었다. 정신의 새로운 형태는
이러한 경험에 의해 필연적이 되었으며, 그리하여 처음에 시작했던 인
격보다 훨씬 더 명시적으로 **자기-의식적**이다. 그 자체로 그것은 인격
보다 훨씬 **적극적**이다. 그러므로 인격과 달리, 이 새로운 정신은 그것
의 현재 **모습**(§488/324)으로 인해 인정을 받는 것이 아니다. 오히려
정신은 그것이 적극적으로 '교육' 혹은 '문화'(Bildung)(§489/324)를
획득한 이후에만 인정을 받는다. 개인들은 그들의 특수하고 **자연적인**
자기들을 부정하여 문화(교양)의 세계에서 보편적인 것, 말하자면 법
과 인정된 관습에 스스로를 일치시킴으로써 교양을 획득한다. 이러한
개인들은 이 세계를 그들과 **맞선** '고정되고 단단한 실재'로 보며, 그리
하여 그들의 임무를 그 세계에 순응하는 것으로 받아들인다(§
490/325) 하지만 그렇게 함에 있어, 그들은 그 세계 자체를 지지하게
되고, 그들이 대면하고 있는 '고정된 실재'는 부분적으로 그들의 작품
이 되는 것이다.

교양의 세계는 반대로 그것이 보편적인 것 및 그 자체로 타당한 것
—다시 말해 법—과 **개인들**의 작품 모두의 구현이라는 사실을 반영해
야 한다. 따라서 안티고네의 세계와 마찬가지로, 그러나 권리(법)의 세
계와는 다르게, 그 세계는 정신적 '집단들' 혹은 영역들(geistige Mas-
sen)(§492/326)로 분화된다. 첫 번째 영역에서, 보편자는 자신을 그
자체로서, '자기-동일적인 정신적 본질'로서 드러내지만, 두 번째로

보편자는 개별자들이 스스로를 개별자들**로서** 의식하도록 해주는 것이다. (보편자가 스스로 개별적인 자기-의식적 주체, 즉 군주의 형식을 취하고 있는 세 번째 영역은 나중에 등장한다.)

헤겔은 이제 개인이 **순수한** 의식과 **현실적** 의식으로서의 세계와 모두 연관되어 있다는 것과 각각의 의식은 세계가 상이한 두 가지 부류의 영역으로 나누어져 있다는 것에 주목한다. 순수한 의식은 이러한 영역들을 추상적 방식에서 단순하고 독립적인 '정신적 위력들'로 간주한다. 그 의식은 첫 번째 영역(자기-동일성의 영역)을 '선(善)'으로, 그리고 두 번째 영역은 '악(惡)'(§ 493/327)으로 간주한다. 그러므로 순수 의식에게, 현실 세계는 단순히 선한 것과 악한 것으로 나누어져 있다. 한편으로 현실적 의식은 세계가 두 개의 구체적이고 객관적인 현실들로 나누어져 있다고 이해한다. 그 의식은 보편자가 스스로를 드러낸 첫 번째 세계를 국가 권력의 영역으로 간주하고, 두 번째 세계는 부(富)의 영역으로 간주한다. 각각은 만인의 작품이며, 하나의 공동체 혹은 '보편적이고 정신적인 존재'(§ 494/328)[64]이다. 하지만 국가 권력은 개인들을 명시적으로 **보편적인** 것, 다시 말해 법과 대면시키는 데 반해, 부는 그들로 하여금 **개별** 행위들의 공동 과실들을 향유하게끔 한다.

개별자 역시 **순수한** 자기-의식으로서 공적 삶의 **현실적이고 구체적인** 영역과 연결되어 있다. 이러한 자기-의식은 스스로를 그 영역들 위에 있고 또 그것들로부터 벗어나려는 것으로 생각한다. 따라서 순수 의식은 자신이 일방이나 혹은 타방을 좋아해서 선택할 수 있다거나 혹은 실제로는 아무것도 선택할 수 없다고 생각한다(§ 495/328). 더 나아가서, 순수 의식은 구체적인 이 두 영역을 그 자신이 확인했던 가치들과,

---

64   'allgemeines geistiges Wesen'이란 구절이 밀러 역에서는 번역이 되지 않았다(§ 494, *ll*. 15-18을 보라.)

다시 말해 국가 권력과 부가 **선하거나 악하다고 판단**했던 것들과 자유롭게 연결되는 것으로 받아들인다. 순수 의식은 그것이 그 안에서 스스로를 발견하고, 그리하여 그 자신의 **자기-동일성**을 견지하는지 여부에 따라 각 영역을 판단한다. 다시 말해 그 의식이 그렇게 하는 영역과 그리하여 자신과 **같은 것**으로 받아들이는 것은 선한 것으로 간주되고, 자신과 다른 것은 악한 것으로 간주되는 것이다. 따라서 순수 의식이 세계 속에서 **개인적인** 만족을 모색하는 한, 그 의식은 부를 선으로 그리고 국가 권력은 악으로 판단한다. 하지만 그 의식이 세계 속에서 자신의 존재의 보편적 근거를—법과 그 법을 인도하는 질서—모색하는 한, 그 의식은 국가 권력을 선으로, 부는 악으로 판단한다(§ 495/329).

이 두 가지 판단 방식에서—국가 권력과 부에 대한 그것들의 상이한 평가에도 불구하고—순수 의식은 세계를 그 자신과 같은 것**이자** 다른 것으로 본다(§ 499/331). 그러나 '선'과 '악'에 대한 의식 자신의 기준에 따르면, 세계를 자신과 같은 것으로 보는 것이 좋은 반면, 그것을 자신과 **다른** 것으로 보는 것은 나쁘다. 왜냐하면 '선'은 의식에게 엄밀히 말해서 **자기-동일적인** 것이기 때문이다. 그러므로 만일 의식이 일관성을 유지하고자 한다면, 이제 **이러한** 사실이 그 자신의 관심의 초점이 되어야만 할 것이다. 의식은 단지 세계가 아니라 그 세계와 그 자신이 맺고 있는 관계를 판단해야만 한다. 그렇게 판단함에 있어 의식은 그가 그 자신의 개체성이나 보편자에 관심을 갖고 있는지 여부가 아니라 그가 세계를 자신과 **같은 것**으로나 혹은 **다른 것**으로 아는지 여부를 고려해야만 한다. 이러한 구분이 개인 자신이 선하거나 악한지 여부를 결정할 것이다.

따라서 순수 의식은 이제 그것이 속한 **현실적 의식**에 주의를 돌린다. 현실적 의식은 자기 자신의 개체성과 보편적인 것 모두에 똑같이 관심을 갖는데, 이 의식은 그러한 의식의 두 가지 다른 형태에 판단을 내린다. 자신의 동일성이 국가 권력과 부의 영역 모두에서 인정되고 있음을 아는 현실적 의식은 선하거나 혹은 '고귀하다'(edelmütig)고 판단된다. 두 곳 어디에서도 자신을 발견하지 못하는 의식은 '악하고' '고귀하지 못하고' '비천하다'(niederträchtig)(§500/331)고 판단된다. 고귀한 의식은 국가 권력 속에서 그 '자신의 단순한 본질'을 보고, 그리하여 국가 권력에 대한 존경심에서 그것에 봉사한다. 또한 그는 부를 통해 그의 개별적인 욕구를 발견하고, '시혜자'로서의 그 부에 대해 감사를 한다. 이와 대조적으로, 비천한 개인은 국가 권력 속에서 혐오스러운 억압자만을 보고, 그리하여 '은밀한 악의'(§501/332)만을 가지고 국가에 봉사한다. 그는 부의 영역에서 헛된 만족만을 발견하며, 그리하여 (그가 그것을 사랑하는 것만큼) 그것을 경멸한다. 왜냐하면 그것은 지속적이고 보편적인 부에서 그의 몫을 부정하기 때문이다.

헤겔은 먼저 자기에로 전환하는데, 그것이 세계와 맺고 있는 관계는 직접적인 동일성의 관계, 즉 고귀한 자기이다. 고귀한 자는 그의 본질을 국가 속에서 발견하기 때문에, 그는 국가를 위해 그 자신의 개인적인 목표를 포기하고 그것의 **종복**(從僕)이 된다. 이로써 국가의 진로를 향한 그의 도야는 스스로에게 자기-부와 타당성의 의미를 부여하고, 타인들로부터 인정을 가져온다. 다시 말해 그는 국가 권력의 눈으로 생각하게 된다(§504/333). 마찬가지로, 그의 봉사는 국가 권력이 단순한 관념 — '**사유 속의** 보편자'(§504/333) — 이 되는 것으로부터 **현실적인** 어떤 것으로의 변화를 가능하게 한다. 왜냐하면 국가는 개인들이 보이는 국가 권력에 대한 복종을 통해, 국가의 법에 대한 그들의 현실적 인정을 통해 현실적 힘을 획득하기 때문이다.

따라서 고귀한 자는 국가 권력의 봉신(封臣)이나 고문이 되는 데서 그의 명예를 발견하며, 그가 창출하는 데 도움을 준 세계는 봉건주의 (feudalism)의 세계라는 것이 입증된다. 하지만 누군가가 국가를 위해 사익을 포기했다는 점을 완벽히 입증할 수 있는 유일한 방법은 봉사를 하면서 **죽는** 것이다. 그러므로 단순히 살아 있음으로써, 고귀한 자는 국가의 이익, 즉 **보편적인 것**과 다른 그 자신의 **특수한** 이익을 견지하는 것으로 보이는 위험을 감수한다. 이것은 반대로 일반적 선을 위해 무엇이 최상의 것인가에 관한 그의 자문을 모호하게 만들어 의심—말하자면 그것이 **천박한** 동기로부터 나왔다는—의 여지를 열어 놓는다 (§504/333). 그렇다면 고귀한 자는 이러한 혐의를 제거할 수 있을까? 살아 있는 상태에서 가능한 한 완벽하게 마치 죽은 것처럼 스스로를 포기한다면, 그는 그렇게 할 수 있다. 이를 행하기 위해서, 그는 세상에 대해 스스로의 개체성 **속에서** 그는 결코 **특수한** 존재가 아니라 지극히 **보편적인** 존재라는 것을 보여주어야 한다.

고귀한 자는 스스로가 순수한 '자기' 혹은 나(Ich)임을 보여줌으로써 개체성과 보편성이 이처럼 융합이 된다는 것을 보여줄 수 있다. 왜냐하면 '나는 **이** 나—마찬가지로 **보편적인** 나'(§508/335)이기 때문이다. 내가 '나'를 말할 때, 나는 **나 자신**을 **이** 특수한 개인으로 확인한다. 그럼에도 나는 나 자신에 대해 특별하거나 특수한 어떤 것도 말하지 않고, 다만 나에게 만인이 전적으로 보편적이라고 표현할 뿐이다. 그렇지만 내가 나 자신을 그러한 나로 보일 수 있는 것은 오로지 **언어** 속에서뿐이다. 나의 행동과 나의 관상은 나의 특수한 의도나 감정을 표현하겠지만, 언어는 '유일하게 바로 **나, 나 자체**'(§508/335)를 표현한다. 더 나아가서 나의 언어는 내가 명시적으로 '나'를 말할 때가 아니라 내가 무엇이든 이야기를 하고 타인들이 듣는다 할지라도 내가 하나의 나가 되는 것, **보편적인** 어떤 것이 되는 것을 보여준다. 왜냐하면 나의 말이 들릴 때, 나는 나 자신으로 타인들을 '감염' 시키고, 그들과 하나가 되고, 이렇게 해서 '보편적 자기-의식'(§508/335)이 되기 때문이다.

헤겔은 이 지점에서 외부적 관점으로부터 언어를 처음 끌어들인 것처럼 보인다. 그럼에도 언어가 고귀한 의식 자체의 경험에 의해 필연적이 되었다는 점은 분명하다. 안티고네의 세계와 법의 세계에서, 정신은 개별자와 보편자의 직접적인 통일이다. 즉 인륜적 개인은 직접적으로 국가나 가족과 동일시되고, 인격은 법(권리)의 직접적인 구현이다. 반면, 고귀한 자는 보편자—이 경우 국가 권력—를 자신과 대립된 세계로 보는데, 이 세계와 그는 분열되어 있다. 그 역시 이 세계를 자신의 세계로 보며, 그리하여 그것과 **일체**가 되기 위해 일한다. 그렇지만 우리가 방금 지적했던 것처럼, 국가에 대한 그의 봉사는 그가 모색한 통합을 이룩하는 데는 실패한다. 따라서 그의 상황의 실재는 분열된 채로 남아 있다. 사정이 이렇기 때문에, 세계와 그의 통일에 대한 그의 의식은 이제 그 자신의 분열된 현실과 **구별되는** 현실 속에서 표현되어야만 한다. 이 다른 현실이 개인과 그의 세계를 하나의 공통 의식 속에서 연결하는 '중심'(Mitte)을 형성한다. **언어**— '양자 사이에서 발생한 정신적 전체'(§509/336)가 곧 이러한 중심이다. 따라서 언어는 고귀함 자체의 경험에 의해 필연적이 되는 것이다. 사실상, 『정신현상학』에서 의식의 경험이 언어를 자신의 지반(element)으로 갖는 것은 여기가 처음이다. 헤겔은 감각적 확신을 논의할 때 (또한 명백히 다른 곳에서) 언어를 언급하지만, 지금 비로소 의식은 언어를 그 자신의 **눈으로** 요구하고 있다.

따라서 고귀한 자는 타인들에게 말을 하고 또 그들의 말을 들음으로써 그의 의식을 공통의 보편적 의식으로 전환시킨다. 그럼에도 그 역시 이것 이상을 하지 않으면 안 된다. 왜냐하면 특수한 **국가 권력**과의 관계에서 자신의 고귀함을 보존하려 할 경우, 그는 적절한 방식으로 후자에게 말을 해야만 하기 때문이다. 그의 말은 그의 유일한 관심이 국가 권력 자체에 대한 칭찬과 아부에 있다는 것을 보여주어야만 한다. 따라서 봉사의 영웅주의는 '**아첨**의 영웅주의'(§511/337)가 될 수밖에 없는 것이다. 이러한 아첨은 고귀한 자의 눈에는 국가 권력이 **절대적이고 무제한적**이라는 것을 입증한다. 그렇게 할 때, 고귀한 자는 스스로 국가 권력에 대해 **자기**로서, **나**로서의 그의 존재 자체를 포함해 일체를 빚지고 있다는 것이 드러난다. 그렇지만 고귀한 자가 '그의 자아 자체'를 국가에 양도하고자 할 경우, 반대로 그는 그 자신의 원천으로 볼 수 있는 **자기** 안에 국가 권력이 구현되어 있음을 받아들이지 않을 수 없다. 그러므로 고귀한 자는 단순히 추상적인 국가에 아첨하는 것이 아니라 그 안에서 국가 권력이 절대적이 되는 군주(monarch)에 아첨을 한 것이다. 우리는 이렇게 봉건제의 세계로부터 프랑스의 태양왕 루이 14세의 세계로 이동했다.[65]

고귀한 자는 군주의 **이름**을 말함으로써 군주에 아첨하고, 이로써 공적 의식 속에서 국가 안의 다른 모든 개인 위로 그를 떠받든다. 반대로, 군주는 귀족이 군주에 봉사하고 자문만 하는 것이 아니라 스스로를 군주의 왕관을 둘러싼 '**장식품**'(Zierat)으로 환원시키고, 끊임없이 '군주에게 그가 누구**인가를 말한다**'(§512/338)는 사실 속에 자신의 절대 권력이 반영된 것을 본다. 이렇게 해서, **개별적인** 군주는 그의 절대적이고 **보편적인** 권력을 의식하게 된다. 그럼에도, 이러한 개별자는 사실상 '자기-소외된' 권력과 독립성을 향유하고 있다고 헤겔은 적고 있다.

---

65 Lauer(1976), 194, 197을 보라.

왜냐하면 군주는 귀족의 아첨으로부터 자양분을 취하기 때문이다(§ 512/338). 귀족이 이 점을 깨닫게 되면서, 그들은 국가 권력이 실제로 그들에게 속한다고 보게 된다. 더 나아가서, 그들은 국가를 그들 **자신의** 개별적 이익을 누리는 자리로 보게 된다. 다시 말해, 그들은 국가가 그들에 대해 권력을 행사하는 것으로 보기보다는 그들에게 부와 만족을 주는 원천으로 국가를 보게 된다(§512/338). 따라서 고귀함은 아첨을 통해 절대적인 국가 권력을 그 정반대(권력의 사유화 - 옮긴이)로 전환시키는 것이다.

개인들이 국가 권력에 의해 부유해지면서, 그들은 스스로의 부의 세계를 구성한다(§514/339). 이 세계 안에서 개인적인 만족을 달성하는 귀족은 세계가 그에게 가져다주는 혜택에 대해 감사를 표한다. 그렇지만 동시에 그는 부의 세계에서 **다른** 개인들에 좌지우지된다는 것, '낯선 의지의 권력 속으로'(§516/340) 들어간다는 것에 대해 민감해진다. 게다가 그는 그의 권리의 실현뿐만 아니라 개인—**자기** 자체—으로서 그가 누리는 복지 전체가 지나치게 타인들에 의존해 있다고 생각하게 된다. 따라서 그가 달성한 진정한 만족에 대한 그의 감사는 세계와 그 세계의 우연성을 접하면서 크나큰 무력감에 의해 줄어든다. 사실상 그는 자신이 세계에 의해 완전히 '찢겨버렸다'(zerrissen)고 느끼고, 그 자신의 '자아'가 실제로 그에게 상실되고 '타인에게 귀속되었다'고 느낀다(§517/340).[66] 따라서 고귀한 개인은 부의 영역과 그 부를 생산하는 데 도움을 줬던 국가 권력으로부터 소외되면서 그것에 대해 불만을 품게 된다. 이러한 측면에서 그의 의식은 고귀하지 못하거나 **비천한** 의

---

66 이 지점에서 고귀한 정신과 불행한 의식의 차이에 주목해보자. 전자는 그의 자기 전체가 타자에게 속한다고 느끼는 데 반해서, 후자는 그의 순수하고 불변적인 자기로부터만 단절되어 있다고 느낀다.

식과 구별하기 어려워지게 된다(§519/341).

개인은 그가 상실할 자기를 **가지고** 있다는 것, 그는 나름의 권리를 지닌 자기**이다**라는 것을 안다는 이유 때문에 부의 세계에서 자기의 의미를 **상실하는** 것에 불만족스러워 한다. 자기에 대한 그의 인내심은 그를 단순한 사물로, 단순한 '우연적 변덕'으로 환원시키는 세계에 대한 '분노'(Empörung)로 표출된다(§§517, 519/341-2).[67] 따라서 분노한 자기는 세계와 관계하면서 자신의 동일성을 상실하고 **동시에** 견지한다고 느낀다. 다시 말해 그는 세계에 의해 이 두 가지 형태로 분열된 동시에, 분노 속에 그 세계와 대결하면서 자기 자신과 **하나**가 된다고 느끼는 것이다. 게다가, 이 자기는 '자신의 절대적 붕괴 **속에서** 절대적 자기-동일성'을 유지하고 있다는 것, 내적으로 **분열된 하나의** 자기를 의식하고 있다(§520/343). 이러한 의미에 따르면, 자기는 내적으로 분열된 비존재와 존재 모두를 자각하고 있고, 현재의 자기가 자신의 본모습은 아니라는 점을 자각하고 있다. 달리 말해서, 그것은 자신의 분노 속에서 내적으로 일관되지 않고 **혼란되어** 있음을 의식하고 있다. 그럼에도 이러한 혼란은 그에게 매우 **분명하다고** 헤겔은 적고 있다(§523/345).

이러한 자기는 또한 문화 자체의 세계에서 '혼란'을 의식하고 있기도 하다. 왜냐하면 절대적인 국가 권력은 절대적이 아니라는 (오히려 아첨에 의존적이라는) 것, 부가 좋지만 자기에게는 나쁘기도 하다는 것, 그리고 고귀함과 비천함은 사실상 상호 대립되지 않는다는 것을 깨닫고 있기 때문이다(§521/343). 이 자기는 그 자신의 세계의 모든 것과 자신에 관한 모든 것이 상이한 **언어** 속에서 자기 대립적이라고 선언

---

67 밀러는 'Empörung'을 'rebellion'으로 번역한다.

한다. 이럼으로써 그 자기는 문화 전체의 중심에서 자기-소외와 '**도착**(倒錯)'(Verkehrung)의 대변자가 된다(§520/343). 분노하고 혼란스러워 하면서도 스스로를 깨닫는 자기의 언어는 헤겔이 적고 있듯 디드로(Diderot)의 동명 소설에 등장하는 '라모의 조카'의 잘 알려진 '광기'에 의해 잘 예시되고 있다. 헤겔은 이 책을 괴테의 번역을 통해 알았다.[68]

그럼에도 엄밀히 말한다면 세계와 그 자신의 분열된 조건에 **분노**를 표현함으로써, 자기는 후자에 대해 **판단**하면서 스스로를 그 위에 세우며, 이로써 **아무것도 아니게** 된다(§526/347-8). 헤겔은 이제 명백히 세계의 혼란을 딛고서 그것을 초월해 있는 정신의 형태를 검토한다. 이러한 형태는 두 가지 형식을 취하고 있다.

신앙과 순수 통찰

자신을 세계와 분리시킨 이 새로운 형태는 현실적 의식이라기보다는 **순수한** 의식이며, 그리하여 **사유**이다. 그럼에도 그 직접성 속에서 순수 의식은 여전히 그것이 초월해 있는 현실에 의해 조건 지어져 있다. 따라서 이 의식의 사유는 현실 세계로부터 취한 이미지들을 끌어 온 탓에 재현적 사유 혹은 '표상적-사유'(Vorstellung)(§527/348)라고 부른다. 동시에, 그러한 정신은 '절대적 본질'(absolutes Wesen)(§529/350)이 세계 속에서 겪는 자기-소외로부터 자유로운 한에서 참되고 보편적이고 실체적인 것—절대적 본질—을 스스로 의식하고 있다. 이러한 정신의 지반이 표상(Vorstellung)이기 때문에, 그것은 이 보편적 본

---

68 헤겔은 소설의 제목은 언급하지 않고 §§489, 522/325, 345에서 그 책의 괴테 번역본으로부터 끌어오거나 혹은 직접 인용하고 있다. 디드로의 소설은 1761년과 1772년 사이에 프랑스에서 쓰였고, 괴테의 독일어 번역본은 1805년에 처음 발간되었다.

질 혹은 실체를 국가 권력과 부라는 현실 세계 너머에 존재하는 '초감
각적 세계'로 그리고 있다(§529/351). 이러한 정신은 아직은 고유한
의미의 종교—우리가 『정신현상학』에서 나중에 접하게 될—가 아니
라 세계를 벗어나 피안(彼岸)으로 **도피한 신앙**(faith)이다(§§527-8/
349).

　순수 의식 역시 분노 속에 현존하는 **자기**의 의식으로부터 성장한 다
른 형식을 취하고 있다. 그러한 순수 의식은 순수한 자기, 혹은 모든 혼
란을 벗어난 '**순수한 나**'를 그 대상으로, 사실상 그것 자체인 바로 받
아들인다(§529/351). 이러한 순수 자아는 한 개인을 다른 개인과 구별
하는 특수한 자기가 아니라, 모든 개인들 속에서 다소 분명하게 발견되
는 '보편적 자기'이다. 순수 의식은 이 **순수한 자아**, 혹은 신앙의 초감
각적 세계가 아닌 자기를 참으로 실체적이고 본질적인 것(§536/354)
으로 받아들인다. 더 나아가서, 이 자아로서, 그것은 부정적으로—분
노한 자기와 마찬가지로—세계를 보며, 그 세계의 모든 존재에 명시적
인 '자기의 형식'을 부여하고자 한다(§529/350-2). 다시 말해서, 그것
은 세계 속의 어떤 권력도 도전을 받지 않을 수 없다고 보고, 자기 자신
과 마찬가지로 일체를 명백히 **이성적인** 것으로 만들고자 한다. 사실상
그 자아의 눈으로 본다면, 세속적인 문화의 적절한 임무는 실제로 이러
한 목적을 촉진하는 것이다. 헤겔은 이러한 의식을 '**순수 통찰**'이라고
명명한다. 모든 것이 본질적으로 존재하고, 그리하여 명백히 이성적이
지 않을 수 없다는 것이 곧 통찰이다(§537/355).

계몽

순수 통찰이 교양의 세계에 확산되면서, 그것은 일반적 **계몽**(enlight-
enment)의 형식을 취한다. 예를 들어, 그것이 비판하는 목표물은 세계

자체가 되기를 중단하고 **신앙**이 된다. 신앙과 순수 통찰은 순수 의식의 두 가지 형식들이다. 그렇지만 신앙이 본질—궁극적 진리—을 초감각적 피안에 두는 데 반해, 통찰은 그것을 자기 안에 둔다. 그러므로 각각은 상대방을 자신의 대립물로 본다(§§541-2/357).

일반적 계몽의 형식에 대한 통찰에서, 신앙 자체는 일반화된 의식의 형식을 취하고 있다. 통찰은 이러한 의식이 성직자의 이기적인 기만에—이 점에서 그것은 정치적 독재를 모의한다—의해 그릇된 믿음에 갇히는 것으로 이해한다(§542/358). 그렇지만 통찰은 스스로를 **보편적인** 것으로 받아들이기 때문에, 그것은 자신의 관심을 신념에 투철한 일반적인 대중으로 주의를 돌린다. 다시 말해 성직자들이 그들을 장악하고 있음에도 불구하고, 대중들은 사실상 이성에 '수용적'임이 증명될 것이라는 신념이다(§545/359). 사실상, 통찰이 신자들에게 일단 소개가 되었다고 한다면, 그것은 전염병과 같이 자생적으로 그들 사이로 확산될 것이라고 생각한다. 이렇게 해서, 성직자들과 독재자들은 그들의 권력이 박탈될 것이라고 통찰은 짐작한다(§§543-5/358-9)

그럼에도 통찰 역시 적극적으로 신앙을 부정하고 폄훼하기 시작하며, 그리하여 신앙과 '격렬한 투쟁'에 들어간다(§546/360). 그렇지만 통찰은 여전히 스스로를 보편으로 간주하고, 따라서 신앙 역시 통찰의 한 양태로 간주해야 한다. 그러므로 통찰은 신앙이 잘못되었다고, '**거짓 통찰**'(§§542, 549/357, 362)이라고 공격한다. 통찰은 스스로를 대상 속에서 자기를 보는 자기-의식으로 안다. 따라서 통찰은 신앙 역시 자기-의식의 한 형태라고 선언하며, 그리하여 신앙과 연결된 '절대 존재'—신—가 실제로 '의식 자체의 사물'(§549/362)이라고 주장한다. 신앙은 이 점을 인정하지 않기 때문에, 자신이 스스로에 관해 **오류**에 빠져 있다고 말해진다. 그렇지만 신앙은 자신이 그 대상 속에 있다는 것을 잘 알고 있다. 왜냐하면 신앙은 신에 의해 인정되고 있음을 느끼고, 자신의 믿음을 신(Him) 속에 두고 있기 때문이다. 더 나아가서, 신앙 역시 신은 신자의 행위 덕분에 '공동체의 정신'이 된다는 것과 그리하여 이러한 정신은 부분적으로는 의식의 '산물'(물론 신이 우리의 창조물 자체라고 주장하지는 않을지라도)이라는 것을 깨닫고 있다. 그러므로 신앙은 통찰이 주장하듯 자신이 '오류'에 빠진 것으로 보지 않는다(§549/363).

통찰 역시 신자의 신은 실제로 그들에게 상당히 '낯선' 어떤 것이라고 주장한다. 이 신은 성직자들이 작위적으로 그들에게 심어 놓은 것이지만, 신앙은 이것을 볼 수 없다는 것이다. 그렇지만 신앙은 그 신앙이 **자기**-의식의 한 형태라는 이전의 비난을 부인하기 위해 이러한 비난을 받아들인다. 신앙은 또한 그것이 신에 대한 그 자신의 믿음과 다르다고 생각한다. 그러므로 다시금, 신앙은 통찰에 의해 가해진 비판을 거부하는 것이다(§550/363).

통찰의 문제는 신앙의 시각으로 본다면 **신앙**의 시각으로 들어가서 자신을 이해하지 않았다는 데 있다. 모든 **통찰**이 신앙 속에서 볼 수 있다는 것은 신앙 자체의 본성에 대한 통찰의 실패이다. 하지만 이것은 신앙 **자신의** 관점에 대한 통찰을 어둡게 한다. 이는 앞으로 이어질 신앙에 대한 통찰의 비판에서 분명하다.

예를 들어 통찰은 신앙이 자신을 그 자신과 **다른** 어떤 것에 종속시킨다고 공격한다. 하지만 통찰은 그 타자를 신앙이 받아들이는 것과 다른 의미로 묘사하고 있다. 통찰은 저 타자를 그것이 자기-의식의 대립물로, 말하자면 단순한 감각적 **사물**로 환원시키고 있다. 따라서 통찰은 신앙의 대상이 사실상 '돌 한 개'나 '나무 조각'(하나의 상) 혹은 '빵 한 조각'(성체) ─ 순수 자기가 스스로 반영되어 있음을 보지 못하는 사물들 —이라고 주장한다. 그렇지만 신앙이 숭배하는 것은 단순히 감각적 사물이 아니라 그 사물에 의해 표상된 신이다(§§552-3/365). 통찰은 또한 신앙이 참된 통찰을 근거할 수 없는 우연적이고 불확실한 역사적 증거에 의존하고 있다고 공격한다. 그렇지만 신앙은 스스로 그러한 증거에 의존해 있다고 생각하기보다는, 오히려 자신의 확실성을 **자기** 안에 두고 있다. 신앙은 그 자신이 믿음을 지닌 진리에 대한 증거를 **스스로** 담지하고 있다(§554/366). 그러므로 각각의 경우에서, 통찰이 공격하고 있는 것은 신앙이 받아들이는 것이 아니며, 신앙이 받아들이는 것은 통찰과 대립된다. 통찰은 다만 그 **자신의** 타자를 공격할 뿐이다.

  통찰은 또한 세계에 대한 그 자신의 긍정적이고 계몽적인 견해를 개진한다. 통찰은 신을 신앙이 갖는 상상의 허구적 산물로 보면서 거부한다. 그럼에도 이 신은 '절대 존재'의 관념과 함께 완전히 사라지지는 않는다. 그렇지만 일단 통찰이 절대자로부터 미신적으로 상상할 수 있는 것 일체를 제거했다면, 통찰에게 남는 것은 철저히 이성의 공허한 대상, 즉 최고 존재의 — 로베스피에르가 1794년에 숭배했을 — '진공' 혹은 '공허'(§§557, 562/369, 372)이다. 이 텅 빈 절대자에 반대해서, 통찰은 개별적이고 감각적인 사물들의 세계 — **자연**의 세계 —를 본다. 그리하여 통찰은 자연의 대상을 절대자와 연결시킨다. 한편으로, 절대자는 세계의 사물들을 '창조하고, 육성하고, 소중히 한다'고 통찰은 주장하는데, 이러한 사물들이 '본래적인(혹은 **즉자적인**) 존재'를 갖는다. 다른 한편으로, 피조물들은 절대자의 대립물이고, 그리하여 그 자체로는 절대자가 **아니다**. 이 후자의 측면에서, 사물들은 다른 사물들에게 **이용** 가능하다. 하지만 사물들이 본래적인 존재를 갖고 있는 한, 역으로 그것들은 다른 사물들을 이용할 수 있다. 그러므로 계몽의 세계를 지배하는 원리는 '모든 것이 **유용하다**'는 것이다(§§559-60/370).

이는 사물들 못지않게 의식에도 적용된다. 모든 것이 의식에 유용하며, 의식적 개인들은 그들 스스로 서로에 **대해** 유용하다 — 혹은 해야 한다(§560/371). 사실 계몽의 철학자인 엘베시우스(Helvétius)는 심지어 종교가 자신의 유용성을 갖고 있다고 주장한다(§561/371).[69] 그렇지만 신을 텅 빈 절대로 환원하는 것과 종교의 가치를 유용성으로 환원하는 것 모두 신앙에게는 하나의 '혐오'(§562/372)이다. 더 나아가 우리가 살펴보았듯, 신앙은 통찰이 자신을 비판할 때 자신이 통찰의 손 끝에서 부정의를 겪고 있다고 느낀다. 왜냐하면 통찰이 신앙에서 비난하는 것이 곧바로 통찰 자신의 생각, 그것 자신의 타자라는 점을 통찰 스스로 인정하지 않기 때문이다(§565/373). 그럼에도 신앙 역시 궁극적으로 통찰이 그 나름대로 '절대적 **권리**'(§565/374)를 가지고 있다는 점을 인정해야 한다. 이는 맹목적 일면성에서조차 통찰이 실제로 신앙 **자체**에 속하는 모습들을 가리키기 때문이다. 보다 특별하게는, 신앙의 양태들 중의 하나가 통찰에 제시될 때 통찰은 신앙에게 '타자들을, 신앙이 갖고 있으면서도 이 타자가 현존할 때 신앙이 언제나 잊고 있는 타자에 대해'(§564/373) 상기시킨다.

통찰은 신앙의 신이 한낱 인간 상상력의 허구적 산물일 뿐이라고 주장한다(§566/374). 이는 명백히 신앙을 왜곡하고 있다. 그럼에도, 신앙이 신은 의식을 초월해서 존재한다고 주장할 때, 통찰의 비난은 순종과 봉사를 통해 신자들 자신이 세계 안에서의 신의 과업**에 적극적으로** 참여하고 있다는 점을 신자들에게 상기시킨다. 다른 한편으로, 신앙이 신에 대한 자신의 믿음을 선언할 때, 통찰은 신앙에게 자기 역시 신이 절대적으로 의식을 **초월한** 곳에 있다고 선언했음을 상기시킨다. 마찬

69   Hegel(1988), 607-8을 보라.

가지로, 통찰이 신앙에 대해 돌이나 나무 조각을 '숭배'한다고 비난할 때, 이러한 비난은 그 자체로 부당하다 할지라도 중요한 진리를 담고 있다. 다시 말해 신적인 것을 여기와 지금을 넘어선 곳에 위치시킴으로써, 신앙은 이 세계의 사물들을 신과 **동떨어진** 곳에 설정했고, 그리하여 효과적으로 그것들 자체의 **고유한** 가치를 부여한 것이다(§ 567/375). 더욱이, 신앙은 그것이 그리는 신적인 것의 모습을 숭배하고, 그리하여 그것이 숭배하는 것 속으로 감각적 세계의 모습들(시간과 공간과 같은)을 끌어들이고 있다(§567/375).

따라서 통찰의 비판이 갖는 전반적 효과는 신앙으로 하여금 자신과 절대자에 대한 신앙의 각기 다른 견해들이 모두 일면적이고 부분적임을 깨닫게 하는 데 있다. 그 자체로 그것들 모두가 신앙의 유한한 시각 ― 이 세계에, 지상에 속함으로써 그것이 갖는 시각을 반영하고 있는 것이다(§572/378). 그렇지만 이는 신앙의 순수하고 유한한 의식이 아무런 내용 없이, 철저히 '공허한 **피안**'으로 남겨진다는 것을 의미한다. 그러므로 신앙은 계몽과 완전히 같은 의식을 공유하게 된다. 양자는 지금 '술어들이 없는 절대자, 절대적으로 알려지지 않고 알 수도 없는 것'과 연결되는 것이다. 그럼에도, 통찰은 그 공허한 절대자에 만족한다. 반면 신앙은 만족하지 않으며, 그리하여 그 같은 공허 이상의 어떤 것에 대한 **'단순한 열망'**으로 관심을 돌린다(§573/378).

절대자를 다만 공허(空虛)로 간주하게 되자, 신앙은 '정신적 세계가 상실된 것에 대해 탄식'한다(§573/378). 반면 통찰은 절대자를 보다 긍정적인 방식에서 그 자신의 본질적인 ― 비록 추상적일지라도 ― **대상**, 즉 헤겔이 말하는 **'순수한 사물'**(§574/379)로 간주한다. 통찰은 스스로를 이 순수하고 **절대적인** '사물'과 대립하는 **유한한** 의식으로 받아들인다. 그렇지만 그 결과 통찰은 절대자와 이중적 관계를 맺고 있다는 것을 안다. 한편으로 통찰은 절대자를 단순히 '술어가 없는 절대자' ─ 이신론(理神論)의 추상적 신성 ─로 간주한다. 다른 한편으로, 통찰은 사물들에 대한 유한하고 감각적 지각에서 시작해, 우리가 보고 듣는 것을 떼어냄으로써 추상화된 **순수한 물질관** ─ 18세기 프랑스 유물론의 절대적 대상 ─으로 진행한다(§578/381).

따라서 계몽은 신앙과 갈등하는 것이 아니라 오히려 자기 자신과 갈등하게 된다(§575/380). 왜냐하면 계몽은 그것의 대상이 단순히 **하나의** 미분화된 절대자가 아니라 '자기 안에 차별을 담아야 한다'는 것을 ─비록 내부적으로 두 개의 **미분화된** 절대자의 형식에서일지라도─배웠기 때문이다(§579/382). 계몽의 다음 형태는 자신의 대상을 명백히 **분화된** 것으로 받아들인다. 하지만 그 결과, 이러한 대상은 더 이상 이신론과 유물론의 공허하고 추상적인 절대자가 아니라, 통찰이 대면하는 **다양하고** 유한한 사물들의 세계이다. 이것이 곧 모든 사물이 그것들 자체의 내재적 존재('즉자존재')를 가지고 있지만, 그것들 역시 연관되어 있고 다른 사물들에 의존해 있는 ('타자에 대해서' 존재한다는) 세계 ─앞서 우리가 본 것처럼, 모든 것은 다른 모든 것에게 **유용하다**는 세계─이다(§580/383).

통찰은 이제 공허한 절대자나 순수한 물질을 의식할 때보다 훨씬 분명하게 **자기-의식적**이다. 유용성의 세계에서, 통찰은 모든 것이 **자기에 대해서** 존재하는 영역을 대면한다. 사실상 이 유한한 개인으로서 통찰은 향유하기 위해 독립적으로 존재한다. 그러므로 그 나름의 눈으로 볼 때, 통찰은 자신의 세계 속에서 완벽한 만족을 발견한다(§581/384). 그럼에도 통찰은 자신의 이기성 그 자체를 세계 속에서 보는 것이 아니라, 스스로를 세계에 대한 자기-부재의 **대상들**의 자신에 대한 유용성 속에서만 본다(§582/385).[70] 그렇지만 정신의 다음의 형태에서, 의식은 자신을 명백히 그 세계 속에서 보며, 그리하여 스스로가 절대적으로 자기-관계적이고 자유롭다고 생각한다.

절대적 자유

이제 자기는 더 이상 유용한 사물들을 보는 것이 아니라, 오직 자기 자신만을 응시한다. 그것은 '이중화된 **자신**에 대한 절대적인 바라봄'(§ 583/386)이다. 그 결과, 자기는 더 이상 세계와 대립하는 유한하고 개별적인 자기가 아니라, 그것이 대면하는 세계 자체를 구성하는 '보편적 주체'이다. 통찰과 마찬가지로, 이 자유로운 자기는 **자신을** 보편적이고 본질적이며 실체적인 것으로 인식한다. 그렇지만 통찰과 달리, 이 자기는 스스로를 이성의 **순수한** 의식이 아니라 '모든 현실의 본질'(§ 583/386)로 간주한다. 다시 말해서, 그것은 그 자신의 의지가 **세계**를 지배하는 의지, 보편자 혹은 '일반 의지'(§584/386)임을 알고 있다. 그것은 정신의 한 형식이기 때문에, 이 보편자는 개별자들 속에서 스스로를 실현한다(앞의 228-229쪽을 보라). 따라서 그것은 (루소보다는) 아베 시에예스(Abbé Sieyès)[71]가 생각했던 바의 일반 의지, 다시 말해 '모든 개별자들 그 자체의 의지'(§584/386)이다.[72] 이 의지가 창조하는 세계에서, 모든 개인은 만인이 행하는 것을 하고, 만인의 의지는 각인에 의해 행해진다.

이러한 보편적 의지가 '세계의 왕좌에 오를'(§585/387) 때, 그 의지는 저 세계를 **혁명**에 내맡긴다. 교양의 세계에서, 개인들은 이를테면

---

70   "유용성은 그 자체가 주어가 아니라 여전히 대상의 술어이다."
71   옮긴이 주-프랑스혁명 당시에 활동한 정치가. 프랑스혁명과 통령정부, 프랑스 제1제국에 대한 핵심적인 사상의 기반을 마련했다. 그가 1789년 출판한 『제3신분이란 무엇인가?』는 프랑스 권력을 삼부회에서 국회로 옮기는 혁명을 선언했다.
72   Stewart(1951), 50을 보라. "개별 의지는 일반 의지의 유일한 요소들이다."

고귀함과 부의 영역과 같이 각기 다른 영역들에 속하며, 이러한 영역들은 그들에게 **특수한** 정체성과 지위를 제공한다. 반면 자유의 세계에서 개인들 사이의 저런 차이들은 더 이상 중요하지가 않다. 왜냐하면 만인이 똑같이 보편적 법을 지지하고, '보편적 작업'을 행하고, 만인의 이익을 위해 일하는 데 헌신하기 때문이다. 따라서 교양의 세계에서 각기 다른 영역들 혹은 '신분들'이 폐지되면서, 만인은 단순히 시민으로 존재한다(§585/387). 사실상 절대 자유에서, 개별법과 보편법 사이의 차이를 제외한다면 모든 차이들이 제거된다. 이러한 차이들조차 '대립의 **현상**'일 뿐이다. 왜냐하면 개인은 법이 그 자신의 의지와 완벽히 일치한다고 이해하기 때문이다.

그렇지만 헤겔은 이제 보편적 의지가 어떤 '긍정적 작업'(§588/388)도 수행할 수 없다고 지적한다. 보편적 의지는 절대적으로 자유롭다. 그럼에도 그것은 건설적으로 행동할 수가 없다. 문제는 두 가지이다. 첫째, 의지는 그 자신의 내적 차이들을 가지고 지속적이고 **객관적인** 자유의 **세계**를 창출할 수 있었다. 후자의 세계는 입법부(법을 통과시키는 것)와 행정부(법을 실행하는 것) 그리고 각기 다른 종류의 노동을 반영하는 기구들과 같은 제도의 형식을 취할 것이다. 그리하여 개인들은 이 상이한 제도들에 배치될 것이다. 그렇지만 이렇게 해서, 개인들의 행동은 전체의 특수한 분과(分科)에 제한될 것이다. 그들은 더 이상 **전체** 자체를 위해 직접적으로 일하지 못할 것이다. 말하자면 그들은 '참으로 보편적인 자기-의식이 되기를 멈출 것'(§588/389)이다. 그러므로 보편자는 여기서 이해되는 바의 의지의 보편성을 희생하지 않는다면 그러한 세계를 창조할 수가 없다.

둘째, 의지가 그러한 세계를 창출하지 못하고 단순히 개별적인 행동들을 실행할 뿐이라면, 그것은 비슷한 어려움에 처할 것이다. 자유의 세계에서, 보편적 의지는 오직 개인들 속에서만 현실적 의지가 될 것이다. 그러므로 보편법의 이름을 건 개인 행동은 **현실적 개인**에 의해 이루어져야만 한다. 그렇지만 이는 다른 개인들이 행동에서 배제되거나 혹은 제한된 역할만을 담당함을 의미한다. 따라서 행동은 만인의 행동, '**현실적인 보편적** 자기-의식'(§589/389)의 행동이 되기를 멈춘다. 이 경우 다시금, 보편적 의지의 **긍정적** 작업은 의지의 **보편성**을 보존하는 데는 실패한다.

　그러므로 의지에게 남은 것은 '**부정적 행동**'(§589/389)이다. 의지가 자신의 보편성을 유지할 수 있는 유일한 방식은 그것에 반대하는 모든 것에 대해 **반대하는** 보편적 의지로서 자기주장을 하고 그 반대자를 **부정하는** 것이다. 그렇지만 보편자에 반대할 수 있는 유일한 것은 개별적 의지이다. 그러므로 혁명 이후에, 보편적 의지가 할 수 있는 것은 보편적 의지와 보조를 맞추지 못하는 개인들은 누구든 배제하는 것이다. '그러므로 보편적 자유의 유일한 작업과 행위는 **죽음**이다'(§590/389). 절대적 자유는 자신만을 인내할 수 있을 뿐, '파괴의 격노'(§589/389) 속에서 자신과 반대되는 것은 모두 파괴해야만 하는 것이다.

　죽음은 보편적 의지를 대신해서 행동하는—또 지배하는—**개인들**에 의해 완고한 시민들에게 가해진다. 이러한 개인들이 타인들에게는 그 자신의 특수한 이해를 추구하는 **파벌**(派閥)을 이루는 것으로 보인다. 하지만 그들은 스스로를 행동하는 보편적 의지, '**현실적인** 보편적 의지'(§591/390)로 간주한다. 이러한 생각을 하는 양측 모두 그들의 자기-이해에 본질적이다. 즉 그들은 그들의 의지가 보편적**이고** 현실적이며 효과적이라고 생각한다. 따라서 그들이 그들과 반대되는 것으로 분류한 것은 보편적 의지도 아니고 **현실적 의지**도 아니다. 다시 말해서, 그들은 자신들의 적을 '비현실적인(unwirklich) 순수의지', 혹은 단순

한 **의도**(§591/390-1) 속에서 보는 것이다. 그처럼 실현되지 않은 의도
는 현실적 행동으로부터 읽히기보다는, 오히려 있을 것이라고 생각되
거나 의심받을 뿐이다. 따라서 개인들은 반-혁명분자라는 단순한 의심
으로 사형선고를 받는다. 절대적 자유는 논리적으로는 1793-4년 프랑
스에서 행해졌던 것처럼 **공포**정치로 발전하게 되는 것이다(§592/
391).

   절대적으로 자유로운 자기-의식은 이제 자신의 현실 ─ 죽음과 공포
─이 스스로 향유한다고 생각했던 자유와 정반대가 된다는 것을 알게
된다(§592/391). 이러한 측면에서, 그 의식은 가장 심오하게 **자기-소
외된** 정신의 형식임이 드러난다. 그럼에도 그것의 경험 속에 함축되어
있는 바는 더 이상 자기-소외된 것이 아니라 '자기를 확신하는', 새로
운 정신의 형식에 대한 약속이다. 경험은 의식에게 그 의식의 보편자가
현실적 개인의 죽음을 야기할 것이라는 점, 그 의식은 개인의 **직접적
현실**의 소멸 원인이 될 것이라는 점을 보여준다. 정신의 다음 형태는
죽음을 피하고, 오히려 그것이 **그 자체** '소멸된 직접성'이자 **비-현실적
인** 어떤 것인 한 스스로가 보편적 의지라는 것을 받아들인다(§§594-
5/393-4). 이러한 정신은 현실적 개인의 정신으로 남아 있지만, 그러
나 이러한 개인은 현실 세계를 벗어나 순수**사유**로 철수하고 '**순수한 앎
과 의지**'가 됨으로써 보편적 의지를 획득한다. 더 나아가서, 그는 자신
의 순수한 앎과 의지를 그 나름 본질적이고 실체적인 것으로 본다. 따
라서 그는 순전히 **자기 안에서 정신** ─ 자기-의식과 본질 혹은 실체의
통일 ─ 이 된다는 것을 확신한다. 이로써, 그는 내면적이고 **도덕적인**
정신이다. 이 도덕적 정신은 이제 자기-의식의 형식을 완전히 결여함
으로써 '자기-부재하는' 현실의 영역에 직면한다.

공부할 문제들

1. 고귀한 의식과 비천한 의식은 어떻게 다른가?
2. 왜 절대 자유가 죽음에 이르는가?

자기 확신하는 정신

도덕적 세계관

도덕적 자기-의식은 그 자신의 순수의지가 본질적인 것임을 알고 있기
때문에, 그 의식은 순수의지가 개별자로서의 의식에 절대적 우위가 있
는 것으로 받아들인다. 따라서 도덕적 의식은 순수의지를 구속력 있는
의무의 원천으로 간주한다(§599/395). 그러한 의식 역시 자신과 전혀
다른 **세계**, 즉 자연의 영역과 관계한다. 그렇지만 도덕의 눈으로 볼 때,
자연[73]은 아무것도 아닌 반면 의무가 본질적이다(§600/396). 그러므로
도덕적 의식은 그 의무를 **자연 자체**의 영역 속에서 주장하고 수행해야
한다고 느낀다. 그렇게 함에 있어 그 의식 역시 도덕적 **개인**으로서의
자신의 목적을 수행하고자 하며, 따라서 의무를 수행함에 있어 만족 혹
은 '행복'을 성취하고자 한다(§602/397).

　그럼에도 도덕적 개인은 외적 자연이 그의 목적과 다른 것임을 안다.
따라서 그는 종종 그의 의무를 세계 속에서 수행할 수 없다는 것을 배
운다. 마찬가지로 그는 자신의 **생각** 속에서 의무가 본질적이라는 것,
궁극적으로 자연은 그런 의무의 수행을 방해할 수 있는 힘이 없다는 것
을 안다. 따라서 그는 자연이 궁극적으로 도덕과 화해한다고 생각하는
그런 의무의 관념에 의해 구속되어 있다. 이러한 생각은 단순히 소망만

---

[73]　옮긴이 주-nature는 외적 자연과 내적 본성의 이중적 의미를 담고 있다. 둘 다 물
리 법칙의 영향하에 있다. 문맥에 따라 자연이나 본성을 선택해 번역한다.

은 아니다. 도덕적 의식은 도덕과 자연의—따라서 도덕과 행복의—**조화**를 필연적으로 **존재하는** 것으로 생각해야만 한다. 다시 말해 도덕적 의식은 실망스러운 경험에도 불구하고 그런 조화의 존재를 **요청**해야만 한다(§ 602/397).[74]

도덕적 의식은 요청들을 확장하고자 하는 경험에 의해 이끌리기도 한다. 한 개인으로서, 도덕적 자아는 외적 자연과 대면할 뿐만 아니라 욕망과 경향의 형태에서 그 자신의 감각적 본성도 지니고 있다(§ 603/398). 도덕적 의식은 경향들을 그 모든 행동들 속에서 충족시키고자 한다. 하지만 그것은 또한 의무가 자신의 행동들을 지배하는 것으로 이해하고 있다. 그러므로 도덕적 자아는 자신의 **경향들**을 충족시키기 위해 자신이 담당하는 행위들 속에서 자신의 **의무**를 충족시킬 수밖에 없다고 느낀다. 다시 말해 그것은 의무와 경향의 통일을 촉진할 수밖에 없다고 느낀다. 그럼에도 우리의 **특수한** 경향들은 언제나 우리의 순수하고 **보편적인** 의지와 불일치하는 것으로 드러난다. 하지만 이러한 경험에 직면해서, 도덕적 의식은 의무와 경향을 화해시키는 과제를 포기하지 않는다. 오히려, 그것은 우리의 현재 경험에도 불구하고, 우리의 감각적 본성은, 비록 무한량의 시간이 지난 후이기는 해도(§ 603/398-9)[75], 결국 '도덕과의 일치'를 낳게 될 것이라는 점을 요청하고 있다.

헤겔은 또한 도덕적 의식이 세계 속의 수없이 다른 상황들과 부닥치는데, 이러한 상황들은 매우 다른 방식으로 도덕적 의식의 의무를 충족시키기를 요구한다는 점도 지적한다(§ 605/400). 그렇지만 의식이 그

---

74   Kant(1996), 227-46(최고선에 대해)을 보라. 특히 235: "실천적 원리에서 도덕 의식과 그 결과 그것에 비례한 행복의 기대는 적어도 가능한 한 사유될 수 있다."(『실천이성비판』, 5:119)
75   Kant(1996), 238-9(영혼불멸의 요청에 대해)(『실천이성비판』, 5:122-3)을 보라.

런 많은 의무들 속에서 염두에 두는 것은 오직 **순수 의무**라는 요소뿐이
다. 즉 그것들의 특수한 **내용** 속에는 **신성한** 것이 전혀 존재하지 않는
다. 그럼에도 불구하고, 의식은 이처럼 다른 의무들과 그것들의 내용이
필연적이라는 것을 이해하고 있다. 의식은 의무 자체의 개념 속에는 이
러한 의무들의 내용을 정당화할 어떤 것도 찾지 못하기 때문에, 의식은
"그것들을 신성하게 할 다른 의식"(§606/401)을 요청한다. 이 다른 의
식은 순수 의무를 의식할 뿐만 아니라 의무와 일치하기 위해 우리가 해
야만 할 모든 특수한 사물들을 알고 있기도 하다. 따라서 그것은 다른
유한한 도덕적 의식만이 아니라 유한한 자아를 **초월한** 지혜와 신성함
의 원천, 즉 "세계의 통치자이자 지배자"(§606/401)이기도 하다. 다시
말해 도덕적 의식은 신의 존재를 요청하는 것이다.[76]

　도덕적 의식의 요청들은 많은 측면들에서 칸트가 『실천이성비판』
(1788)[77]에서 확인했던 것들과 중복된다. 하지만 헤겔은 여기서 특별히
칸트의 도덕 철학을 검토하는 것은 아니고, 그래서 칸트에게 '호의'를
베풀려고 하는 것이 아님을 주목하자. 헤겔은 **논리적으로** 절대 자유의
경험에 의해 필연성을 갖게 된 도덕적 정신의 형태를 분석하고 있다.
그는 도덕의 핵심 자리에 놓인 '**꾸미기**'(Verstellung)를 폭로하고 있다
(§617/405).[78] 우리가 발견한 도덕은 그 세계관 속에서 어떤 것에 대해
진지하지가 않다. 세 가지 간단한 예들이 헤겔이 염두에 두고 있는 바
를 보여주기에 충분할 것이다.

76　Kant(1996), 239-46(신 존재의 요청에 대해)(『실천이성비판』, 5:124-32)을 보라.
77　그렇지만 중복은 정확하지가 않다. 칸트의 세 가지 공식적인 요청은 불사, 신 존
재 및 자유의 요청이다. 이들 중 마지막은 헤겔의 도덕 정신의 현상학에서 발생하지는
않는다. Kant(1996), 246(『실천이성비판』, 5:132)을 보라.
78　밀러는 'Verstellung'(전위)을 'dissemblance 혹은 duplicity'로 번역한다. §617
에서는 'Verstellen'을 'shiftiness'로 번역한다.

첫 번째 요청을 보자. 도덕적 의식은 도덕과 본성의 조화를 단순한 요청으로 간주한다. 왜냐하면 그것은 현실에서는 결코 그러한 조화가 존재하지 않는 것으로 받아들이기 때문이다. 그럼에도 의식은 도덕적 행동을 세계 속에서의 의무의 이행으로 이해한다. 따라서 도덕적 의식은 그런 행동이 현실 세계—자연 자체—를 도덕과 조화되게 하는 것으로 받아들인다. 그러므로 자신의 행동을 통해 의식은 도덕과 본성의 조화가 결코 단순한 요청이 아니라는 것을 진지하게 받아들이지 않는다(§618/406). 도덕적 의식은 세계가 도덕에 무관심하다고 간주한다. 따라서 도덕적 의식은 세계가 사실상 도덕과 조화를 이루고 있다는 것을 스스로 요청할 경우에만 도덕적 행동에 관여할 수 있다. 하지만 도덕적 의식의 행동 자체는 그것이 그러한 조화를 단지 하나의 요청으로 간주한다고 꾸밀 뿐임을 입증하고 있다.

두 번째 요청에서 다음의 꾸미기가 판별될 수 있다. 의식은 보편적 의무가 특수한 경향과 불일치한다는 것을 받아들인다. 그럼에도 의식은 경향들을 충족하는 행동 속에서 자신의 의무를 수행하고자 하고, 그래서 의무와 경향의 통일을 낳고자 한다. 사실상, 의식은 이러한 통일이 성취되어야 하고 될 것이라고 요청한다. 하지만 의식은 그러한 통일을 무한히 먼 피안으로 투사(投射)함으로써 그 자신의 요청을 진지하게 취급하지 않는다는 것을 보여준다(§622/410). 그러므로 의식은 꾸미고 있다는 혐의를 받는다. 왜냐하면 의식은 도덕적 완성이 도덕과 감각적 경향 사이의 투쟁을 극복하는 데 놓여 있다고 선언하지만, 의식은 도덕적 미완성 상태에서 무한히 지속하는 데 만족하기 때문이다(§§ 623-4/410).

세계 속에서 다른 상황들을 직면하면서, 의식은 스스로가 다른 많은 의무들에 종속되어 있다는 것을 발견한다. 하지만 순수한 의무에 관한 그 자신의 감각은 이러한 의무들의 특수한 내용을 정당화할 수가 없다. 그러므로 의식은 세 번째 요청을 정립하게 된다. 즉 이 다른 의무들을 정당화하는 신이 존재하는데, 그가 곧 '신성한 입법자'이다(§626/411). 그럼에도 의식은 순수한 의무에 대한 그 자신의 감각이 절대적이라고 간주하며, 그가 그렇게 판단할 수 있는 것만 신성한 것으로 받아들인다. 따라서 의식은 "자기와 **다른 의식**에 의해 신성한 것으로 만든 일에 대해 실제로 성실하지 않다"(§626/412). 그러므로 의식은 그것만이 그 권위를 인정한다고 꾸미는 신성한 입법자의 존재를 요청하는 것이다.

의식이 도덕적 세계관에서 꾸미기의 이런 (그리고 다른) 예들을 깨닫게 됨에 따라, 그것은 "참이지 않은 것을 참이라고 주장하는"(§631/414) 스스로의 **위선**(hypocrisy)을 고발한다. 하지만 의식은 스스로 순수한 도덕적 의식을 자처하기 때문에, 의식은 그러한 꾸미기를 피해서 자기 안으로 후퇴한다. 그럼에도 그것이 **도덕적** 의식으로 남아 있는 한, 그것은 꾸미기와 위선 속에 빠져 있다. 사실상, 위선을 거부했다는 그의 주장 자체는 위선의 또 다른 예일 뿐이다(§631/415).

양심

하지만 도덕적 위선을 이처럼 거부하는 데 함축되어 있는 것은 도덕적 세계관을 특징짓는 다양한 대립들을 포기한 새로운 형태의 정신 ― 양심 ― 이다(§637/418). 도덕적 자아는 각기 다른 세계 속에서 자신의 의무를 수행하는 **과제**에 직면해 있다. 이에 반해 양심은 그것이 하는 모든 일에서 자신의 의무를 실제로 **수행한다**고 알고 있다. 즉 양심은 도덕적 행위자가 되어야 한다는 감정일 뿐이 아니라 **존재**에 대해 의식하고 있다. 사실상 그것은 개인으로서의 자신에 관한 일체가 의무와 조화를 이루고 있다는 것, 의무와 자기 자신 사이에 직접적인 동일성이 존재한다는 것을 확신하고 있다(§632/416).

이러한 확신은 그 자체 오직 자기 자신 외에는 어떤 것에도 근기해 있지 않은 '**직접적 확신**'(§637/419)이다. 양심의 '**자기 확신**'은 자신의 행위들이 언제나 의무성이라는 것을 확신하며, 어떤 특별한 경우에서 의무가 무엇을 요구하는지를 스스로에게 말한다(§637/419). 따라서 양심은 전적으로 자기 스스로 증거하는 도덕적 의식이다. 이전의 도덕적 자아는 의무가 자신에 대해 권위가 있다고 (의무가 그 자신의 순수한 의지 속에 기원을 두고 있다 할지라도) 이해한다. 이에 반해 양심은 자기 자신과 그 자신의 자기 확신이 궁극적인 권위를 가지고 있고 '절대적 진리'라고 간주한다(§633/416).

따라서 의무란 개인의 양심이 무엇이든 그것을 확신하는 것이다(§640/421). 그럼에도 의무는 또한 양심에 의해 **보편** 타당한 것으로 간주된다. 따라서 양심은 의무를 만인이 확신하고 있는 바로 이해한다. 이것은 의무 행위에 대해서도 마찬가지다. 나의 행위들은, 나의 양심이 그렇다고 말해주기 때문만이 아니라 양심 일반이 그렇다는 것을 인정하기 때문에 의무적이다. 따라서 일반적인 인정이 나의 의무적 행위를 하나의 현실로 만들어주는 것이다(§640/420). 반면 도덕적 의식은 의무적 행위가 모든 자기들에 의해 보증된 어떤 것이라기보다는 세계 속에서 객관적인 것으로 이해한다.

이제 도덕적 자아와 달리, 양심은 무관심하고 독립적인 세계와 맞서는 것이 아니다. 양심은 구체적이고 현실적인 것으로서 '수많은 국면들'(§643/422)을 지닌 특별한 상황들 속에서 행동하는 것이다. 이러한 상황들 속에서, 양심은 각기 다른 선택들을 지니며 해야 할 일들을 결정해야만 한다. 그럼에도 양심의 행위는 언제나 의무적이라는 소박한 신념은 양심이 그러한 결정을 내리게 할 어떤 것도 담고 있지 않다. 그러므로 양심은 자신의 결정을 기껏해야 직접적이고 자연적인 경향들에 정초할 수 있을 뿐이다(§643/423). 그래서 양심은 그것이 의무적이라는 진정한 신념 속에서 그것이 하도록 이끌리는 것을 행한다. 아마도 다른 사람들은 이러한 상황 속에서 다르게 행동할 것이다. 하지만 그들은 개인의 행위의 타당성을 인정하고 있다. 왜냐하면 그 개인은 그가 믿기에 의무적이라는 것을 행하기 때문이다. 이런 식으로 그들은 의무적으로 행동한다는 것은 저것이 아닌 이것을 행함을 의미하지 않는다는 것을 분명히 하고 있다. 오히려 그것은 **당신이 무엇을 행하건 간에** 당신의 행동의 올바름을 확신한다는 것을 의미하는 것이다(§644/424).

하지만 타인들은 내가 **무엇을** 하는가로부터 나는 사실상 고유한 신념에 따라 행동하고 있있으며, 그래서 나는 부도덕하거나 악하다는 판단을 받을 위험이 있다는 것을 알 수가 없다(§649/427). 이러한 판단을 피하기 위해, 나는 나의 내면적 신념을 타인들에게 분명히 해야만 하는데, 나는 그것을 **언어**로 한다(§652/428). 나의 신념을 **언어**로 표현함으로써, 나는 그것을 타인을 위해 **존재하는** 것으로 전환시킨다. 그리하여 그들이 나의 말들을 들음에 따라, 나의 신념에 대한 감각은 '일반적인 자기-의식'(§651/428)이 되고, 이로써 일정한 객관성을 획득한다. 이러한 표현 행위는 양심이 이용 가능한 많은 것들 중의 하나가 아니라 스스로 의무가 있다고 보여주는 행동이다. 양심은 그것이 하고 있는 것을 확신한다면 그것의 의무를 행한다. 따라서 양심은 스스로 확신하고 있다는 것을 보여줌으로써 스스로 의무가 있다는 것을 **보여준다**. 양심은 신념을 언어로 표현힘으로써만 그 일을 할 수 있다. 그러므로 양심이 할 수 있는 가장 중요한 일은 양심이 자신의 행위의 정당성을 확신하고 있다는 **공개적 선언**이다(§654/430). 헤겔은 그런 선언이 참인지 여부를 묻는 일은 중요하지 않다고 언급한다. 왜냐하면 양심은 스스로를 증거하기 때문이다(§654/429). 자신이 신념으로부터 행동하고 있다고 **말하는** 양심은 그 양심이 행하도록 가정된 것들을 정확히 하고 있다는 인정을 받을 만하다.

양심은 스스로를 증거하는 것으로 받아들이기 때문에, 그것은 그 자신의 내면의 목소리를 절대적인 것으로, '신적인 목소리'로 간주한다(§655/430). 사실상 각각의 양심은 모든 타인들을 신성한 것으로 간주한다. 주어진 상황에서 무엇이 행해져야 하는 것에 대해 불일치함에도 불구하고, 그들 모두 순수한 신념으로부터 행동하는 것에 대해 서로를 칭찬하고 있다. 정신적인 동물의 왕국에서, 개인들은 상호 경쟁 상태에 있다. 이에 반해 양심의 영역에서, 만인(萬人)은 동등하게 침범할 수 없는 만인의 권위를 인정하고 있다. 그들은 그들의 '상호 순수성'에 대해 기뻐하고, 그들이 공유하고 있는 '탁월함'(§656/431)에 대해 즐거워하고 있다.

양심은 정신의 한 형태이고, 따라서 궁극적인 권위를 인정한다. 하지만 양심은 그 권위를 자기 자신 및 그 자신의 자기 확신과 동일시한다. 사실상 양심은 그 자신과 다른 것을 의식하고 있다. 양심은 주어진 상황 속에서 행동하며 그것을 다른 자기들에게 표현한다. 그럼에도 양심은 **자기 자신**을 실체적이고 신성한 것으로 본다. 양심의 관점에 내재된 것은 **완벽하게** 자기 자신 속으로 후퇴한 정신의 형태이다. 이러한 형태에서, 자기와 다른 어떤 것도 '안정성'을 갖지 못하며, 의식은 '절대적인 **자기 – 의식**'(§657/432) 속으로 가라앉는다.

아름다운 영혼, 위선과 냉혹한 심판

이 새로운 형태는 언어로 표현된다. 하지만 그것의 말들이 스스로에게 객관적이고 공개적인 실존을 부여하는 것은 아니다. 오히려 그 말들은 자아를 즉각 **자신**에게로 되돌린다. 그것들은 자아에 의한 오로지 자아 자신의 **메아리**로 자각된다. 따라서 이 자아는 자신 속에 몰입되어 말하거나 행동 속에서 자신을 실현할 수도 없고 하려고도 하지 않는다. 이 자아는 '자신의 내면적 존재의 **빼어남**'과 '그 마음의 순수성'을 소중히 하면서 스스로를 '아름다운 영혼'으로 인식한다. 그럼에도 그것이 산출하는 '공허한 대상' — 메아리치는 그것의 말들 — 속에서 그것은 또한 그 자신의 내면의 공허함의 메아리를 보기도 한다. 그러므로 자신을 표현하면서, 그것은 자신을 **상실**하고, 그래서 자신의 눈앞에서 '무형의 안개처럼 사라지는'(§658/432-3) 아름답지만 불행한 영혼이다.[79]

　하지만 절대적인 자기-의식 역시 스스로를 행동 속에서 **드러내며**, 그렇게 함에 있어 정신의 다음 형태가 된다(§659/433). 이 자기는 아름다운 영혼이 철수한 세계 — 양심적 행동의 세계 — 에 속하며, 따라서 타인들에게 그가 의무적으로 행동하고 있다고 선언한다. 그럼에도 그것은 또한 '**자기 자신** 속으로 반조되고', 그 자체로 다른 개별자들과 상당히 **다른** 개별자임을 의식하고 있다(§659/433). 그것은 또한 스스로가 보편자와, 의무와 구별된다고 — 따라서 제외된다고 — 받아들인다. 게다가 그것은 그러한 의무가 분명한 내용을 가진 것으로 — **나**와 대립된 **그런** 개인들이 우리의 보편적 의무로 선언한 것으로 — 받아들인다. 따라서 그것은 스스로가 의무감으로부터 행동할 필요가 있다는 생각 자체를 거부할 뿐만 아니라, 타인들에 의해 공개적으로 주장된

79　그 당시 괴테와 야코비를 포함한 많은 작가들이 아름다운 영혼의 개념에 흥미를 가졌다. 헤겔은 여기서 괴테의 『빌헬름 마이스터의 수업시대』(1795-6)에서 '아름다운 영혼의 고백' 뿐 아니라 야코비의 『볼데마르』(1779)를 염두에 두었을 것이다. Hegel(1988), 612를 보라.

'주어진 특수한 의미'도 거부한다. 이러한 자아는 그들과 동등한 타인들로부터의 인정을 똑같이 구하기 때문에 그러한 공적 의무에 대해 입에 발린 칭찬을 한다. 그럼에도 자신의 행동 속에서 그것은 기뻐하는 것만큼 의도적으로 **자신의** 경향성을 충족시키고 있다.

개별적인 행위자는 자신과 자신의 관심들이 본질적인 것이라고 간주하기 때문에 여기서 아무런 잘못도 보지 못한다. 그러므로 그의 견해에서, 그는 그들이 의무로 인정하는 것보다는 그 '자신의 내면의 법칙과 양심'에 따라 행동할 권리가 있다(§662/435). 하지만 타인들의 눈에서 볼 때, 행위자는 **사악**하다. 그는 보편적 의무를 고려하기보다는 자신의 욕망에 골몰하기 때문이다. 게다가, 그는 **위선자**이다. 그는 그의 행동들이 명백히 그의 멋진 말들과 어긋날 때, 그가 의무를 존중한다고 주장하기 때문이다(§660/434).

하지만 행위자의 시각에서 본다면, 그를 사악하다고 비난하는 자들은 이러한 판단을 '보편적' 의무와 법칙에 대한 **그들의** 특수한 견해에 정초시키고 있다. 따라서 그들의 판단 자체가 그가 그 **자신의** 특수한 법칙을 따를 수 있는 정당성을 주는 것이다(§663/436). 도덕적 판단이 갖는 이러한 측면은 심판관과 다르다는 행위자의 느낌을 강화해준다. 하지만 도덕적 심판관의 두 가지 다른 모습들로 인해 행위자는 자신이 심판관과 동일하다는 것을 깨닫는다.

첫째로, 심판관은 행위자의 이기심을 비난한다. 하지만 그는 반대로 이기적으로 비춰지지 않을까 하는 두려움 때문에 구체적인 행위에 개입하지는 않는다. 그러므로 그의 유일한 '행위'는 말들을 언표하는 것—행위자를 심판하고 보편적 의무에 존경의 마음을 표하는 것—이다. 이는 심판관이 **의무적으로 행동하지 않고서** 의무적 행위에 대해 '좋은 감정'을 표현한다는 것이고, 따라서 사실상 **행위자와 마찬가지로** 위선자라는 것을 의미하는 것이다. 행위자가 심판관의 위선을 인정할 뿐더러 심판관이 자신과 다르지 않다는 것을 알게 됨에 따라, 그는 자신의 위선을 대면하게 된다. 그가 권리가 있다는 생각이 지금까지 그를 위선으로부터 보호해주었다. 따라서 행위자는 "이 다른 의식 속에서 그 자신의 자기를 보게 되는"(§664/436) 것이다.

둘째로, 심판관은 행위자가 자신이 생각하는 의무의 요구를 행하는 데 실패한다는 것을 알고 있다. 하지만, 그는 행위자 자신이 그의 행동은 의무적이라고 확신한다는 점을 부정할 근거가 없다. 우리가 보았던 것처럼, 양심은 스스로를 증거하고 있다. 따라서 행위자가 스스로의 선함을 확신한다고 선언한다면, 심판관은 달리 입증할 수가 없을 것이다. 그러므로 행위자가 근본적으로 이기적인 동기들에서 행동한다는 주장은 행위자 자신이 행하거나 말하는 것에 기초할 수 없으며, 오히려 심판관이 행위자에 관해 믿고 있다고 싶어지는 것에 기초해 있다. 심판관은 모든 행위가 이기심에 의해 동기 지어진다고 의심하며, 그가 무엇을 하든 "시종에게는 영웅이 없다"는 것처럼 "어떤 행위도 그런 판단을 벗어날 수 없다"(§665/437).[80] 따라서 심판관은 행위에 대해 행위자와 똑같은 기본적 견해, 즉 행위는 이기적 목적에 기여한다는 견해를 지니고 있음을 드러낸다. 하지만 의무적 행위를 칭찬하는 그의 '행동이 따르지 않는 말들'(tatloses Reden)을 통해, 그는 그 자신보다 나은 모습을 보이고 싶어 한다(§666/438). 그러므로 다시금, 그는 행위자의 눈에서 볼 때 위선자임이 드러나는 것이다.

행위자가 그와 심판관은 서로 같다고 선언할 때, 그는 동시에 그 자신의 위선을 **고백**하는 것이나. 왜냐하면 그는 심판관에게 "당신은 **나와**

---

80 '시종에게는 영웅이 없다'는 아마도 속담인 듯하나, 이 속담의 변용 역시 코르뉴엘 부인(?1614-1694)에게서 비롯되었다.

마찬가지로 위선자입니다"(§666/438)[81]라고 말하기 때문이다. 그러한 고백은 행위자의 측면에서 볼 때 자기비하의 행위가 아니라는 것에 주목하자. 그와 심판관이 **똑같이** 위선자라는 것은 행위자의 선언 속에 내장되어 있다. 행위자는 그들 사이에서 이러한 동일성을 인정하고 있기 때문에, 그는 심판관이 똑같은 것을 하기를 기대한다.

하지만 심판관은 굽히지 않는 '냉혹한 마음'을 가지고 행위자의 고백을 거절한다. 그는 자신이 행위자와 어떤 공통점을 가지고 있다는 것을 인정하려 하지 않으며, 그 자신의 내적인 순수성을 고집하고 있다. 그렇게 함에 있어, 그는 위선적 행위자를 "그 자신의 영혼의 아름다움"(§667/438-9)과 마주 대하게 한다. 그러한 '아름다움'은 끊임없이 판단을 **내뱉거나** '완고한' 판단 같은 침묵 속에서 표현된다. 하지만 이렇게 언어 속에서 "타인들과의 어떤 연속성"을 표현하기를 거부하는 것은 스스로 공통의 인간성이 있다는 것을 거부하는 것이다. 따라서 냉혹한 심판관은 "정신에 의해 버림받은 의식이자 스스로 정신을 부정한 의식"(§667/439)임을 보여준다.

그럼에도 논리적으로 볼 때 — 언제나 사실은 아닐지라도 — 심판관의 냉혹한 마음은 결과적으로 깨질 수밖에 없다(§669/440). 심판관에게 자신의 위선을 고백함에 있어, 행위자는 더 이상 심판관과 동떨어진 것이 아니라 그들 모두 공통의 혹은 '보편적인' 의식을 공유하고 있다는 것을 선언하고 있다. 심판관 자신은 공유된 가치, 보편적인 가치의 주창자이다. 그러므로 행위자의 고백이라는 **형식**에서, 심판관은 그가 위선자라는 주장을 거부할지라도 그 자신이 주장하는 보편자에 대한 관심을 인정하지 않을 수 없다. 하지만 자신과 행위자 사이의 이 같은

---

81 이 말들은 헤겔의 것이 아니라 내 것이다.

동일성을 인정함으로써, 심판관은 스스로 행위자와 동떨어져 있기를 중단하고, 순수하게 판단하는 자세를 포기한다. 이제 그는 **그 자신과 마찬가지로** 고백하는 행위자가 선하다는 것을 인정한다. 이러한 인정과 함께, 심판관은 행위자를 **용서한다**고 헤겔은 적는다(§670/440-1). 이러한 용서는 행위자의 고백에 대한 거울 이미지이다. 두 경우에서, 개별자는 그의 고립된 동일성을 단념하고, 그의 적과 하나가 된다. 이러한 측면에서, 고백과 용서는 변화시키는 힘이 있다. 행위자나 심판자 누구도 그 자신으로 남지 않으며, 오히려 각자는 스스로를 너그러이 봐주면서 타자와 화해하게 되는 것이다. 이로써 그들은 "절대 정신이라는 상호 인정"(§670/441)을 형성하는 것이다.

이성의 영역에서, **개별자들**은 보편적인 것을 실현하고 그것에 내용을 제공한다고 여겨졌다. 정신의 영역에서, 보편자는 **그 나름** 본질적이고 실체적이며 권위적일 뿐더러 개별자들 속에서 실현되는 것으로 이해된다. 이러한 과정은 그것들 자신을 절대적인 것으로 간주하는, 독선적인 위선과 심판자에서 정점을 이룬다(§671/441). 하지만 이제, 이러한 자기들은 스스로를 **너그러이 봐주면서**, 모든 독선을 **포기**하고, 그들 상호 간의 통일 속에서 그들의 동일성을 보게 된다. 오직 이런 측면에서만 그들은 절대적이고 신성한 것이 그들 속에서 또 그들 사이에서 드러난다는 것을 이해한다. 이 지점에서 우리는 정신에서 종교로 이동한다. 우리는 예를 들어 불행한 의식과 신앙, 그리고 신에 대한 도덕적 믿음 속에서 부족하나마 종교의 형식들을 접해본 경험이 있다(§§672-6/443-4). 하지만 이제 비로소, 고유한 의미의 종교가 『정신현상학』에서 등장하는 것이다.

공부할 문제들

1. 왜 도덕적 정신은 꾸미기라는 혐의를 받는가?
2. 양심은 도덕적 정신과 어떻게 구별되는가?
3. 어떤 의미에서 심판자는 위선자인가?

5) 종교

양심은 스스로를 절대적인 것으로 이해한다. 양심은 그 자신의 내면의
목소리가 '신성하다'고 알고 있다(§655/430). 이와는 달리, 위선자와
심판자는 그들의 고백과 용서 행위를 통해 그들이 절대적이 **아니라는**
것을 인정한다. 그럼에도 그들 역시 그들의 통일을 신적인 것**의** 현현과
임재로 이해하게 된다. 정신의 이 마지막 형태의 두 측면이 종교 속에
서 명시화된다. 종교적 의식은 그것이 절대적이거나 신적이지 **않다**고,
오히려 그 자신과 **다른** 절대자에 대한 인간 의식으로 이해한다. 그럼에
도 종교적 의식은 절대자가 이러한 구별 **자체**를 극복해서 인간과 **하나**
가 된다고 이해한다. 앞으로 보게 되겠지만, 적어도 이것은 한층 발전
된 형태의 종교에 참이다.

　종교는 정신의 진리이기 때문에, 그것은 헤겔이 말하는바 '자기 자
신을 아는 정신'(단순히 '자기 자신을 확신하는' 정신과 대립되는 것
으로서)(§677/444)이다. 그러므로 종교는 자신과 다른 절대자에 대한
의식일 뿐만 아니라, 인간적 **자기 – 의식**이기도 하다. 따라서 종교적 인
간들은 그들이 연결되어 있는 절대자 속에서 스스로를 보는 것이다. 하
지만 모든 종교가 인간 존재를 똑같은 방식으로 혹은 같은 정도로 절대
자 속에서 스스로를 볼 수 있게 하는 것은 아니다. 왜냐하면 모든 종교
가 인간들 스스로 그들 자신의 자기-의식 자체를 절대자 속에서 보게

하지는 않기 때문이다. 헤겔의 논증에 따르면, 각 종교는 절대자를 다
른 '형태'(Gestalt)로 받아들인다(§684/450). 몇몇 종교들에서는, 절
대자를 자연적인 것, 이를테면 빛이나 혹은 동물과 같은 것으로 받아들
인다. 다른 종교, 예를 들어 그리스 종교와 기독교에서, 절대자는 (다
소 명시적으로) **자기 의식적** 존재의 형태를 취하고 있다. 그러므로 기
독교는 인간 의식이 스스로를 절대자 속에서 그리스 종교보다 보다 분
명하게 보게 해준다. 그러한 의미에서 그것들은 보다 적절하게 종교의
목적을 수행하는 것이다.

자연종교

종교 현상학에서, 헤겔은 종교들 사이의 역사적 연관을 고려하고 있지
않다. 그는 하나의 종교 경험이 다음의 종교 경험이 명시화한 것을 암
시적으로 포함함으로써 **논리적으로** 다른 종교로 발전하는 방식을 고찰
하고 있다. 헤겔이 이를테면 불교나 도교 혹은 이슬람교와 같은 특정
종교를 언급하지 않고 있다는 점에 주목하자. 이는 그러한 종교들이 역
사적으로 중요하지 않기 때문이 아니라 그것들이 『정신현상학』이 기술
하는 종교 정신의 경험에 필요하지 않기 때문이다.

 헤겔은 먼저 '빛-존재'(Lichtwesen)의 종교를 고찰하는데, 몇몇 학자
들은 그것을 조로아스터교와, 다른 학자들은 유대교와 동일시하고 있
다.[82] 이 종교가 먼저 출현하는 이유는 그것이 **논리적으로** 가장 단순하
고 가장 추상적이기 때문이다. 절대자는 직접적 존재의 형태 혹은 **자연**
에서 발견되는 존재의 형태를 갖는 것으로 이해된다. 그런에도 절대자

---

82 Jamros(1994), 139, 172-3을 보라.

역시 '정신으로 채워진' 것으로 이해된다(§686/453). 사실상, 그것은 직접적인 자기-의식의 **형식**을 드러내는 것이며, 따라서 세계의 **군주(주인)**로 간주된다.

그렇지만 절대 존재는 **명시적으로** 자기-의식 그 자체로 이해되지는 않는다. 그것은 단순한, '무형의' **자연** 존재로 간주된다. 불변의 존재에서 자기 의식적 정신과 가장 닮은 자연이 **빛**이다. 따라서 종교의 이 최초의 형식은 절대자를 모든 사람과 사물을 지배하는 '빛-존재'로 간주한다. 이러한 빛은 '빛의 분출'과 '불의 흐름'을 내보낸다(§686/453). 하지만 군주나 권력이 그것들 위에 있게 되면서, 군주는 그것들을 해체시켜 다시 **자신**에게로 되돌린다. 그러므로 명시적이 아닐지라도 암시적으로, '빛-존재'는 **자기**의 형식을 띠고 있다(§688/453). 따라서 이 종교는 논리적으로 자연종교의 두 번째 형식으로 진행하는데, 여기서 절대자는 여전히 **자기-의식**을 명백히 결여하고 있기는 하지만 하나의 자기의 형태를 취한 것으로 이해된다.

이 다음의 종교에서 절대 존재가 취하고 있는 '자기-적' 형태는 식물과 동물의 형태이다. 고대 인도에서[83] 발견되는 이러한 종교가 **범신론**(pantheism)인데, 여기서 신성은 빛이라는 무형의 단순성에서가 아니라 다양한 형태의 식물과 동물의 수다성 속에서 만난다. 식물은 '조용한'(ruhig) 존재[84]인 반면, 동물은 상호 '적대적인 운동' 속에서 스스로를 주장한다. 따라서 동물의 종교를 신봉하는 사람은 '죽을 때까지 증오하고 싸우는 독립적이고 적대적인 자연 정신들 집단'을 포함하며, 그들의 독립적 정체성이 상호 적대적이고 각기 다른 동물 형태들 속에 구현된 것으로 본다(§689/454).

---

83 Jamros(1994), 141, 173을 보라.

84 밀러는 '수동적'으로 번역했다.

하지만 헤겔은 이러한 자연적 정신들과 그것들에 상응하는 동물 형태들 사이의 적대 속에서 이기심 혹은 '대자존재'가 스스로를 부정하면서 등장한다고 적고 있다(§690/454). 하나의 자기는 정신들 사이의 갈등 속에서 **다른** 자기를 부정하지만, 각각의 자기 역시 스스로를 파괴에 노출시킴으로써 그 갈등 속에서 **자기**를 부정한다. 더 나아가, 각각의 자기는 자기 자신의 활동을 통해, 말하자면 자신을 주장함으로써 **자기**를 부정한다.

이러한 자기 부정, 혹은 자기 지양, 개성의 지양은 자기가 자신의 활동을 통해 전혀 자기가 **아니고** 대상이나 **사물**(Ding)로 스스로를 전환할 때 충분히 명시적이 된다. 이러한 활동은 모호한데, 왜냐하면 그것이 자기성을 **결여한** 사물 속에서 **자기 혹은 정신**을 표출하기 때문이다. 헤겔이 적고 있듯, 그러한 활동이 '스스로를 대상으로' 산출한다(§691/455). 이처럼 애매한 자기표현관이 세 번째 형태의 자연종교, 즉 고대 이집트에서 발견되는 '공장'(工匠, Werkmeister) 혹은 '장인'(匠人)의 종교 밑에 놓여 있다.

간략하게 말해서, 이러한 종교의 현상학적 전개에서 주요 단계들은 다음과 같다. 첫째로, 종교 정신은 순수하게 추상적인, 영혼이 없는 사물들, 말하자면 **죽어 있는**(§692/455) 한에서의 자기 의식적 정신이 거주하는 사물들—피라미드들—을 산출한다. 따라서 종교 정신은 스스로 창조한 대상 속에서 자신의 살아 있는 자기-의식이 반영되어 있는 모습을 보지 못한다.

둘째, 산출된 사물은 식물과 같은 형태들 (건축의 경우에서) 혹은 동물의 형태(조각의 경우에서)가 주어진 것으로 숭배됨으로써 훨씬 '자기-같은' 존재가 된다. 하지만 장인은 여전히 사물에 자기 의식적 인간의 형태를 부여하지 않는다. 따라서 종교 정신은 그것이 창조한 대상 속에서 여전히 자신을 보지 못하고 있다. 이러한 정신은 사물이 **자신의 작품**이기 전에, 스스로가 생산한 인공물이기 전에 (빛과 같은 자연적인 것이 아니라) 사물을 인식한다는 의미에서만 자신의 대상 속에서 스스로를 확인한다(§693/456).

　종교적인 자기-의식의 대상은 **자기**-의식을 결여하고 있기 때문에, 그 대상은 **언어**를 통해 자기 자신의 어떤 내면적 정신이나 개성을 표현하지 못한다. 사실상, 산출된 대상의 형태가 인간일 때조차, 그것은 스스로를 표현하지 못하는 '무성(無聲)의 형태'로 남아 있으며, 서쪽 테베의 유명한 골로새 멤논(Memnon Colossi)[85]이 한 때 그렇게 했으리라고 간주되었던 것처럼, 기껏해야 떠오르는 태양 빛이 닿자 소리를 낸 경우가 있다(§695/457).

　하지만 마지막으로 장인은 언어 속에서 스스로를 표현하거나 혹은 표현한다고 **상상된** 대상, 이른바 스핑크스(sphinx)를 생산한다. 스핑크스는 아직은 충분히 자기-의식적인 인간 존재가 아니라 신비스러운 피조물 —인간과 동물의 혼합물— 인데, 그의 언어는 '심오하면서 거의 이해하기 어려운 지혜'(§697/458)를 담고 있다. 그럼에도 불구하고, 스핑크스에서 종교적인 자기-의식이 '그 역시 자기 의식적이고 자기표현적인 내면의 존재와 대면한다'. 이것들 각각은 여전히 무의식적이고 동물적인 것으로부터 벗어나기 위해 투쟁하고 있다. 그러므로 스핑크스에서 '정신이 정신을 대면하고', 그래서 자신의 대상을 의식할 때 분명하게 자신을 의식하게 되는 것이다(§698/458).

　스핑크스는 자기-의식적 정신에 대한 불완전한 표현이다. 하지만 그 다음 종교의 대상은 자기 의식적 정신을 분명하게 표현하고 있다. 그리

85　옮긴이 주-이집트 아멘호테프(Amenhotep) 3세의 거상(巨像), 이집트 테베 부근에 있다.

하여 종교적 정신은 단순한 장인을 벗어나 **예술가**(artist)가 된다. 따라서 이 새로운 종교 — 고대 그리스의 종교 — 는 헤겔에 의해 '예술 종교'로 명명된다.

공부할 문제들

1. 정신의 영역에서 고유한 의미의 종교를 신앙과 구분 짓는 것은 무엇인가?
2. 왜 이집트 종교가 자연종교의 최고의 형식인가?

예술 종교

헤겔의 설명에서, 그리스의 종교 정신은 첫째로 명백한 '자기의 형태'(§706/461)를 지닌 대상이나 **사물**을 산출하고 그러한 형태 속에서 신성을 본다. 그리스 종교는 동물이나 형태보다는 **인간** 속에서 신의 형상을 창조하며, 그리하여 예술 작품 속에서 명백히 **자기-의식적**인 정신과 대면한다.

그럼에도 이러한 예술의 대상은 실제로 **자기-의식적** 대상이 아니다. 결국 그것은, 비록 '의식의 빛으로 가득 차'(§707/462) 있을지라도, 단순한 사물, 한 조각의 돌이나 청동이다. 현실적인 자기-의식은 그러한 대상 속에서는 발견되지 않고, 오히려 그것을 생산한 예술가 속에서 발견된다. 그러므로 우선 첫째로, 예술 종교는 '예술가 자신의 자기-의식적 활동'(§708/463)으로부터 '작품의 분리'로 특징지어진다. 작품 자체는 현실적인 자기-의식을 결여하고 있기 때문에, 그 작품 속에 표현된 신성은 다소 '자기-부재'하고 **추상적인** 상태로 남아 있다. 그것은 자기의 형태를 지닌 신성이지만, 그러나 여전히 자연 속에 함몰

되어 있고 자연에 의해 규정되며 상당 정도 자연이다.[86]

예술 종교의 이 첫 번째 단계에서 예술가는 자신이 진정한 자기-의식을 결여한 사물을 생산했다는 것을 알고 있다. 즉 그는 '그의 작품 속에서 자신이 **자기 자신과 같은** 존재를 생산하지 않았다는 것을 배운다'(§709/463). 만일 자기-의식적 정신을 표현한 작품이 생산되어야 한다면, 돌이나 청동보다 그러한 표현에 훨씬 적합한 다른 요소가 발견되어야 할 것이다. 이러한 요소가 곧 **언어**인데, 여기서 자기-의식은 직접적이고 즉각적으로 표현된다. 따라서 '자신의 형태에 적합한 언어를 지닌' 신은 앞서 예술가가 보존하고 있었던 자기-의식에 **스스로를** 직접적으로 표현할 수 있다(§710/464).

예술 종교와 그리고 다른 종교들에서, **신탁**은 신적인 것의 '제1 언어'이다. 하지만 그러한 신탁의 언어는 종교적인 자기-의식에 의해 자기 자신의 언어가 아니라 '**소외된** 자기-의식의 언어'로 간주된다(§711/465). 그렇지만 지금 요구되는 것은 종교적 자기-의식에 의해 생산된 예술 작품인데, 여기서 신적인 것이 스스로를 언어적으로 표현한다. **신적인** 것이 스스로를 표현하는 바의 언어는 따라서 **인간의** 언어일 것이다. 그러므로 신적인 것이 표현된 새로운 예술 작품은 신을 신봉하는 인간들이 부르는 **찬가**(hymn)이다(§710/464). 이러한 찬가에서, 종교적 자기-의식은 자신이 '신적인 것과 일체'(§715/467)임을 안다. 따라서 이제 자기-의식은 자신의 예술 대상 자체 **속에서** 자신과 그 자신의 현실태를 볼 수—혹은 오히려 들을 수—있다. 왜냐하면 그것이 생산하는 작품은 엄밀히 신성이 주입된 그 **자신의** 언어이기 때문이다.

그럼에도, 지금 신성을 특징짓고 있는 자기-의식과 언어는 실제로는

---

86 §707/462를 보라. '그렇지만 신의 본질적 존재는 자연의 보편적 실존과 자기-의식적 정신의 통일이다.'

찬가를 부르는 종교적 정신에 속하기 때문에, 그러한 신성은 추상적인 상태로 남아 있으며 상대적으로 '자기-부재' **그 자체**이다. 따라서 조각과 찬가 양자에서 표현된 신성은 추상적 신성, 참으로 자기-인식적 정신이기보다는 이른바 헤겔이 말하는 절대 '존재'(Wesen, 존재 혹은 본질)이다(§717/468). 사실상 조각과 찬가는 그 자체가 '추상적인' 예술 작품이다. **예술 작품**으로서의 그것들의 추상성은 그것들이 일면적이라는 사실 속에 놓여 있다. 조각은 신적인 것을 종교적 자기-의식과 구별되는 사물 속에 재현하는 데 반해, 찬가는 그러한 자기-의식 안에 지나치게 갇혀 있다(§713/466). 이러한 추상성이 마침내 어느 정도는 종교적 제의나 '제사(祭祀)'(Kultus) 속에서 극복이 된다.

제사에서, 신적인 것은 종교적 자기-의식과 구별되거나 그것을 초월해 있는 것으로 이해되지만, 또한 '그것의 소원(疏遠)에서' 유래(§713/466)해 자기-의식과 하나가 된 것으로 이해되기도 한다. 찬가에서 자기는 신적인 것과 하나가 **되고 있다**는 것을 깨닫고 있지만, 지금 그것은 신적인 것이 자기와 하나가 되는 운동을 깨닫고 있다. 그렇지만 제사에서, 신적인 것은 그 자신의 대리인을 통해 자기와 하나가 되지 못하고, 오히려 종교적인 자기-의식 자체의 작품을 통해서만 그렇다.

제사는 인간과 신의 **상호 작용**을 담고 있는데, 양자는 **현실적인**(wirklich) 어떤 것의 형태를 취해야만 한다. 따라서 종교적 자기-의식은 현실적이고 세속적인 의식을 취하고 있으며, '신적인 것이 스스로를 현실적 자연으로 표현'하고 있다(§717/468). 그러므로 제사 행위는 공동체에 의해 소유된 자연적 대상들 — 동물과 과일들 — 을 지향하지만, 그것들은 기호나 신성의 구현물로 이해된다. 제사 행위는 특별히 그것들의 피를 붓거나 그것들을 '훈제'(§718/468)함으로써 이러한 소유물들의 **'바침'**(Hingabe) 혹은 희생이다.

이러한 희생은 이중적 의미를 지닌다. 한편으로, 동물이나 과일을 소유한 자는 '그 무엇의 향유'를 위해 그들의 모든 소유물과 권리를 '포기'한다. 다른 한편으로, 희생 역시 신적인 것 자체의 희생이다. 즉 '희생된 동물은 신의 징표(sign)이다. 소비된 과일은 **살아 있는** 케레스(Ceres)와 바쿠스 자체(케레스는 농업의 여신, 바쿠스는 술의 신-옮긴이)이다.' (그 신들의 그리스 이름은 데메트르(Demeter)와 디오니소스(Dionysus)이다.) 종교적 개인들은 신적인 것의 이러한 희생을 실행한다. 그렇지만 희생은, 신적 존재가 이미 '자신을 **원칙적으로**(an sich) 희생했다'는 사실에 의해 그 희생을 수행하는 자의 눈에서 가능해진다. 신적 존재는 자신의 소원하고 추상적인 신적 정체성을 단념해서 먼저 자신을 '개별적인 동물과 과일로' 전환함으로써 그렇게 한다(§718/468). 그러므로 신적인 것을 동물과 과일의 형태로 희생시킴으로써, 종교적 자기-의식은 신적인 것이 이미 시작했던 것을 지속시키며, **지금 여기에서** 신적인 자기-희생의 대리인이 된다.

하지만 희생은 단순히 동물과 과일을 바치는 데 있는 것이 아니라 오히려 그것들의 소비와 사실상 향유를 포함하고 있다. 헤겔이 적고 있는 희생은 '진실로 식사를 위한 공물을 준비'하는 것이다(§718/469). 이러한 소비 행위는 제사에 통합되어 있다. 왜냐하면 그것은 신적인 것이 자신의 독립적 정체성을 포기하고 자기-의식과 **하나가 되는** 과정을 완성하기 때문이다. 달리 말해서 제사에서, 자기는 공물을 **먹음**으로써 신적인 것과 하나가 되고 있음을 느낀다. 그러므로 이러한 소비에서 획득된 향유는 이중적이다. 즉 자기는 음식을 먹으면서 스스로를 향유하지만, 동시에 자기는 스스로 (신적) 존재와의 통일을 향유한다(§718/469).

이러한 제사 행위에서 신적인 것이 자기-의식과 하나가 되기 때문에 신적인 것의 추상성이 극복이 된다. 하지만 다른 의미에서, 신적인 것은 그 자신의 어떤 현실적 자기-의식을 결코 드러내지 않기 때문에(묵시적으로는 설령 그것이 정신일지라도)(§720/470), 이러한 추상성은 극복이 되지 **않는다**. 제사에서 신적인 것은 **신적인 것 자체에 속하지 않는** 자기-의식 속으로 받아들여진다. 종교적인 자기-의식 역시 어느 정도는 추상적으로 남는다. 제사 행위는 신적인 것이 동물과 과일이 됨으로써 '원칙적으로' 자신을 희생했다는 점을 전제한다. 하지만 그럼에도 불구하고 종교적 자기-의식은 그러한 행위를 자기 **자신의** 작품으로 생각한다. 따라서 이 의식은 그러한 행위를 통해 자신과 자신의 현실을 향유하게 된다. 이러한 측면에서, 신적인 것과 하나가 됨에도 불구하고, 종교적 자기-의식은 여전히 추상적으로 자기 안에 유폐된 상태로 남아 있다.

제사 행위는 논리적으로 볼 때 신적인 것의 본성이 자기-의식에게 '계시'(geoffenbart)되는 '신비들'로 이어진다(§722/471). 이러한 계시는, 신적인 것이 자기-의식과 하나가 되기 때문에 엄밀하게 일어난다. 신비들을 논의하기에 앞서, 헤겔은 예술 종교가 고급 신과 저급 신 모두에 대한 제사를 통합하고 있음을 지적한다(§718/468). 하지만 그의 지적에 따르면 저급한 신들에 대해서만 신비한 제사가 있을 수 있다. 그는 케레스와 바쿠스 신(즉 데메테르와 디오니소스)이 파르테논 신전의 12 올림피아신들 사이에서 발견이 될지라도[87] 이러한 신들의 이름만 언급하고 있다. 저급한 신들만이 신비의 주체이다. 오직 그들만이 특별히 제사 행위를 통해 계시되기 때문이다. 고급 신들은—데메테르와 디오니소스 신을 세외힌 올림피아 신들—현실적이기보다는 상상된

신들일지라도 이미 '자기-의식 그 자체의 본질적 계기'로 포함되어 있다(§724/472). 따라서 헤겔이 계속 보여주고 있듯 그러한 신들의 본성은 제사 행위에서가 아니라 서사시와 극시에서 극명하게 드러나고 있다. 반면 저급한 신들은 '어두운 은폐의 밤'(§723/472)에 거주하며, 그리하여 무엇보다 신비한 제사 속에서 자신들을 드러낸다.

신비들에서, 저급한 신들의 '단순한 본질'은 처음에는 '어두운 밤'에서 의식으로, 다음에는 '다시금 하계(下界)의 어둠 속으로 자신을 상실하는' 반복 운동으로 나타난다. 다시 말해, 저급한 신은 '소란스러운 삶'을 내보인다(§723/472). 따라서 신비들 속에서 신적인 것과 하나가 되는 종교적 자기-의식은 '거친 환락' 혹은 '바쿠스적 열정'(§§723, 726/472-3)의 형태를 취한다.

예술 종교는 니체가 조각의 '아폴론적' 예술이라 부른 것에서 시작한다.[88] 신비한 제사에 대한 찬가와 제사 행위를 통해 진행함으로써, 이 종교는 이제 아폴론적인 것 못지 않게 디오니소스적인 것으로 자신을 드러낸다.[89] 하지만 그의 논의를 마무리하는 부분에서, 헤겔은 다시금 예술 종교의 아폴론적 측면으로 되돌아가고 있다. 이 종교의 디오니소스적 측면이 지나치게 자기-의식의 내향성에 갇혀서 그리스 조각에 내재해 있는 관념, 즉 신적인 것이 **객관적인** 어떤 것이라는 관념을 제대로 평가하지 못한다는 사실 때문이다(§725/472).

그러므로 예술 종교의 마지막 단계에서, 신적인 것은 명료하고 객관적인 형태를 띠게 된다.[90] 동시에, 종교적 정신은 이러한 형태를 인간적인 자기-의식, 특별히 인간적 상상이나 표상(Vorstellung)의 작품으로

---

88 Nietzsche(1993), 14을 보라.
89 Hyppolite(1974), 551을 보라.
90 나는 운동 경기에 관한 헤겔의 끼어들기식 논의를 삭제했다(§§725-6/472-4).

이해한다(§729/475). 따라서 신적인 것은 자기-의식에 의해 고급의 혹은 아폴론적 신들의 영역으로 **표상되거나 상상된다**. 이렇게 상상된 영역이 인간 언어, 특히 서사시나 설화 언어에 의해 현실적 '실존'(Dasein)이 부여된다. 따라서 서사시의 음유 시인은 '개인이자 현실적 정신'이며, 그에 의해 상상의 세계가 생산되고 유지되며, 그를 통해 신적인 것은 공동체에 생명을 불어넣는다(§729/475). 신적인 것과 인간적인 것 사이의 이러한 관계 역시 서사시의 내용 속에 반영되어 있다. 신들은 자기-의식적 존재이다. 하지만 신들은 그들의 신적인 목적을 세계 속에서 실제로 실행하는 인간 존재들 — 영웅들 — 이다(§730/476).

직접적인 인륜에서 발생하는 갈등들을 재현하는(§736/480)[91] 비극에서 신적인 것과 인간적인 것 사이의 통일이 심화된다. 이미 서사시에서 신적인 것은 영웅들을 움직여 행동하게 만드는 '파토스'를 구성하고 있다(§730/476-7). 비극에서 이러한 영웅들은 이제 단순히 상상될 뿐만 아니라 무대 위의 현실적 화자(話者)이자 대리인이다. 그들은 배우들에 의해 현실적 실존 — '영웅들을 인격화한 현실적 인간 존재들'(§733/479) — 이 부여되어 있다. 따라서 배우는 그리스 비극에서 외부적인 액세서리만은 아니다. 영웅과 궁극에는 신적인 것 자체가 배우 속에서 종교적 정신을 위해 현실화되기 때문에, 배우는 '그의 가면에 본질적인 것'이다.

조각에서 신적인 것은 객관적인 표현이 부여되며, 찬가에서 신적인 것은 인간의 언어 속에 표현된다. 비극에서 조각과 찬가의 원리가 혼융되어 있으며, 영웅들 안의 '파토스'와 같은 신적인 것은 무대 위에서

---

91 그렇지만 헤겔 역시 한 곳에서 『맥베스』와 『햄릿』을 언급하고 있다(§737/481).

말을 하는 현실의 인간 존재를 통해 객관적인 표현이 부여된다. 그러므로 희극에서, 인간 배우 ―그를 통한 인간의 자기-의식 그 자체 ―는 사실상 그가 신들의 지배자이자 헤겔이 말하는 신들의 '운명'임을 보여준다(§744/485). 그는 가면을 썼다가, 궁극에는 그 가면을 벗어던지고 그렇게 행동하는데, 이 가면을 통해 그는 극적 성격과 그것을 알리는 신적인 것을 재현한다. 사실상 희극에서, 인간적 자기-의식은 **유일하게** 참된 현실태이자 '절대 권력'으로서 자신을 의식하게 된다. 이 의식은 '자신과 맞서 본질성의 형태를 취하는 것은 무엇이든 오히려 그 자신 속으로 해소되고' 또 그것을 '자신이 좌지우지한다'(§747/487-8)는 것을 안다. 이렇게, 희극적 정신은 예술 종교를 인간성에 대한 찬양으로 바꾸고, 그리하여 이 종교를 끝까지 종교**로서** 가져간다.

요약을 해보자. 예술 종교에서 신적인 것은 자연적인 어떤 것보다는 자기-의식적인 것으로 이해된다. 그럼에도 그것이 충분히 자기-의식적인 것 그 자체라고는 주장되지 않는다.[92] 그것은 인간 존재의 행위 안에서만 또 그것을 통해서만 ―그들의 노래, 그들의 제사 행위, 그들의 열광적인 춤, 그들의 시적 언어 및 그들의 무대 행동―자기-의식적 신성이 된다. 이러한 행위 속에서 (희극에 앞서) 인간적인 자기-의식은 스스로가 신적인 것과 하나라는 것을 알고 있다. 그럼에도 또한 이 자기-의식은 그 자신의 미학적-종교적 행위를 통해서 신적인 것과 하나가 되었다는 것을 알고 있다. 그러므로 그리스의 종교 정신은 스스로 신적인 것과 충분히 통합되어 있다는 것을 보지 못한다. 왜냐하면 이

---

92 §744/485을 보라. 신들은 "보편적 계기로서 자기가 아니며, 현실적이 아니다 (kein Selbst und nicht wirklich). 참으로 신들은 개별성의 형식을 부여받았지만, 이 개별성은 상상에서만 존재하지 현실적으로 그리고 참으로 그 신들에게 속하지 않는다." 밀러는 'nicht wirklich' (비현실적으로)를 'not equal' (같지 않은)로 잘못 번역했다.

정신은 **신적인 것**은 인간의 행위를 통해서만 스스로 현실화된다는 것을 알고 있기 때문이다.

공부할 문제들

1. 예술 종교와 자연종교를 구분 짓는 것은 무엇인가?
2. 예술 종교에서 희생이 담당하는 역할은 무엇인가?

계시종교

계시종교, 다시 말해 기독교는 그리스 종교 안에서 암시적으로 존재하는 바를 명시적으로 만든다. 마침내 절대자는 충분히 자기-의식적인 것 **자체**, 즉 '본질적으로 **자기 – 의식**인 존재' (§759/495)로 이해된다. 따라서 **인간적인** 자기-의식은 이전에는 가능하지 않았던 방식에서 절대자 속으로 자신이 통일된 것을 볼 수 있다(§759/495). 그럼에도 종교가 절대자를 인식하는 바의 형식은 표상적(Vorstellung) 형태로 남아 있다. 따라서 절대자의 상이한 계기들은 '상호 외적으로 연결된 독립적 측면들' (§765/498)로 남아 있다. 절대자는 — 마침내 최초로 — 그것이 드러내게 되는 현실적 자기-의식과 별개의 것으로 이해된다.

그렇지만 절대자는 자기-의식적 정신 **그 자체로** 알려져 있다. 이는 자기-의식이 현실적인 자기-의식을 획득하기 **전에서**조차 단순한 존재나 본질(Wesen)이 아니라 정신임을 의미한다. 그러므로 계시종교에서, 순전히 즉자적으로 '아버지 하나님'으로 고찰된 절대자는 그것의 존재의 단순성을 부정해서 '대지'가 되는 것이다. 대자존재의 이러한 계기는 절대자 자체와는 다르다. 즉 그것은 절대자에 의해 발화된 말(das Wort)이다. 하지만 절대 존재가 '자신의 대자존재 속에서 자신의

자기만을 주장하기'(§770/501) 때문에, 양자는 서로가 다른 것만도 아
니다. 따라서 즉자적인 절대자는 자신과 다르게 되고(타자화), 자신을
그가 되고자 하는 타자 속에서 인정하는 운동이다. '이러한 내재적 운
동은 절대자가 **정신**임을 선언'(§771/501) 하는 것이다. 그러므로 계시
종교는 기독교 신학자들이 '내재적 삼위일체' —신은 **그 자신 속에서**
삼위일체라는 사상[93] —라고 말하는 것에 해당된다.

　하지만 계시종교는 신을 이런 식으로 생각하는 것이 충분하지 않다
는 점을 알고 있다. 만일 신이 정신이라면, 그는 '현실적 자기가 되어
야'(§766/499) 할 것이다. 신은 먼저 세계를 창조함으로써 현실적 정
신이 되고, 다음으로는 현실적인 자기-의식적 인간 존재, 즉 그리스도
(§§774, 780/503, 507-8)의 형태에서 그 세계 속에 **육화함**으로써 현실
적 정신이 된다. 여기서 계시종교와 그리스의 예술 종교의 중대한 차이
에 주목해보자. 후자에서, 신적인 것은 인간 존재의 미학적-종교적 행
위를 통해 현실적인 자기-의식을 획득한다. 반면, 계시종교에서 신은
그 자신을 통해 현실적인 인간적 자기-의식이 된다. 다시 말해 신의 말
씀은 **우리의** 작품을 통해서가 아니라 전적으로 자기-부인의 **신적** 행위
를 통해서 성육화하는 것이다.

　성육화하는 과정에서, 신은 '그의 추상적이고 비현실적인 본성을 부
인한다.' 다시 말해 신은 순전히 그 자신 안에서 신적 존재가 되기를
중단하고 시간과 공간 그리고 역사라는 현실 세계로 진입하는 것이다
(§777/506). 그리하여 신은 그가 '자신의 직접적 실존을 희생하고' 그
리스도의 형상으로 죽음을 받아들이는 한(§780/508), 다시금 자신을
부인한다. 헤겔은 계시종교에서 그리스도의 죽음은 단지 역사적 개인

93　Jamros(1994), 62.

의 죽음이 아니라 신 자신의 **죽음**임을 강조하고 있다. 그것은 성육신의 죽음이다. 하지만 이러한 죽음 자체가 신이 아버지 하나님(혹은 순전히 '내재적인' 삼위일체)으로서 그 자신의 '추상적' 동일성을 죽음에 이르게 하는 바의 과정의 정점이다. 따라서 계시종교에서 그리스도의 죽음은 '**신적 존재의 추상성**의 죽음'이며 '**신 자신이 죽었다**'는 고통스러운 감정이 수반되는 것이다(§785/512).

그러므로 예술 종교에서와 같이 계시종교에서 **희생**은 신적인 것의 삶에 본질적이다. 하지만 기독교에서 **우리**가 신적인 것을 희생시키는 것이 아니라 신—그 자신에서와 그리스도의 형상에서—이 **그 자신**을 희생한 것이다. 위선자와 심판자는 고백과 용서를 하는 행위 속으로 자신들을 해방시킴으로써 신적인 것을 계시하게 된다. 해방이나 염원은 이제 신적 생명 자체를 구성하는 것으로 간주된다. 이와는 달리 예술 종교에서, 모종의 희생을 수행하는 자는 바로 **우리**이다. 신이 죽은 것으로 이해되는 것은 우리가 동물을 죽이고 과일을 먹어치우는 **우리의** 행위 속에서이다. 신적인 것에 대한 우리의 희생은 신적인 것이 스스로를 동물이나 과일로 전환시킴으로써 이미 '**원칙적으로**' 자신을 희생했을 것이라는 점을 전제하고 있다는 것이 참이다. 그럼에도 불구하고, 신적 실체의 희생은 그것이 하나의 행위(Tun)인 한에서, 그리하여 인간 존재의 작품인 한에서 자기-의식적 측면에 속한다(§718/468). 제사 행위에서 **우리**는 신적인 자기-희생의 대리인이 되는 것이다.

헤겔의 설명에 따르면, 세계 속에서 죽은 후에, 계시종교의 성육화한 신은 '정신(성령)으로서', 말하자면 믿는 자들의 **공동체**로서 부활했다(§§779, 781/507, 509). 이런 식으로 스스로가 정신인 신이 세계 속에서 현실적인 자기-의식적 정신이 되는 과정을 완성한다. 헤겔이 적고 있듯, '실체'가 '현실적이고 단순하고 보편적인 자기-의식이 되었다'(§785/512-13).[94] (삼위일체의 신은 따라서 '경제적' 삼위일체, 혹은 아버지와 아들 그리고 **시간과 역사 속에** 강림하는 성령이 된다.)

그렇지만 계시종교에서, 신적인 것의 이러한 '정신적 부활' 역시 인간들 측의 행위를 요구한다. 특별히 우리는 신의 성육화와 죽음을 '파악해야'(ergreifen) 한다. 다시 말해 우리는 신의 자기-희생을 마음으로 받아들이고, 그것을 우리의 삶에 알려야 한다. 우리가 그렇게 함에 따라, 신은 우리 안에 거주하면서 우리를 인도하는 정신이 된다. 신은 한 차례 죽었던 신이 아니라 '우리 자신의 공동체 안에 거주하고, 그 안에서 매일같이 죽고 또 매일같이 부활하는 정신'이 되는 것이다(§784/511).

그러므로 예술 종교에서와 마찬가지로 계시종교에서, 신과 인간은 신비롭게 하나가 된다. 양자 모두의 경우에서 하나됨은 인간성의 측에서의 행위를 담고 있다. 예술 종교에서, 이러한 하나됨은 종교 신자들의 예배 활동을 통해 발생한다. 예배의 한 가장자리에서 이루어지는 희생은 무엇보다 **우리의** 작품이다. 우리가 신적인 것과 하나가 되는 것은 고기나 과일을 **우리가** 소화함으로써이다. 이와는 대조적으로 계시종교에서, 우리의 행동은 '원리적으로'나 역사적으로가 아니라 오로지 **이미** 일어났다고 우리가 알고 있는 하나의 사건을 파악하는 데 있다. 이는 '신적 존재 자신의 외화라는 **사건'** —신 자신의 '역사적 (생기한) 육화와 죽음'(§784/511) — 이다. 그러므로 신은 우리가 수행했던 희생 때문에 우리 안으로 진입하는 것이 아니다. 오히려 우리는 신이 행한 희생에 — 다시 말해 신 자체라고 할 자기 희생적 사랑에 의해, 신은 **현실적이고 역사적으로** 예수 그리스도 안에 존재한다 — 감사하고 그것에

---

94 Lauer(1976), 248을 보라: '신 자신은 오직 "공동체"의 정신에서만 정신으로서— "실체"이자 "주체" 모두로—충분히 제시된다.

의해 변화되도록 하는 것이다. 더 나아가, 우리는 신을 **우리** 자신의 행위를 통해 우리 안에 거주하는 정신으로 전환시키지 않는다. 신의 성육화와 죽음을 우리가 파악하는 것은 신 **자신**이 우리 안에 거주하는 정신이 되도록 하는 것과 다르지 않다. 우리 안에서 신의 정신적 부활은 우리가 신의 자기-희생에 문을 열어야 함을 요구하는 것이다. 그것은 **우리의** 작품은 아니며, **우리의** 종교적 행위의 산물도 아니다.

두 가지 형태의 신비적 합일 사이의 이러한 차이는 신적인 것에 대한 두 가지 다른 견해 사이의 보다 광범한 차이를 반영한다. 그리스의 신성은 아직은 충분히 자기-의식적 정신 **그 자체**가 아니며, 그리하여 인간과 하나가 됨으로써 **우리의** 행위만으로 (그것이 예배의 희생이건) 현실적인 자기-의식을 획득한다. 반면 기독교의 신은 충분히 자기-의식적인 정신 **그 자체**로 이해**되고**, 그리하여 **그 자신을 통해** 세계 속에서 현실적인 정신이 된다. 신은 그 자신의 자기-희생적 사랑, 말하자면 우리는 단지 이해하기만 하는 사랑을 통해 인간성과 하나가 된다. 그러므로 기독교에서, 인간은 자신의 자기-의식과 현실성이 신적 존재 자체에 속하는 것으로 안다. 이러한 방식은 그리스 종교의 외관상의 '인간 중심주의'에도 불구하고 그 종교에서는 가능하지가 않다. 종교적 신앙이 그 자신의 **자기-의식**이 그 의식의 대상인 절대 존재 안에 반영이 되고 그 속으로 통합이 되는 것을 보는 한, 기독교는 다른 어떤 종교도 하지 못한 종교의 목적을 수행하고 있는 것이다.

하지만 다른 측면에서, 기독교적인 자기-의식은 스스로를 절대 존재 속에서 보지 못하고 있다. 이는 그것이 절대 존재를 자신과 **다른** 어떤 것으로, '낯선'(fremd)(§771/502) 어떤 것으로 표상하기 때문이다. 따라서 '실체가 여기서 절대적인 자기-의식이 되는 데 성공했다'는 사실은 '**낯선** 만족의 행위'(§787/514)라고 헤겔은 적고 있다. 종교적 자기-의식은 그리하여 지금 여기에서 절대 존재와 완벽하게 화해하고 통일되어 있다고 느끼지 못한다. 오히려 완벽한 화해는 '먼 **미래**에, 다가올 해방에 있는 어떤 것'으로 이해된다.

절대 존재가 인간 **안에서** 인간**으로서** 작업하는 신이나 혹은 성령으로 이해되는 한 종교적 자기-의식은 스스로를 그 절대 존재 속에서 보고 있다. 그럼에도 신이 궁극적으로 인간과 다른 어떤 것으로 남아 있는 한 그 의식은 절대 존재 속에서 자신을 보지 못한다. 절대 존재와 인간 사이의 이처럼 지속적인 분리는 헤겔의 견해로 볼 때 종교가 절대 존재를 엄밀히 '신'과 '성령'으로 표상(vorstellt)한다는 사실에 기인한다. 그럼에도 종교적 자기-의식에 의해 견지되는 진리는 신이 인간과 신 사이의 분리를 극복해서 인류와 **하나**가 된다는 것이다(§759/ 495). 이렇게 해서, '절대 종교의 단순한 내용'(§759/494)이라고 할 이러한 진리는 신의 타자성을 보존하고 있는 **표상**(Vorstellung)의 형식 **너머**를 가리키고 있다. 다시 말해, 계시종교는 논리적으로 볼 때 스스로를 넘어 절대지 혹은 사변철학을 가리키고 있는데, 여기서 절대 존재와 인간 사이의 가장 심오한 동일성이 확인되는 것이다.[95]

공부할 문제들

1. 계시종교에서 신적인 것과 인간적인 것 사이의 관계는 무엇인가?
2. '영적 부활'(§784/511)이라는 용어의 의미는 무엇인가?

---

95   Stewart(1998), 407을 보라.

6) 절대지

우리가 지금까지 따라왔던 발전 과정을 재검토해보자. 의식은 그 자신과 다른 어떤 것과의 관계에 있다는 것을 받아들인다. 다음으로 **자기-의식**은 자신과 자신의 자유에 초점을 맞춘다. **이성**은 이 두 개의 시각을 그것이 연관된 대상 **속에서** 자기 자신을 발견함으로써 결합하며, 그래서 "그것이 전 실재이다"(§233/158)는 확신을 향유한다. 동시에, 이성은 개별적인 것 속에서—처음에는 개별적 사물들과 유기체 속에서, 다음에는 그 자신의 개별성 속에서—보편적인 것을 발견한다. 사실상, 이성은 개별자가 보편자를 **실현하는** 것으로 이해한다. 마침내, 이성은 참으로 보편적인 것과 그 나름에서 권위적인 것—"**절대자**의 가치를 지닌"(§420/277) 보편자—을 의식하게 된다.

정신은 이러한 보편자를 받아들이고 그것이 **스스로를** 개별자들 속에서 또 그것들을 통해 실현되는 것으로 이해한다. 이는 정신의 목소리가 절대자의 목소리**라고** 생각하는 개인의 등장으로—양심 속에서—발전한다. 그러므로 우리는—모두가 그들의 절대성을 화해 행위 속에서 **부인하는** 위선자와 심판자를 통해—**종교**로 이행한다. 계시종교에서 신적 존재는 그 자체 육화해서 죽음을 받아들임으로써 자신을 거부하는 것으로 이해된다. 그리하여 그것은 자기희생을 진지하게 받아들이는 개인들의 공동체 안에서 현실화되고 자기 의식적이 된다. 이렇게 해서, 인간 존재와 신적 존재가 하나가 된다. 종교적 의식에서, 우리는 우리 자신에게 본질적으로 **타자**로 남는 신과 하나가 된다. 절대지는 이제 계시종교 속에 암시적으로 있는 것을 명시적으로 진리로 만들며, 여기에 인간의 자기-의식과 절대 존재 사이의 본질적 **동일성**이 존재하는 것으로 이해한다.

절대지는 '**표상**'(Vorstellung) — '타자성의 형식'(§796/521) — 을 **사유**로 대체함으로써 그렇게 한다. 스토아주의에 관한 논의에서 보았듯, 사유는 대상이 "의식과 다르지 않은 실체"이다라는 명시적 자각이다. 즉 주체와 객체는 매우 똑같은 형식, 말하자면 '개념'(Begriff)(§ 197/137)을 지니고 있는 것이다. 따라서 절대지는 절대자를 '신'으로 표상하는 것이 아니라 그것이 개념적으로—다시 말해 이성적이고 논리적으로—구조화된 존재로 **파악**하는 것이다. 이러한 지(知)는 그 대상을 다른 자기-의식으로 간주하지 않는다는 점에 주목하자. 절대지는 그것을 존재(Sein) 혹은 현존(Dasein) 자체로 간주한다. 절대지는 이 현존이 자기와 동일한 형식 — '개념'의 '자기적'(selbstisch) 형식(§ 805/528) — 을 갖고 있다고 이해한다. 헤겔이 『논리학』에서 적고 있듯, "존재가 그 자신의 자기 속에서 순수한 개념으로 인식되고, 순수한 개념은 참된 존재로 인식된다."[96]

절대지의 본성은 그것을 우리가 경험했던 다른 형태의 의식과 구별함으로써 보다 분명해질 수 있다. 예를 들어 아름다운 영혼과 달리, 그것은 단순히 '절대적인 **자기–의식**'(§657/432)이 아니다. 오히려 절대지는 "그것이 자신과 **구별하는 내용**", 다시 말해 존재, 실존 혹은 '실체'를 가지고 있다. 그러므로 그것이 자신과 그 대상의 동일성을 판별하는 것은 그것들 사이의 차이를 보지 못하기 때문이 아니라 그것 자신과 **구별되는** 존재가 그것 자신과 **동일한** 형식을 가지고 있으며, 그래서 더 이상 그것 자신과 본질적으로 **다르지** 않다고 이해하기 때문이다. 다른 한편으로 스토아주의와 달리, 절대지는 존재에 관한 진리를 발견하기 위해 전적으로 추상적인 자기 속으로 후퇴하지 않고, 오히려 존재가

---

96   Hegel(1999), 60을 보라.

자기 자신 속에서 또 자기 자신에게 개념적이고 논리적이라고 이해한다(§§199, 804/138, 527). 이는 절대지가 존재의 진리를 사유 안에서 발견한다는 것을 부정하는 것이 아니다. 오히려 그것은 존재 **자신의** 내재적이고 논리적인 전개를 철저히 사유함으로써 그렇게 하는 것이다.

게다가, 절대지는 스스로를 존재 혹은 실체가 **그 자신**에 대해 도달하는 의식으로 이해한다. '절대적으로' 인식하는 개별자는 자신이 특별한 개별자임을, 즉 "다른 나가 아닌 이 나"임을 인식하는 것이다(§799/523). 그 역시 그의 지(知)가 그 자신의 활동— **'자기'** 자신의 행위(§797/522)로 인식한다. 그럼에도 그 역시 그 자신의 활동이 실체 자체의 활동임을 알고 있다. 그는 실체가 자신의 지 속에서 자신을 알고 있다는 것을 알고 있다. 헤겔이 적고 있듯, 절대지는 "이러한 주체를 실체로서, 그리고 실체를 이러한 지로서 인식한 것"(§797/522)이다. 그러므로 종교적 의식과 달리, 절대지는 본질적으로 스스로가 그것 자신과 다른 존재와 하나라는 것을 받아들이지 않는다. 오히려 그것은 그 **자신의** 활동이 존재, 실체 그리고 이성 **자체**의 활동이라고 알고 있다. 사실상 이것이 **절대지**의 의미이다.[97]

따라서 절대적으로 안다는 것은 자신을 절대자(양심이나 아름다운 영혼처럼)로 간주하는 것이 아니라 절대 존재가 스스로에 대해 갖게 되는 자기-의식으로 이해하는 것이다. 따라서 절대지는 참된 종교를 발견하는 자기 **자신의** 절대성을 기꺼이 부인하려는 태도에 기초해 있

---

97 이러한 측면에서, 헤겔의 절대지는 스피노자가 말하는 '신에 대한 정신의 지성적 사랑'과 비슷하다. 이것은 "신의 사랑 자체인데, 이 사랑에 의해 신은 자신을 사랑한다." Curley(1994), 260(『에티카』, V P36)을 보라. 또한 Hegel(2007), 263(§564 주석)도 보라. "신은 그 자신의 자기를 아는 한에서만 신이다. 게다가 신의 자기 인식은 인간에서의 자기-의식이고 신에 대한 인간의 인식이다. 이러한 인식은 신 **안에서의** 인간의 자기-인식이다."

다. 이 점은 절대지의 '방법'이라 부를 수 있는 것에서 명백하다. 절대
지는 능동적인 판단과 추론 속에 있는 것이 아니라 "구별된 것이 어떻
게 자발적으로 그 자신의 자기로 이동해서 통일 속으로 복귀하는가를
단순히 관조할 뿐인 '외견상의 무위'(scheinbare Untätigkeit)"(§804/
528) 속에 있다. 다시 말해, 절대지는 우리 스스로 아무 일도 하지 않고
존재가 사유 속에 스스로 펼쳐지게끔 하는 것이다(§58/43-4).

물론 이것은 우리가 앞서(32, 40쪽) 보았던 것처럼, 현상학에서도
채용된 '방법'이다. 현상학 자체가 절대지의 작업이기 때문에 이것이
놀라운 일은 아니다. 하지만 현상학과 본래의 절대지 사이에는 중요한
차이가 있다. 절대지는 **철학적** '학문', 사변 논리학의 첫 번째 부분(§
37/29)이다. 그것의 과제는 존재의 본성을 사유 속에서 밝히는 것이고,
그것의 '요소'는 사유와 존재의 통일이다.[98] 이에 반해 현상학은 존재
가 아닌 의식의 경험에 관한 연구이다. 게다가 현상학에서는 철학[99] 속
에서 극복되었던 의식과 그 대상 간에 구별이 존재한다.

정신의 현상학에서 각 계기는 지와 진리의 구별이자 이 구별이 지양되는 운
동인데 반해, 학문은 이러한 구별과 그 구별의 지양을 담고 있지 않다. 오히
려 계기가 개념의 형식을 취하고 있기 때문에, 그것은 진리와 인식하는 자
기의 객관적 형식을 직접적 통일 속에서 통합하고 있다(§805/528-9).

따라서 현상학은 의식과 그 대상 간의 **관계**에 관심을 갖는 데 반해,
철학은 "순수한 개념과 그것의 전개 운동"에 관심을 갖는다.

이 책에서 보았던 것처럼, 현상학은 각각의 형태의 의식의 경험 속에

---

98   Hegel(1999), 60.

99   옮긴이 주-여기서 말하는 철학은 헤겔의 '논리학'을 함축하고 있다.

암시적으로 존재하는 것을 명시적으로 만듦으로써 철학의 관점을 자연적 의식에게 정당화하는 것이다. 이 과정은 '실체'와 '주체'가 완벽한 통일을 형성하고 개념의 형식을 공유하는 것을 이해하는 절대지에서 정점을 이룬다. 하지만 철학 자체가 시작하기에 앞서, 더 많은 추상 행위가 요구된다. 만일 철학의 시초가 참으로 무전제라고 한다면, 그것은 현상학에서 등장했던 개념들조차 버려야 할 것이다. 그러므로 '실체', '주체', 그리고 '개념'과 같은 특정한 개념들에서 출발하는 대신에, 철학은 절대지가 될 수 있는 최소치에서 시작해야 할 것이다. 이는 '의식의 대립'으로부터 해방된 순수사유가 단순한 **무규정적** 존재의 사유라는 생각이다.[100]

절대지에 관한 장을 진행하면서, 헤겔은 사변철학은 시간이 무르익기 전까지는 등장할 수 없다고 적었다. 다시 말해 인류가 역사 속에서 다른 모든 형태의 의식의 한계들을 경험하기 전까지는 참으로 절대적인 지의 관점에 도달할 수 없다는 것이다(§§800, 803, 808/523, 526, 530-1). 하지만 역사가 우리를 절대지에 데려가지 않았다면, 우리의 과제들 중의 하나는 그러한 지(知)를 필연적으로 만드는 논리를 이해하기 위해 그러한 발전을 사유 속에서 다시금 추적하는 것이다. 그렇게 함에 있어, 사유는 그것이 역사 속에서 획득했던 지혜를 제쳐두고, "그것이 이전의 정신들의 경험으로부터는 아무것도 배운 것이 없다"(§808/530)는 듯 진행해야만 한다. 사유는 '선입견이 없이'(unbefangen) 새롭게 시작해서 역사 속에서 거쳐 왔던 일련의 형태들이 '지로부터 재탄생'하도록 해야 하는 것이다. 『정신현상학』은 이러한 재탄생에 관한 편견 없는 연구이나. 그러므로 현상학의 과제는 철학을 자연적 의식

---

100 Hegel(1999), 49, 69.

에게 정당화할 뿐만 아니라, 철학 자신이 짐으로 떠안고 있는 역사를 스스로 이해할 수 있도록 만드는 것이다.

공부할 문제들

1. 절대지는 종교와 어떻게 다른가?
2. 현상학은 본래의 철학과 어떻게 다른가?

4장
수용과 영향

상당한 어려움에도 불구하고 헤겔의 『정신현상학』은 다음 세대들에게 심대한 영향을 미쳐왔다. 특히 주인-노예 관계와 불행한 의식에 대한 그의 분석은 다양하고 폭넓은 분과들에서 영감을 주고 계속된 논쟁의 산실 역할을 해왔다. 하지만 『정신현상학』에 대한 초기 반응은 엇갈렸다. 이 책은 1807년에 750부 정도만 인쇄돼서 출간됐으며, 첫 판은 1829년까지 여전히 소화되지 못했다.[1] 그럼에도 그것은 동시대인인 G. H. 슈베르트에 의해 "철학 분야에서 가장 폭넓게 칭송받은 문예 현상 중의 하나"[2]로 묘사되었다. 철학자 J. F. 프리즈는 이 책의 불쾌한 언어를 이유로 그것을 싫어했다. 하지만 작가 장 폴 리히터는 이 책의 "명료성, 문제, 자유와 힘"[3]에 대해 칭찬을 아끼지 않았다.

내가 앞서(66쪽) 지적했듯, 루트비히 포이어바흐는 1839년 헤겔의 감각적 확신에 대한 분석을 언급할 때, 그것이 감각적 확신 자체를 규명하는 체하면서 언어의 한계만을 드러냈다고 비판했다. 나의 견해로는, 포이어바흐의 비판은 잘못된 것이다. 하지만 칼 마르크스는 포이어바흐를 "헤겔 변증법에 대해 심각하고 비판적인 관계를 맺은 유일한 사람"[4]이라고 판단했다. 아울러 『정신현상학』에 대한 마르크스 자신의

---

1 Jaeschke(2003), 503 및 Kohler 와 Pöggeler(1998), 26.
2 Nicolin(1970), 99.
3 Nicolin(1970), 87.

이해 —그가 "헤겔 철학의 참된 탄생지이자 비밀"이라고 보았던—는
헤겔의 책의 향후 영향을 결정하는 가장 중요한 요인이 되었다고 보아
도 과언이 아니다.[5]

　헤겔에 관해 쓴 마르크스의 텍스트들 가운데 영향력 있는 어떤 것도,
비록 그의 노동의 개념이 주인과 노예 관계에 대한 헤겔의 설명에 상당
히 빚지고 있는 것처럼 보일지라도, 이 관계에 대해 직접적으로 초점을
맞추고 있는 것이 없다는 점은 놀랄 만한 일이다.[6] 『헤겔의 변증법과 일
반 철학에 대한 비판』(1844)으로 명명된, 『정신현상학』에 관한 마르크
스의 텍스트는 여러 가지 일반적인 주제들을 이 책 속에서 검토하고 있
는데, 마르크스는 특히 절대지에 관한 장에서 그것이 가장 잘 표현된
것으로 보고 있다. 마르크스가 인정하는 바에 따르면, 이 책의 '위대
함'은 사실상 "헤겔이 인간의 자기 창조를 하나의 과정으로 파악"한 점
에 놓여 있다. 보다 분명하게 말하자면, 헤겔은 "노동의 본성을 파악했
고" 또 "인간을 그 자신의 노동의 결과로" 이해했다는 것이다. 하지만
마르크스가 보고 있듯 "헤겔이 인식하고 인정한 유일한 노동은 추상적
이고 정신적인 노동"[7]이라는 데 문제가 있다. 이는 헤겔이 인간을 전적
으로 추상적 '정신' 혹은 '자기-의식'으로 파악함으로써 이러한 자기-
의식의 자연적이고 역사적인 조건들에 대해 망각하고 있다고 마르크스
는 말한다.[8]

　따라서 마르크스는 헤겔을 철학적 관념론자로 취급하는 바, 인간에
대한 헤겔의 이해는 인간이 살아가고 있는 구체적 상황들로부터 배제

4　Marx(1971), 159.
5　Marx(1971), 160.
6　Siep(2000), 262.
7　Marx(1971), 164.
8　Marx(1971), 165.

되어 있다. 사실상 헤겔은 노동과 인간의 소외에 대해 심오한 통찰을 제공하고 있다. 하지만 이러한 현상들에 대한 헤겔 자신의 설명은 그 자체가 현실적이고 역사적인 소외로부터 소외된 것이다. 왜냐하면 그는 모든 소외를 '자기-의식의 소외'[9]로 환원하고 있기 때문이다. 하지만 이러한 비판을 개진함에 있어, 마르크스는 헤겔이 그의 가장 중요한 작업에서 현상학을 하고 있는 것이지 인간에 대한 설명을 제시하는 것이 아니라는 점을 완벽하게 간과하고 있다. 헤겔은 그의 현상학 속에서 자기-의식에 초점을 맞추고 있는데, 이러한 이론의 핵심은 의식의 경험을 검토하는 것이기 때문이다. 하지만 이는 헤겔이 그의 철학에서 마르크스가 묘사한 대로 인간의 역사적 조건들을 그 인간으로부터 추상한다는 것을 의미하지는 않는다.

헤겔에 대한 마르크스의 해석은 게오르그 루카치(Georg Lukács), 에른스트 블로흐(Ernst Bloch), T. W. 아도르노(Adorno) 그리고 위르겐 하버마스(Jürgen Habermas)를 포함한 후대의 독자들이 『정신현상학』을 이해하는 방식에 상당히 영향을 미쳤다. 『정신현상학』에 관한 다른 중요한 독법(讀法)은 20세기 전반부에 마르틴 하이데거의 1930년-1 강좌와 장폴 사르트르(Jean-Paul Sartre)의 관심을 크게 끌었던 불행한 의식에 관한 장 발(Jean Wahl)의 1929년의 연구에서 나타났다.[10] 하지만 그 영향력이 마르크스의 해석과 비견할 만한 『정신현상학』에 관한 유일한 해석은 알렉상드르 코제브가 파리 강좌에서 제시했다. 무엇보다 메를로퐁티(Merleau-Ponty), 자크 라캉, 에마뉘엘 레비나스(Emmanuel Levinas) 그리고 사르트르가 참석했던 이 강좌는 1933년과 1939년 사이에 진행되었고, 1947년에 책으로 출간되었다.[11] 마르크스

9 Marx(1971), 165.
10 Hyppolite(1974), xix.

와 마찬가지로, 코제브는 헤겔의 텍스트의 현상학적 성격에 대해 아무
런 이해도 보여주지 못하고 있다. 하지만 마르크스와 대조적으로, 그는
명백히 주인-노예 관계에 초점을 맞추었으며, 사실상 헤겔에 대한 그
의 해석 전체를 거기에 정초시키고 있다. 코제브는 헤겔이 인간 존재에
대한 인간학적 설명을 제공하는 것으로 이해하는데, 이에 따르면 인간
은 "'인정'에 대한 욕망"에 의해 추동되고 있다. 코제브의 견해를 볼
때, 인간 역사 전체를 지배하는 주인과 노예 사이의 불평등한 관계로
불가피하게 이끄는 것은 모름지기 이러한 욕망이다.[12]

코제브와 마르크스 모두 후세대들에게 큰 결실을 준 것으로 입증된
헤겔의 『정신현상학』에 대해 자신들의 해석을 제출했다. 가치 있는 통
찰을 담고 있음에도 불구하고, 이러한 해석들은 헤겔이 현상학으로 이
해했던 바를 거의 정당하게 평가하지 못하고 있다. 이와 달리, 코제브
의 강의를 신중하게 회피했던 장 이폴리트(Jean Hyppolite)는 1946년
에 『정신현상학』에 관한 상세한 주석서를 출판했는데, 이 책은 헤겔 텍
스트가 지닌 미묘함들에 대해 여전히 최상의 입문서 중의 하나가 되고
있다. 그가 출간한 책 이상으로 그의 가르침을 통해, 이폴리트는 모두
그와 함께 공부했던 미셸 푸코(Michel Foucault), 질 들뢰즈(Gilles
Deleuze) 그리고 자크 데리다(Jacques Derrida) 같은 사상가들에게 영
향을 미쳤다.[13]

최근 영어 문화권에서는 『정신현상학』에 대한 관심이 활짝 꽃피고
있으며, 그 작품에 대한 풍부하고 통찰력 있는 많은 연구서들이 다른
누구보다 해리스(H. S. Harris), 라우어, 핀카드, 피핀(Robert Pippin),

11   Hyppolite(1974), xxiii.
12   Kojève(1980), 7, 9.
13   Hyppolite(1974), xvi, xxvi-xxvii.

솔로몬(Robert Solomon), 스턴, K. 베스트팔(Kenneth Westphal), M. 베스트팔(Merold Westphal) 그리고 윌리엄스(Robert Williams)에 의해 출간되었다. 아마도 영어권 연구서들 가운데 가장 영향력 있는 작품은 1989년에 출간된 피핀의 것이리라. 피핀에 따르면, 헤겔은 "대상과의 어떤 연관도 주체의 자기 의식적 활동 **안에 있는** 한 계기로 이해되어야만 한다"는 '관념론적 테제' ―칸트에 의해 고취되었지만, 그것과는 미묘하게 다른―를 개진하였다.[14] 현상학의 과제는 이러한 테제를 옹호하는 것이다. 하지만 현상학은 그것을 직접적으로 옹호하기보다는 의식이 '즉자적으로 있는 바의 존재'라는 전적으로 **독립적인** 영역과 관계를 맺고 있다는 반대 가정을 '차단함'으로써 이 테제를 간접적으로 옹호한다.[15]

『정신현상학』에 대한 피핀의 해석은 헤겔 학자들 사이에서 격렬한 논쟁의 불길을 당겼으며, 맥도웰(John McDowell)과 브랜덤 같은 주도적 철학자들의 관심을 사로잡았다. 하지만 절대지에 대한 그의 견해는 내가 이 입문서에서 제시하고 있는 것과는 구별된다는 점을 지적해야겠다. 나는 앞서 헤겔에게서 절대지는 존재 혹은 실체를 **그 자체로** 인식하는 사유이자, 사실상 존재가 자기 자신**에 대해** 갖는 의식으로 스스로를 인식하는 사유라고 논한 바 있다. 하지만 피핀의 견해에서, 이것은 헤겔의 관념론의 요지를 놓치는 것이다. 피핀이 보는 헤겔은 사유가 **존재** 그 자체를 인식하는 것이 아니라 사유가 존재로 **간주되는** 것을 결정한다는 것, 이러한 "'존재'가 자기 의식적 주체에게 **이해될** 수 있다는 것"을 주장한다.[16] 그 차이는 미묘하지만 의미가 있다.

---

14 Pippin(1989), 114, 나의 강조.
15 Pippin(1989), 98.
16 Pippin(1989), 98, 나의 강조.

『정신현상학』은 의심할 바 없이 도전적인 작품이다. 의식의 곡예와 반전에 대해 이 책이 제시하는 풍부한 설명은 수많은 세대의 독자들에게 깊은 인상을 주었고 지적으로 고무시키기도 했다. 하지만 이들 독자들은 결코 서로 간에 견해의 일치를 보지는 못했다. 사실상 독자들이 채용했던 헤겔의 텍스트에 대한 접근 범위는 대단히 넓다. 『정신현상학』은 형이상학, 인식론, 해석학, 인류학, 신학 등에 관한 작품으로 읽혀왔고, 당연히 현상학에 관한 작품으로도 읽혀왔다. '더 읽어볼 책들'에서 연구자들은 적어도 이처럼 상당히 다른 접근들 몇 가지를 반영하는 이차 텍스트 목록을 발견하게 될 것이다.

더 읽어볼 책들

헤겔 저작들의 독일어판

Hegel, G. W. F. (1969), *Wissenschaft der Logik*, ed. E. Moldenhauer and K. M. Michel, 2 vols, *Werke in zwanzig Bänden*, vols 5, 6, Frankfurt am Main: Suhrkamp Verlag. (『대논리학 1,2,3』, 임석진 역, 지학사, 1989)

_____, (1970a), *Enzyklopädie der philosophischen Wissenschaften im Grundrisse*(1830). Erster Teil: *Die Wissenschaft der Logik*, ed. E. Moldenhauer and K. M. Michel, *Werke in zwanzig Bänden*, vol. 8, Frankfurt am Main: Suhrkamp Verlag. (『철학강요』, 서동익 역, 을유문화사, 1975)

_____, (1970b), *Phänomenologie des Geistes*, ed. E. Moldenhauer and K. M. Michel, *Werke in zwanzig Bänden*, vol. 3, Frankfurt am Main: Suhrkamp Verlag. (『정신현상학』, 임석진 역, 한길사, 2006)

_____, (1988), *Phänomenologie des Geistes*, ed. H.-F. Wessels and H. Clairmont, Hamburg: Felix Meiner Verlag.

헤겔 저작들과 편지들의 번역본

Hegel, G. W. F. (1967), *The Phenomenology of Mind*, trans. J. B. Baillie, New York: Harper & Row.

_____, (1977), *Phenomenology of Spirit*, trans. A. V. Miller, Oxford: Oxford University Press.

_____, (1984), *The Letters*, trans. C. Butler and C. Seiler, Bloomington, IN: Indiana University Press.

_____, (1991), *The Encyclopaedia Logic* (with the *Zusätze*), trans. T. F. Geraets, W. A. Suchting and H. S. Harris, Indianapolis, IN: Hackett.

_____, (1999), *Science of Logic*, trans. A. V. Miller, Amherst, NY: Humanity Books.

_____, (2001), *Spirit. Chapter Six of Hegel's Phenomenology of Spirit*, ed. D. E. Shannon, trans. The Hegel Translation Group, Toronto, Indianapolis, IN: Hackett.

_____, (2005), *Hegel's Preface to the Phenomenology of Spirit*, trans. and commentary Y. Yovel, Princeton, NJ: Princeton University Press.

_____, (2007), *Philosophy of Mind*, trans. W. Wallace and A. V. Miller, revised by M. Inwood, Oxford: Clarendon Press.

_____, (2008), *Outlines of the Philosophy of Right*, trans. T. M. Knox, revised by S. Houlgate, Oxford: Oxford University Press.

Houlgate, S., ed. (1998), *The Hegel Reader*, Oxford: Blackwell.

헤겔에 관한 2차 문헌들

Brandom, R. B. (2002), *Tales of the Mighty Dead. Historical Essays in the Metaphysics of Intentionality*, Cambridge, MA: Harvard University Press.

Browning, G. K., ed. (1997), *Hegel's Phenomenology of Spirit. A Reappraisal*, Dordrecht: Kluwer.

Butler, J. P. (1987), *Subjects of Desire. Hegelian Reflections in Twentieth-Century France*, New York: Columbia University Press.

Crites, S. (1998), *Dialectic and Gospel in the Development of Hegel's Thinking*, University Park, PA: The Pennsylvania State University Press.

Deligiorgi, K., ed. (2006), *Hegel: New Directions*, Stocksfield: Acumen.

Denker, A. and Vater, M., eds (2003), *Hegel's Phenomenology of Spirit. New Critical Essays*, Amherst, NY: Humanity Books.

Feldman, K. S. (2006), *Binding Words. Conscience and Rhetoric in Hobbes, Hegel, and Heidegger*, Evanston, IL: Northwestern University Press.

Feuerbach, L. (1983), 'Towards a Critique of Hegel's Philosophy' (1839), in *The Young Hegelians. An Anthology*, ed. L. S. Stepelevich, Cambridge: Cambridge University Press, pp. 95–128.

Findlay, J. N. (1958), *Hegel. A Re-examination*, New York: Oxford University Press.

Forster, M. N. (1998), *Hegel's Idea of a Phenomenology of Spirit*, Chicago, IL: University of Chicago Press.

Fulda, H. F. and Henrich, D., eds (1973), *Materialien zu Hegels 'Phänomenologie des Geistes'*, Frankfurt am Main: Suhrkamp Verlag.

Gadamer, H.-G. (1976), *Hegel's Dialectic. Five Hermeneutical Studies*, trans. P. C. Smith, New Haven, CT: Yale University Press.

Harris, Henry S. (1997), *Hegel's Ladder*, 2 vols, Indianapolis, IN: Hackett.

Heidegger, M. (2002), 'Hegel's Concept of Experience', in *Off the Beaten Track*, ed. M. Heidegger, trans. J. Young and K. Haynes, Cambridge: Cambridge University Press, pp. 86–156.

_____, (1988), *Hegel's Phenomenology of Spirit*, trans. P. Emad and K. Maly, Bloomington, IN: Indiana University Press.

Houlgate, S. (1986), *Hegel, Nietzsche and the Criticism of Metaphysics*, Cambridge: Cambridge University Press.

_____, (2005), *An Introduction to Hegel. Freedom, Truth and History*, 2nd edition, Oxford: Blackwell.

_____, (2006), *The Opening of Hegel's Logic. From Being to Infinity*, West Lafayette, IN: Purdue University Press.

_____, (2009), 'Phenomenology and De Re Interpretation: A Critique of Brandom's Reading of Hegel', *International Journal of Philosophical Studies*, 17, 1: 29–47.

Houlgate, S. and Baur, M., eds (2011), *A Companion to Hegel*, Oxford: Wiley-Blackwell.

Hyppolite, J. (1974), *Genesis and Structure of Hegel's Phenomenology of Spirit*, trans. S. Cherniak and J. Heckman, Evanston, IL: Northwestern University Press. (『헤겔의 정신현상학』 전 2권, 이종철/김상환 역, 문예출판사, 1986, 1988)

Jaeschke, W. (2003), *Hegel-Handbuch. Leben – Werk – Schule*, Stuttgart: J. B. Metzler.

Jamros, D. P. (1994), *The Human Shape of God. Religion in Hegel's Phenomenology of Spirit*, New York: Paragon House.

Keenan, D. K., ed. (2004), *Hegel and Contemporary Continental Philosophy*, Albany, NY: SUNY Press.

Köhler, D. and Pöggeler, O., eds (1998), *G.W.F. Hegel. Phänomenologie des Geistes*, Berlin, Akademie Verlag.

Kojève, A. (1980), *Introduction to the Reading of Hegel. Lectures on the Phenomenology of Spirit*, ed. A. Bloom, trans. J. H. Nichols, Jr, Ithaca, NY: Cornell University Press. (『역사와 현실 변증법』, 설헌영 역, 한벗, 1981)

Krasnoff, L. (2008), *Hegel's Phenomenology of Spirit. An Introduction*, Cambridge: Cambridge University Press.

Lauer, Q. (1976, revised 1987), *A Reading of Hegel's Phenomenology of Spirit*, New York: Fordham University Press.

Lukács, G. (1975), *The Young Hegel. Studies in the Relations between Dialectics and Economics*, trans. R. Livingstone, London: Merlin Press. (『청년 헤겔 1, 2』, 김재기/설헌영 역, 동녘, 1987)

Maker, W. (1994), *Philosophy Without Foundations. Rethinking Hegel*, Albany, NY: SUNY Press.

Marx, K. (1971), 'Economic and Philosophical Manuscripts', in *Karl Marx. Early Texts*, ed. D. McLellan, Oxford: Blackwell, pp. 130-83. (『경제 철학 수고』, 김태경 역, 이론과 실천, 1987)

Marx, W. (1975), *Hegel's Phenomenology of Spirit. A Commentary on the Preface and Introduction*, trans. P. Heath, New York: Harper and Row. (『헤겔의 정신현상학』, 장춘익 역, 서광사, 1987)

Moyar, D. (2011), *Hegel's Conscience*, Oxford: Oxford University Press.

Moyar, D. and Quante, M., eds (2008), *Hegel's Phenomenology of Spirit, A Critical Guide*, Cambridge: Cambridge University Press.

Nicolin, G., ed. (1970), *Hegel in Berichten seiner Zeitgenossen*, Hamburg: Felix Meiner Verlag.

O'Neill, J., ed. (1996), *Hegel's Dialectic of Desire and Recognition. Texts and Commentary*, Albany, NY: SUNY Press.

Pinkard, T. (1994), *Hegel's Phenomenology. The Sociality of Reason*, Cambridge: Cambridge University Press.

_____, (2000), *Hegel. A Biography*, Cambridge: Cambridge University Press. (『헤겔』, 전대호/태경섭 역, 길, 2015)

Pippin, R. B. (1989), *Hegel's Idealism. The Satisfactions of Self-Consciousness*, Cambridge: Cambridge University Press.

_____, (2011), *Hegel on Self-Consciousness. Desire and Death in the Phenomenology of Spirit*, Princeton, NJ: Princeton University Press.

Rae, G. (2011), *Realizing Freedom. Hegel, Sartre and the Alienation of Human Being*, Basingstoke: Palgrave Macmillan.

Redding, P. (1996), *Hegel's Hermeneutics*, Ithaca, NY: Cornell University Press.

Rockmore, T. (1993), *Before and After Hegel. A Historical Introduction to Hegel's Thought*, Berkeley, CA: University of California Press.

_____, (1997), *Cognition. An Introduction to Hegel's Phenomenology of Spirit*, Berkeley, CA: University of California Press.

Rosen, S. (1974), *G.W.F. Hegel. An Introduction to the Science of Wisdom*, New Haven, CT: Yale University Press.

Russon, J. (2004), *Reading Hegel's Phenomenology*, Bloomington, IN: Indiana University Press.

Siep, L. (2000), *Der Weg der Phänomenologie des Geistes*, Frankfurt am Main: Suhrkamp Verlag.

Solomon, R. C. (1983), *In the Spirit of Hegel. A Study of G.W.F. Hegel's Phenomenology of Spirit*, New York: Oxford University Press.

Speight, A. (2001), *Hegel, Literature and the Problem of Agency*, Cambridge: Cambridge University Press.

Stern, R. (2002), *Hegel and the Phenomenology of Spirit*, London: Routledge.

Stewart, J., ed. (1998), *The Phenomenology of Spirit Reader. Critical and Interpretive Essays*, Albany, NY: SUNY Press.

_____, (2000), *The Unity of Hegel's Phenomenology of Spirit*, Evanston, IL: Northwestern University Press.

Taylor, C. (1975), *Hegel*, Cambridge: Cambridge University Press. (『헤겔』, 정대성 역, 그린비, 2014)

Vieweg, K. and Welsch, W., eds (2008), *Hegels Phänomenologie des Geistes*, Frankfurt am Main: Suhrkamp Verlag.

Westphal, K. R. (1989), *Hegel's Epistemological Realism. A Study of the Aim and Method of Hegel's Phenomenology of Spirit*, Dordrecht: Kluwer.

_____, ed. (2009), *The Blackwell Guide to Hegel's Phenomenology of Spirit*, Oxford: Wiley-Blackwell.

Westphal, M. (1998), *History and Truth in Hegel's Phenomenology*, 3rd edition, Bloomington, IN: Indiana University Press.

Williams, R. R. (1992), *Recognition. Fichte and Hegel on the Other*, Albany, NY: SUNY Press.

다른 참고 문헌들

Aristotle (1951), *The Politics*, trans. T. A. Sinclair, revised by T. J. Saunders, Harmondsworth: Penguin Books. (『정치학』, 천병희 역, 도서출판 숲, 2009)

Curley, E., ed. (1994), *A Spinoza Reader. The Ethics and Other Works*, Princeton, NJ: Princeton University Press.

Grene, D. and Lattimore, R., eds (1960), *Greek Tragedies*, 3 vols, Chicago, IL: University of Chicago Press.

Kant, I. (1929), *Critique of Pure Reason*, trans. N. Kemp Smith, London: Macmillan. (『순수이성비판』, 백종현 역, 아카넷, 2006)

_____, (1996), *Practical Philosophy*, trans. M. J. Gregor, Cambridge: Cambridge University Press.

_____, (2000), *Critique of the Power of Judgment*, ed. P. Guyer, trans. P. Guyer and E. Matthews, Cambridge: Cambridge University Press. (『판단력 비판』, 백종현 역, 아카넷, 2009)

McLellan, D., ed. (2000), *Karl Marx: Selected Writings*, 2nd edition, Oxford: Oxford University Press.

Nietzsche, F. (1969), *On the Genealogy of Morals and Ecce Homo*, trans. W. Kaufmann and R. Hollingdale, New York: Vintage Books. (『도덕의 계보학』, 홍성광 역, 연암서가, 2011)

_____, (1993), *The Birth of Tragedy*, ed. M. Tanner, trans. S. Whiteside, London: Penguin Books. (『비극의 탄생』, 박찬국 역, 아카넷, 2007)

_____, (2003), *Writings from the Late Notebooks*, ed. R. Bittner, trans. K. Sturge, Cambridge: Cambridge University Press.

O' Connor, B., ed. (2000), *The Adorno Reader*, Oxford: Blackwell.

Price, S. and Kearns, E., eds (2003), *The Oxford Dictionary of Classical Myth and Religion*, Oxford: Oxford University Press.

Stewart, J. H. (1951), *A Documentary Survey of the French Revolution*, New York: Macmillan.

찾아보기